유럽 기독지성운동과
한국의 디아스포라

모든 인간은 하나님의 형상을 닮은 존엄한 존재입니다. 전 세계의 모든 사람들은 인종, 민족, 피부색, 문화, 언어에 관계없이 존귀합니다. 예영커뮤니케이션은 이러한 정신에 근거해 모든 인간이 존귀한 삶을 사는 데 필요한 지식과 문화를 예수 그리스도의 사랑으로 보급함으로써 우리가 속한 사회에 기여하고자 합니다.

국립중앙도서관 출판시도서목록(CIP)

유럽 기독지성운동과 한국의 디아스포라 / 지은이: 최용준.
-- 서울 : 예영커뮤니케이션, 2014
  p. ; cm

ISBN 978-89-8350-883-6 03230 : ₩13000

기독교[基督敎]

230-KDC5
230-DDC21   CIP2014005290

유럽 기독지성운동과 한국의 디아스포라

초판 1쇄 찍은 날 · 2014년 2월 24일 | **초판 1쇄 펴낸 날** · 2014년 2월 28일
지은이 · 최용준 | **펴낸이** · 김승태

등록번호 · 제2-1349호(1992. 3. 31) | **펴낸 곳** · 예영커뮤니케이션

주소 · (136-825) 서울시 성북구 성북1동 179-56 | **홈페이지** · www.jeyoung.com
출판사업부 · T. (02)766-8931 F. (02)766-8934 e-mail : jeyoungedit@chol.com
출판유통사업부 · T. (02)766-7912 F. (02)766-8934 e-mail : jeyoung@chol.com

Copyright ⓒ 2014, 최용준
ISBN 978-89-8350-883-6 (03230)

값 13,000원

유럽 기독지성운동과 한국의 디아스포라

최용준 지음

예영커뮤니케이션

【서 문】

본서는 최근 몇 년간 기회 있을 때마다 발표했던 논문 및 기타 원고들을 모은 것입니다. 네덜란드(1989-1998), 독일(1999-2006), 벨기에(2006-2011) 그리고 한국(2011년 이후)에서 학업과 사역 그리고 기타 다양한 경험을 통해 체득한 통찰들을 나름대로 엮어보았습니다. 신앙을 가진 지성인으로서 부딪히는 현실과 씨름하면서 소화해 보려고 애쓴 작은 노력들이라고 할 수 있을 것입니다.

네덜란드 편에서는 대표적인 신학자 아브라함 카이퍼의 교회관 및 대표적인 기독교 철학자 헤르만 도여베르트와 디르크 볼렌호븐, 헨드릭 반 리센의 생애와 사상을 간략히 소개했으며, "문화에 대한 기독교적 반성"은 암스테르담 자유대학교에 제출한 석사 학위 논문 일부를 요약한 것입니다.

독일 편에서는 특별히 제가 사역했던 쾰른 지역을 중심으로 하여 그리스도인이 하나되는 비전을 나누며, 약한 자들을 돌아보는 사랑의 윤리에 관해 발표한 글들을 모았습니다.

벨기에 편에서는 무엇보다 유럽 연합의 중심지로서 브뤼셀에서 경험한 다양한 사역들과 통찰들을 나누며 유럽 교회의 동향을 분석하는 동시에 유럽에 있는 한인 디아스포라 교회의 비전과 사명에 초점을 맞추어 살펴보았습니다. 그리고 보다 세계적인 관점에서 하나되어 부흥하는 무지개 교회의 비전, 사역으로서의 비지니스(Business as Mission) 및 가정에 관한 주제도 포함하였습니다.

이러한 글들이 세계화 시대를 살아가는 디아스포라 그리스도인들에게 조금이나마 도움이 되기를 바라며 모든 영광과 감사를 주님께 돌립니다.

독일 벤스베르그(Bensberg)에서 최용준

Contents

제1부

네덜란드의 개혁신학 및 기독교 철학

· 아브라함 카이퍼(Abraham Kuyper)의 교회관
· 헤르만 도여베르트(Herman Dooyeweerd)의 생애와 사상
· 디르크 볼렌호븐(D.H.Th. Vollenhoven)의 생애와 사상
· 학문과 신앙 그리고 기독교 대학
  : 헨드릭 반 리센(Hendrik van Riessen)의 사상을 중심으로
· 문화에 대한 기독교적 반성

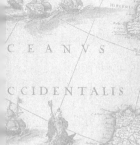

아브라함 카이퍼의 교회관[1]
(Abraham Kuyper : 1837-1920)

I. 서론

·· 아브라함 카이퍼

아브라함 카이퍼(Abraham Kuyper : 1837-1920)
는 네덜란드 개혁교회가 낳은 최고의 인물이라
고 할 수 있을 정도로 천재적인 재능과 깊은 경건
을 겸비한 목사요, 대학 설립자 및 신학 교수였으
며, 교회 개혁 운동의 지도자인 동시에 저널리스
트였고, 네덜란드의 수상까지 지낸 정치가였다.
특별히 당시 네덜란드 교회를 바르게 개혁하기
위해 소위 '돌레안치(Doleantie : 애통)'라고 불리는 운동을 전개했는데 이것은
당시 교회의 타락한 모습에 마음 아파하면서 개혁에 헌신한 그의 중심을 잘
보여 준다.

현대의 한국 교회 또한 많은 부분에서 개혁을 절실하게 필요로 하고 있다.

---

1 본 논문은 「신앙과 학문」 2012년 제17권 제2호, 229-254에 실렸던 것이다.

필자는 카이퍼가 오늘날 한국에 있다면 다시금 애통해 하면서 개혁 운동을 전개할 것이라 생각한다. 물론 개혁의 내용은 다를 수 있으나 한국 교회가 바르게 개혁되지 않으면 급격히 쇠퇴할 수도 있는 위기에 직면해 있다는 것은 누구도 부인할 수 없을 것이다. 그러므로 우리는 카이퍼의 교회관이 어떠했기에 당시의 네덜란드 교회를 개혁할 수 있었는지 그리고 우리에게 주는 함의는 무엇인지 연구할 필요가 있다. 이를 고찰하기 위해서는 먼저 그의 사상적, 영적인 순례를 간략히 설명해야 한다.

그는 처음에는 근대 자유주의에서 윤리적-중도주의 신학적 입장으로 그리고 최종적으로는 철저한 개혁주의로 입장이 바뀌었다. 그러나 그의 사상적 발전 가운데 연속성 또한 남아 있는데 그중에 가장 대표적인 것이 소위 "유기체로서의 교회관(the church as organism)"이다. 카이퍼의 교회론은 그의 신학의 핵심이요, 유기체로서의 교회관은 그의 교회론에서 심장 부분과 같다고 할 수 있다. 심지어 판 덴 베르그는 이 "유기체론"이야말로 카이퍼의 교회관뿐만 아니라 인간관, 사회관 등 그의 신학 사상 및 세계관 전체를 이해하는 데 핵심 개념이라고 주장한다(C. H. W. van den Berg, 1980: 143).

카이퍼는 교회를 가시적 교회와 비가시적 교회로 구분하면서, 전반기에는 제도적 교회를 가시적 교회로, 유기체적 교회를 비가시적 교회로 간주하였다. 그러나 후반기에는 이와 달리 교회의 본질은 비가시적이나 여러 형태로 가시화된다고 하면서 크게 제도적 교회와 유기체적 교회로 나누었다. 제도적 교회란 외적인 은혜의 수단으로서 말씀과 성례를 통해 중생한 성도들을 영적으로 양육하는 곳이며, 유기체적 교회란 보다 광범위한 의미로 그리스도인의 삶의 모든 영역에서 기독교적 문화를 형성하는 것을 말한다.

그의 교회관 형성에 영향을 미친 몇 가지 요인 및 그의 교회관을 연구하는데 중요한 저작들을 간단히 언급한다면 다음과 같다.

우선 레이든대학의 스홀튼(J.H. Scholten), 라우언호프(Rauwenhoff) 교수 등에 의한 자유주의적인 배경 및 쉘링(Friedrich Wihelm Joseph von Schelling), 헤겔(Georg Wihelm Friedrich Hegel), 스트라우스(Leo Strauss), 슐라이에르마허(Friedrich Daniel Ernst Schleiemacher) 등에 의한 19세기 독일의 철학 및 신학 사상, 둘째, 1860년 10월 11일 흐로닝엔 대학 현상 논문에 당선된 "칼빈과 아 라스코의 교회관 비교 연구", 셋째, 1862년 9월 20일 위 논문으로 레이든 대학에서 받은 조직신학 박사 학위, 넷째, 영국인 소설가 샬로트 영(Charlotte Yonge)의 소설 "레드클리프의 상속인(*The Heir of Redclyffe*, 1853)", 다섯째, 그의 첫 목회지인 베이스드(Beesd)에서 경건한 칼빈주의 성도들에게 깊은 감명을 받은 체험, 여섯째, 『확신(*Confidentie*)』이라고 하는 그의 회심 과정 및 교회 개혁 문제에 관심을 갖게 된 과정을 설명한 소책자, 일곱째, 그의 교회 개혁안(Tractaat van de Reformatie der Kerk), 여덟째, 1886년부터 1897년까지 진행된 교회 개혁 운동(Doleantie)에 의해 네덜란드 개혁교회(Gereformeerd Kerk)가 탄생한 것 그리고 마지막으로 카이퍼가 자유대학교 신학부에서 강의한 조직신학을 출판한 책인 『조직신학 강의록(*Dictaten Dogmatiek*)』이다.

본고에서는 이를 참고로 카이퍼의 교회관이 어떻게 형성·발전되었는지 역사적이며 체계적인 방법으로 고찰, 평가하고 이를 현대 한국 교회에 적용하여 그 함의를 살펴보고자 한다.

II. 본론

카이퍼가 올바른 교회에 대해 깊은 관심을 가지게 된 것은 상당히 오래전부터였음을 알 수 있다. 왜냐하면 그가 어릴 때부터 당시 네덜란드의 국가교회에 대해 혐오감을 가지고 있었다고 술회하고 있기 때문이다(Kuyper, 1873: 35). 나아가 그는 교회의 개혁이야말로 그의 전 생애의 목표였으며 이를 위해 상당한 영적 · 지적 노력을 기울였다고 고백한다.

무엇보다 먼저 카이퍼의 최초 저작 및 최종 저작이 교회관을 다루고 있음은 주목할 만하다. 전자는 그가 1859년에 쓴 논문으로 "니콜라스 1세 치하에서의 교황권의 발전(*De ontwikkeling der Pauselijke macht onder Nicolaas*)"에 관한 것이었는데 여기에 그의 역사관 및 교회관이 잘 나타나 있다. 즉 그는 당시 관념론적 철학의 영향으로 역사를 어떤 특정한 이념의 실현으로 보았다. 판넨베르그(Wolfhart Pannenberg)에 의하면 카이퍼는 19세기 독일의 관념론뿐만 아니라 17세기의 개혁주의적인 스콜라주의(gereformeerde scholastiek)의 영향을 많이 받았다. 가령, 그의 교회론에 계속해서 나타나는 이원론적 구분, 즉 관념/본질 및 현상/형식, 본질 및 실존/실재, 내적 및 외적, 영적 및 육적, 비가시적 및 가시적, 존재/생명 및 의식, 잠재/가능성 및 실현/현실 등은 이러한 영향을 잘 보여 준다(C. H. W. van den Berg, 1980: 142-3). 따라서 교회사를 포함한 모든 역사는 어떤 고정되고 일정한 발전 법칙에 종속되어 있다고 보았고, 교회도 단지 "종교의 잠정적인 기관(tijdelijk orgaan der godsdienst)"으로 보았다.

그의 최종 저작으로 기획했던 것으로 그가 창간했던 주간신문인 《드 헤라우트(*De Herout*)》에 교회에 관한 논문을 계속 기고했으나 1920년 11월에 별세하여 완성되지는 못했다.

1. 박사 학위 논문 : 아 라스코(John A Lasco)의 영향

카이퍼는 1873년에 쓴 소책자 『확신(*Confidentie*)』에서 그가 교회 문제(Kerke-lijk vraagstuk)에 대해 깊은 관심을 가지게 된 이유 및 그의 회심 동기를 세 가지로 언급하고 있는데, 그중 첫 번째는 그가 흐로닝겐 대학 신학부 현상 논문으로 썼고, 이를 수정 · 증보하여 박사 학위를 받은 "칼빈과 아 라스코의 교회관 비교 연구"였다. 여기에 이미 그의 '유기체적 교회관'이 나타나고 있다.

당시 카이퍼는 칼빈의 교회관보다 폴란드의 개혁교회 신학자였던 아 라스코의 내재적 교회관, 즉 교회란 하나님께서 내재적으로 임재하시는 신자의 모임이 더 순수한 종교개혁적 입장이라고 보았다. 카이퍼가 생각하기에 칼빈은 아직도 로마 가톨릭 교회의 영향을 받아 교회를 위로부터 인간에게 부여된 하나의 제도(institution)로 보았으며 신성과 인간 내의 어떠한 접촉도 없이 단지 외부적인 구원의 수단으로 보았기 때문에 심지어 교회밖에는 구원이 없다고 말했다는 것이다. 그 반면에 아 라스코는 교회를 '그리스도인들의 신앙생활에서 기원하는 자유로운 교제'로 간주하면서 신자들 내에서의 하나님의 임재하심이 교회생활의 원리라고 보았기에 칼빈보다 더 설득력이 있다고 주장한 것이다. 즉 카이퍼는 아 라스코의 교회관은 '유기적'이고 칼빈의 교회관은 '제도적'이라고 본 것이다. 따라서 본 학위 논문에 이미 카이퍼의 '유기체' 개념이 나타난다고 말할 수 있다.

그런데 카이퍼는 그의 학위 논문 서문에서 먼저 자신이 헤겔, 스트라우스 및 로테(Richard Rothe)의 영향을 받았다고 말하고 있다(Kuyper, 1862). 판 레우언(Van Leeuwen)은 그가 당대의 신학 및 철학 사상에 대해 지나치게 수용적이었던 것은 그때까지만 해도 그에게 확고한 사상적 지주가 없었기 때문이라고 분석한다(Van Leeuwen, 1946: 48).

　　이 '유기체' 사상은 19세기 유럽 지성사의 주된 흐름으로 신적인 내재 사상 및 하나님과 인간의 연합과 밀접하게 연관되어 있다. 판 레우언은 이러한 사상이 19세기 독일의 낭만주의, 특히 쉘링의 자연철학에서 많이 나타난다고 말한다. 원래 이 '유기체' 개념은 생물학적 용어로써 아리스토텔레스(Aristoteles)의 "엔텔레키(entelechie : 그 자체 내에 내재되어 있는 목적)" 사상에서 유래했다. 즉 유기체는 하나의 독립적인 개체를 형성하며 그 자체가 생명의 원리를 가져 그 내적인 힘으로 그 자신의 목적을 달성하기 위해 그 방향으로 나아간다는 것이다. 다시 말해 유기체란 하나의 잠재성을 가진 생물이 완전히 자라는 것을 지칭한다. 예를 들어 도토리 안에는 장차 도토리나무가 될 모든 잠재성이 내재되어 있으며, 튤립의 구근 안에는 나중에 튤립 꽃이 필 가능성이 담겨 있다는 것이다. 따라서 이 '유기체'라는 개념은 '진화', '내재' 및 '성장'이라는 개념들과 불가분리적으로 연관되어 있다고 말할 수 있다. 즉 모든 유기체에는 전체가 부분 안에 내재되어 있고 부분의 성질은 전체에 의해 결정된다는 것이다. 19세기에 독일의 신학자 슐라이에르마허 및 로테는 당시 다른 신학자들과 함께 이 용어를 교회에 적용시켰는데 카이퍼는 다시 이를 전통적인 개혁신학 중 교회론에 접목시켰다고 말할 수 있다(Van Leeuwen, 1946: 117-120).

2. 레드클리프의 상속인 : '어머니'와 같은 교회의 역할

　　카이퍼가 교회 문제에 대해 깊은 관심을 가지게 된 두 번째 계기는 영국의 여류소설가 샬로트 영의 소설 "레드클리프의 상속인"을 읽고 받은 감명 때문이다. 이 소설에서는 두 주인공 필립 드 모르빌(Phillip de Morville : 세속 지향적 인간)과 거의 경(Sir Guy : 신앙 지향적 인간)이 대조되면서 영국 교회(Anglican Church)가 그 성도들에게 '영적인 어머니'의 역할을 하는 것으로 묘사되어 있는데 카이퍼는 이 작품을 읽고 회심하게 되었을 뿐만 아니라 교회생활의 이상적 형태가 무엇인지도 자각하게 되었다고 말한다.

여기서 그가 특히 감명 받은 것은 무엇보다도 성례, 가정 및 공적 예배의 확실한 형식, 감동적인 예배 프로그램 그리고 영국 교회가 "기도서"에 커다란 중요성을 부여하는 점이었다. 나아가 '어머니'로서의 교회의 역할도 나중에 칼빈의 영향과 더불어 카이퍼의 교회론에 중요한 부분을 차지하기 시작하는 계기가 되었으며, 이것 또한 카이퍼의 '유기적' 교회관을 더 강화시켜 주는 체험이었다. 이처럼 한 권의 소설이 한 사람의 생각에 이토록 큰 영향을 줄 수 있다는 사실은 중요한 시사점을 준다. 즉 탁월한 작가 한 명이 깊은 통찰력으로 쓴 문학 작품이 교회를 개혁하는 전기가 될 수도 있다는 것이다.

3. 베이스드에서의 첫 목회 : 칼빈의 영향

카이퍼가 교회 개혁에 관해 헌신하게 된 세 번째 경험은 그의 첫 목회지인 네덜란드 중부의 한 작은 마을 베이스드에서 무명의 성도들이 철저하고도 경건한 신앙생활을 하는 것을 보고 받은 깊은 감동 때문이었다. 그는 초기에 자유주의적 신학 사상을 가지고 목회했으나 발투스(Pietje Baltus)라는 한 평범한 여성도의 비범한 경건에 큰 감명을 받아 칼빈주의로 회심하게 되었다. 그후 카이퍼는 이런 경건생활이 가능한 것은 칼빈이 확고한 조직을 통해 교회를 설립하여 유럽 및 해외의 많은 신자들에게 축복과 평화를 가져다 주었기 때문이라고 생각했다. 특히 칼빈이 교회를 '어머니'라고 말한 점이 카이퍼에게는 매우 감동적이었다. 이는 앞서 언급한 소설과 일맥상통하는 것이다. 따라서 카이퍼가 교회 개혁을 해야겠다고 결심하게 된 것도 교회의 조직적 형태를 개혁할 때만 기독교의 부흥에 직접적이고도 심대한 공헌을 할 수 있을 것이라고 생각했기 때문이었다. 여기서 우리는 이 카이퍼의 경험을 통해 칼빈이라는 위대한 신학자 및 종교개혁가와 함께 무명의 평신도 또한 교회 개혁에 큰 영향을 줄 수 있다는 점을 기억해야 할 것이다.

그럼에도 불구하고 칼빈과 카이퍼의 교회관에는 상이한 점도 계속 남아 있었다는 것도 기억할 필요가 있다. 카이퍼는 '제도로서의 교회'라는 이미지를 단지 '유기체로서의 교회를 위한 외부적 조직 형태 또는 확실한 구조의 중요성'을 강조하기 위해서만 사용했는데 반해, 칼빈은 교회가 '하나님의 은혜를 받는 외부적인 수단'이라고 보면서 신자들의 어머니처럼 '하나님께서 구원을 위해 사용하는 도구'이므로 교회밖에는 사죄도 없고 구원도 없다고 말한 것이다(John Calvin, 1960: vol. 2, 1011-1012, 1016).

4. 위트레흐트(Utrecht) 교회 취임 설교 및 목회 :
제도적 교회에 대한 관심의 증대

1867년 11월 10일 카이퍼는 두 번째 목회지 위트레흐트의 돔 교회(Dom-kerk)에서 "하나님께서 사람이 되심 : 교회생활의 원리(De menschwording Gods : het levensbeginsel der kerk [God became Man: the Principle of Life for the Church])"라는 제목으로 취임 설교를 했다. 성경본문은 요한복음 1장 14절의 "말씀이 육신이 되어 우리 가운데 거하시매"였다. 여기서 그는 하나님의 내재성 및 역사의 진보와 발전의 법칙을 강조하면서 베들레헴의 말구유에 오신 하나님의 임재는 성육신하신 그리스도에 이어 모든 그리스도인에게 있으며 모든 인류는 하나의 몸, 즉 유기체이므로 하나님과의 하나됨은 모든 인류에 미쳐야 한다고 주장했다. 그러나 모든 사람이 성령으로 말미암는 이 하나됨을 누리지 못하므로 인류는 하나님의 생명을 가진 자와 못 가진 자로 양분된다. 하지만 그리스도의 교회는 그 영역이 삶의 모든 부분에 미친다고 했다. 이 설교에는 아직 자유주의적 영향이 남아 있으나 그가 나중에 발전시킨 '영적 대립(antithesis)' 및 '전 우주의 재생(palingenesis 또는 regeneration)' 교리의 맹아를 엿볼 수 있다.

카이퍼는 이 시기부터 제도로서의 '가시적 교회'와 유기체로서의 '비가시적 교회'를 분명히 구분하였으나 그 이후부터는 아 라스코의 견해에 대해 조금 거리를 두기 시작하였고, 오히려 칼빈의 견해를 좀더 수용하면서 제도적이고 외형적인 교회에 더 관심을 가지게 되었다. 이것은 당시의 네덜란드 국가교회(Hervormde Kerk)가 안고 있던 자유주의적 신학 및 도르트 신경을 떠난 교회 정치 및 중앙집권화 된 행정 등의 여러 가지 문제점들을 개혁하기 위한 실천적 동기에서였다고 볼 수 있다.

5. 암스테르담(Amsterdam) 교회 취임 설교 및 목회 : 유기체 및 제도로서의 교회관

1870년 8월 10일, 카이퍼는 그의 세 번째 목회지였던 암스테르담 교회에서 "뿌리가 박히고 터가 굳어져 : 유기체 및 제도로서의 교회(Geworteld en Gegrond : De Kerk als organisme en als instituut)"라는 제목으로 취임 설교를 했다. 성경본문은 에베소서 3장 17절의 "믿음으로 그리스도가 너희 마음 가운데

거하게 하옵시고 너희가 사랑 가운데 뿌리가 박히고 터가 굳어져서"였다. 여기서 그는 아 라스코와 칼빈의 교회관을 결합하여 '유기체 및 제도로서의 교회관'을 더욱 발전시켰다. 즉 교회는 유기체로서 하나님의 특별한 은총에 의해 뿌리를 내렸고 싹이 나서 자라는데, 이러한 유기체적 교회가 성장하기 위해서는 제도라는 형식이 필요하다는 것이다. 그런 의미에서 카이퍼는 교회가 제도로서 터가 굳어졌다고 하면서 이 유기체와 제도는 교회의 본질과 형식으로 상호 밀접히 연결되어 있으므로 조화를 이루어야 한다고 주장한다. '어머니로서의 교회상'도 더욱 발전시켜, "[유기체적] 교회의 태중에서 우리의 생명이 잉태되고 [제도적] 교회의 돌봄으로 우리가 양육함을 입는다."고 말했다. 또한 교회 개혁에 관해 그는 교회가 비진리에 항거할 뿐만 아니라 계속 개혁되어져야 함을 강조했다.

또한 이 설교에서 그는 영원한 선택 교리가 교회의 생명이 되는 원리라고 천명했다. 즉 영원전 선택이야말로 하나님의 사랑과 주권을 가장 잘 드러내는 것으로 그의 성숙한 유기체적 교회관의 근거가 되었다. 이후부터 예정론이 그의 사상을 지배하게 되어 그는 심지어 교회의 핵심(cor ecclesiae)은 은혜의 수단이 아니라 택자들에 대한 예정이라고 주장하여 예정론이 정통 개혁신앙의 출발점이요 가장 근본이 되는 원리라고 보았다(Kuyper, 1883: 48). 즉 영원전부터 교회가 신비로운 그리스도의 몸으로 형성되었으며 궁극적으로 유기체라고 하는 독특한 특성을 갖게 되었다는 것이다. 여기서 우리는 카이퍼의 유기체적 교회관이 제도성에 의해 보완되고 예정론과 연결되면서 더욱 견고해지는 것을 보게 된다.

6. 『확신(*Confidentie*)』 : 교회 개혁의 필요성 및 이상적 교회관 제시

앞에서 말한 바와 같이 카이퍼는 본서에서 그의 회심 과정 및 교회 문제에 대해 관심을 가지게 된 세 가지 사건, 즉 그의 학위 논문, 샬로트 영의 소설 그리고 베이스드에서의 목회를 언급한 후 교회 문제에 대한 관심이 정당하다고 보는 이유를 밝히면서 개인, 교회, 가족 그리고 국민생활의 욕구가 교회의 재생 및 개혁을 요구하고 있다고 주장한다(Kuyper, 1873: 49-63). 결론적으로 카이퍼는 당시의 국가교회를 "파선된 배"에 비교하면서(Kuyper, 1873: 103f) 그 본격적인 대안으로 자신이 생각하는 이상적인 교회관을 다음과 같이 제시한다. 즉 교회는 개혁주의적(Gereformeerd), 민주주의적(Democratisch), 자율적(Vrij) 그리고 자립적(Zelfstandig)이어야 한다는 것이다. 이는 카이퍼가 당시 네덜란드 국가 개신교회가 도르트 신경의 교회 정치에서 벗어난 점들을 비판하는 동시에 권위주의화로 인해 카이퍼가 "작은 사람들(kleine luyden)"이라고 불렀던 일반 성도들의 의사가 거의 반영될 수 없었던 점들을 개혁하기 위함이었다. 여기서부터 카이퍼의 실제적 교회 개혁 운동이 시작되었다고 말할 수 있다.

또한 카이퍼는 교회에는 반드시 세 가지의 잘 조직된 목회, 즉 가르치는 사역(Leerdienst : ministry of Word, 여기서 카이퍼는 신앙고백의 중요성을 강조한다.), 예배(Eerdienst : Worship service, 즉 설교, 성례, 기도, 찬송 등) 그리고 사랑의 수고(Liefdedienst : missions and philanthropy, 즉 선교 및 구제)가 조화를 이루어야 한다고 주장했다((Kuyper, 1873: 63-105). 그러면서 그는 이 세 가지의 목회를 각각 믿음, 소망, 사랑과 연결시킨다(Kuyper, 1873: 100). 이것이 그가 이상적으로 생각한 건강하고 균형 잡힌 교회의 모습이라고 말할 수 있다.

7. 교회의 개혁을 위한 소책자(Tractaat van de Reformatie der Kerken) : 교회의 형식과 본질

카이퍼가 네덜란드의 국가교회 개혁을 위해 10년간 고심한 끝에 루터 탄생 400주년 기념으로 출판한 이 책자는 그가 올바른 교회 조직관 및 개혁의 필요성을 주장하면서 2년 후 돌레안치 운동에 직접 적용한 하나의 교회 개혁 교본이다. 내용은 크게 4장으로 구성되어 있는데, 제1장은 일반 원리, 제 2장은 교회의 올바른 형성(rechte formatie), 제3장은 교회의 변질(deformatie) 그리고 제4장은 교회의 개혁(reformatie)에 관한 것이다.

여기서 그는 먼저 교회의 '형식'과 '본질'을 엄격히 구분한다(Kuyper, 1883: 7ff). 교회의 형식이란 가시적이며 제도화된 회중을 의미하며, 본질은 비가시적이요 그리스도의 몸으로서 그리스도를 머리로 하고 성령을 통해, 택함받은 모든 성도들이 유기적으로 연합되어 있는 것이다. 따라서 그리스도의 몸인 성도들이 없는 교회는 제도적으로 아무리 순수하고 말씀 선포 및 성례의 집행이 이루어져도 이미 교회의 본질을 상실했으며, 반대로 제도적으로 아무리 부패한 교회라도 거기에 살아 있는 그리스도의 지체들이 있다면 교회의 본질은 살아 있다는 것이다. 이는 마치 그루터기만 남은 나무라 할지라도 뿌리에 생명이 있으면 나무의 본질을 유지하는 것과 같다는 것이다.

또한 카이퍼는 교회의 본질을 잠재적인 면과 실현된 면이라는 두 관점에서 본다. 전자는 교회의 본질은 있으나 아직도 직분이나 공적인 사역이 부족한 경우를 말하며, 후자는 모든 직분 및 은혜의 수단 등이 완비된 경우를 말한다. 따라서 교회의 본질은 항상 그 자체를 실제적으로 나타낸다는 것이다 (Kuyper, 1883: 7ff).

그러나 그의 교회관도 비판을 받았다. 예를 들어, 텐 호어(F. M. ten Hoor)는 카이퍼가 교회의 본질을 그 생성 원인과 혼동했다고 주장한다. 즉 교회를 형성하는 능력을 교회의 본질로 보았다는 것이다. 그리고 하나님 안에 불가시적인 교회의 본질이 있다는 카이퍼의 주장은 슐라이에르마허와 윤리적이며 범신론적인 중재신학(Vermittlungstheologie)의 영향을 받았다고 비판한다(Ten Hoor, 1890: 11, 21, 37ff, 49, 90, 109ff, 154).

이후 카이퍼는 1886년에 '돌레안치'라는 개혁 운동을 시작했다. 암스테르담 시찰에서 일어난 일련의 갈등으로 인해 카이퍼를 중심으로 하는 80여 명의 목회자 및 약 30만 명의 성도들이 전국적으로 교회 조직 등의 개혁을 외치며 네덜란드 국가 개신교회에서 분리하였으며 새로운 교회를 "네더다웃츠 개혁교회(Nederduits Gereformeerde Kerk)"라고 불렀다. 물론 '분리(Afscheiding)'라고 불리는 개혁 운동이 1834년에 있었으나 이 숫자는 전체 교인의 1% 정도밖에 되지 않았던 반면, '돌레안치'는 전체의 10%가 되어 그 영향력이 상당히 컸다고 볼 수 있다.

카이퍼는 처음에 1834년의 교회 '분리'에 대해 매우 비판적이었다. 그의 판단에 의하면 분리주의자들은 국가교회에 대해 어떤 삶의 원리에 근거해서 분리했다기보다는 반동적인 감정으로 그렇게 했다고 보았기 때문이다. 그는 분리주의자들이 생각하는 만큼 국가교회가 완전히 타락했다고는 보지 않았다. 또한 그들이 지역 교회에 속해 있는 신자들도 그 교회가 타락한 교단에 속해 있으므로 그곳을 떠나야 한다고 말한 것은 옳지 않다고 생각했다. 한 교회가 잘못된 교단에 속해 있다고 해서 반드시 그 교회도 잘못되었다고 말할 수 없다는 것이다. 또한 한 나라에 여러 지역 교회를 가진 한 교회가 있을 수 있다는 생각도 개혁주의적인 관점이 아니라고 비판했다. 그후 '분리'의 결과 생겨난 기독 개혁교회(Christelijke Gereformeerde Kerk)가 1869년, 그들이 국가로부터 단지 독립적인 지방 교회가 아니라 하나의 총회로서 법적인 인정을 받기 원했을 때에도 카이퍼는 이러한 입장을 견지했다.

교회 정치에 있어서도 카이퍼는 분리주의자들과 의견이 달랐다. 그들은 교회를 떠나면서도 공적 권위나 개혁에 대한 사명에는 너무나 무관심했다고 보았기 때문이다. 더구나 그들이 떠나면서 기존 교회를 모두 죽은 교회로 단죄하고 자신들을 단순한 신자들이라고 말하면서 제도로서의 교회를 무시하여 모든 교회의 공적인 직분을 포기함으로써, 신앙고백적인 면에서는 개혁교회와 연속성을 갖지만 결국 개혁교회와 단절하게 되었다. 동시에 그들은 새로운 제도적 교회를 형성하였기 때문에 역사적으로 오랜 개혁교회와의 연속성은 없다고 보았다. 하지만 나중에는 카이퍼가 생각을 바꾸면서 이 분리주의자들도 진정 교회의 개혁을 원하는 중심이 있었음을 인정하게 되었다. 그후 이두 그룹이 합쳐 네덜란드 개혁교회(de Gereformeerde Kerken in Nederland)라고 하는 교단을 형성하게 되었다.

8. 『조직신학 강의록(*Dictaten Dogmatiek*)』 : 교회의 유기체적 본질

카이퍼는 한걸음 더 나아가 교회의 유기체적 본질에 대해 깊이 연구하였다. 본서(*Dictaten Dogmatiek*)는 카이퍼가 1880년부터 1900년까지 암스테르담의 자유대학교 신학부에서 강의한 조직신학을 학생들이 출판한 것으로 모두 다섯 권으로 되어 있는데 그의 교회론은 제4권에 있으며 교회관에 대해 가장 방대한 설명을 하고 있으므로 매우 중요한 문헌이다(Kuyper, 1905). 여기서 그는 교회의 '본질'과 '존재'를 구분하면서, "교회는 그 존재로가 아니라 그 본질을 따라 영원부터 하나님 안에 있다."고 말한다(Kuyper, 1905: Vol. 4, 69). 그리고 본질은 '필요성'과 동일시한다. 즉 비가시적 교회의 본질은 영적이고 신비적인 교회로서 그 자체가 필연적으로 외부로 나타나는 내재적 충동(de inge-schapen aandrift)을 소유하고 있다. 즉 교회의 본질은 하나님께 놓여 있는데, 이는 교회가 하나님의 계획 속에 이미 영원한 내재적 사역(opus immanens)으로 존재하기 때문이라는 것이다.

카이퍼는 "교회(church: kerk)" 또는 "에클레시아(ecclesia)"는 교회의 본질이나 목적을 나타내는 것이 아니라 단지 존재의 양식일 뿐이라고 주장하면서 오히려 교회는 살아 있는 전체로서의 모든 인류와 불가분리적으로 연결되어 있기 때문에 '유기체'임을 강조한다. 원래 인류는 전 세계의 생명과 연결되어 있었으나 범죄로 인해 이러한 유기적 연합이 파괴되어 원초적 전체성이 파편화되었다고 주장한다. 그러나 새로운 머리이신 그리스도에 의해 인류는 회복된 그리스도의 몸으로서 교회를 형성하게 되었는데 이는 마치 그루터기만 남은 나무에 새싹이 돋아나듯 비록 작지만 같은 뿌리에서 나오는 원래적인 유기체의 연속이라고 본 것이다. 따라서 이러한 교회는 아무리 많은 위협과 어려움에도 불구하고 그 머리이신 그리스도의 주권에 의해 마침내 그의 신부로 영화롭게 되어 영원한 축복을 누리게 될 것이라고 했다. 여기서 우리는 다시금 카이퍼의 유기체적 교회론이 체계화됨을 볼 수 있다.

9. 타락 전 선택설로서의 예정 : 유기체적 교회론의 강화

앞서 잠시 언급했지만 카이퍼는 타락 전 선택설로서의 예정(Supralapsarian view of predestination)을 주장함으로써 유기체적 교회론을 강화했다. 즉 교회는 창조 및 타락 전에 이미 진정한 인류요, 그리스도의 몸으로 존재했다는 것이다. 즉 교회는 하나의 전체로 하나님에 의해 선택되었다는 것이다. 왜냐하면 타락 후 선택설에 의하면 교회는 진정한 유기적 통합이 없는 개개인의 집합에 불과하며 따라서 교회는 유기체가 아니라 구원받은 자들의 개별적 모임에 불과하다고 보았기 때문이다(Kuyper, 1905: 32-33, 42-43).

또한 카이퍼는 유기체로서의 교회야말로 중생의 열매라고 주장한다. 유기체 안에 생명이 있듯이 교회의 참된 생명은 성령께서 주신 중생에 있다는 것이다. 이와 연결하여 그는 또한 유아 세례를 주장한다. 유아 세례는 오직 그들이 이미 선택되었으며 성령에 의해 중생했다고 간주하기 때문에 시행하는 것이라고 말한다. 따라서 카이퍼는 교회를 영원전부터 선택함을 입은 성도들이 머리 되신 그리스도와 유기적으로 연합하여 그의 신비로운 몸이 된 것으로 보며 이런 의미에서만 "교회밖에는 구원이 없다."는 말을 할 수 있다고 주장한다.

10. 가시적 교회와 비가시적(유기체적) 교회

또한 카이퍼는 교회를 가시적 교회와 비가시적 교회로 구분한 후 유기체로서의 교회를 비가시적 교회로 보면서 교회는 항상 신앙적 대상이 될 뿐 우리가 감지할 수는 없다고 말했다. 이러한 비가시적 교회의 특징은 "하나의, 거룩하고, 보편적인 그리스도의" 교회이며 "사도성(apostolicity)"은 부차적인 속성에 불과하다고 보았다. 카이퍼는 이러한 비가시적 교회야말로 가시적 교회의 본질이며 완전하고 절대적으로 거룩한 보편적 그리스도의 몸이라고 주장했다. 그는 이것을 인간에 대한 이원론적 관점(영혼-몸)과 연결시켜 설명하면서 영혼이 보이지는 않지만 인간의 진정한 본질적 부분이듯이 가시적인 교회

위에 진정한 그리스도의 몸으로서의 교회가 존재한다고 했다.

하지만 카이퍼의 이러한 가시적/비가시적 교회의 구분은 적어도 형식적으로는 슐라이에르마허의 관점과 매우 유사하다. 슐라이에르마허에 의하면 가시적 교회는 항상 교회와 세상의 혼합이어서 순수하지 못하고 불완전하다 (Schleiermacher, 1963: 676- 678). 이러한 견해는 네덜란드의 호로닝겐 신학파 및 19세기 국가교회의 윤리적-중도적 입장에 큰 영향을 미쳤다. 카이퍼도 한 때 이러한 영향 아래 있었으나 나중에는 비가시적 교회가 단지 가시적 교회의 발전을 결정하는 관념만이 아니라 실제적으로 나타나는 교회 뒤에 숨어 있는 실체임을 강조하면서 제도적 교회의 중요성 또한 무시하지 않았다.

11. 카이퍼의 교회 개혁안 : 세 가지 유형들

카이퍼의 교회관은 궁극적으로 당시의 교회를 개혁하기 위해 발전된 것이다. 그의 개혁안을 구체적으로 살펴보면 세 가지 유형이 있다: 기존 교회의 조직으로부터 단절을 통한 개혁, 시찰 및 노회와 같은 상회와의 관계를 단절하는 개혁 그리고 지체로 속해 있는 기존 교회로부터의 단절로 인한 개혁이다. 첫 번째 개혁안은 단지 잠정적인 것이며, 두 번째 개혁안은 영구적이기는 하나 교회 자체를 개혁하기보다는 교회 간의 관계를 개혁하는 것이다. 세 번째 안이야말로 가장 극단적 형태의 개혁안으로서 조직 및 다른 교회와의 관계를 단절할 뿐만 아니라 신자들의 공동체로서의 교회 자체로부터의 단절을 뜻한다. 이러한 개혁은 오직 자신이 속해 있는 교회가 너무나 부패하여 완전히 거짓 교회가 되었을 때에만 허용된다. 카이퍼는 기존 교회와의 단절은 모든 개혁의 수단을 다 동원했어도 실패했을 경우에 최후의 수단으로만 허용했다. 그래서 그는 개혁을 '돌레안치', 즉 '애통, 슬퍼함'이라고 불렀던 것이다. 따라서 이 돌레안치 교회는 단지 편의상 그리고 임시적이며 불완전하게 존재하는 형태라고 생각했다.

카이퍼가 당시 네덜란드 개신교회를 비판한 점들을 좀더 구체적으로 살펴보면 크게 두 가지로 볼 수 있다. 1816년부터 국왕 빌름(Willem) I세가 [일반 규례 : Algemeen Reglement]를 통해 정부가 여러 가지 규정으로 시찰 및 노회 행정을 감독해 온 것과 그 교회 내의 자유주의 사상이다. 카이퍼는 이 국가교회를 거짓되거나 개혁 가능성이 없는 부패한 교회로 간주하지는 않았고, 오히려 여전히 그리스도의 교회로 인정했으나 단지 정부의 간섭을 계속하여 받게 됨으로 교회에 대한 그리스도의 주 되심을 인정하지 않는다는 점에서 하나님의 말씀에 불순종하는 교회로 생각했다. 따라서 하나님께서 이러한 오류를 제거해 주시기를 애통하면서 간구하는 것에서 돌레안치 교회가 탄생한 것이다.

따라서 카이퍼는 교회 개혁 프로그램을 실행에 옮겼는데 기존 교회의 모든 조직적 구조, 즉 시찰, 노회, 총회 및 공적 예배에서 분리하였다. 그러나 이는 신자들의 공동체인 지역 교회와 단절한다는 의미가 아니라 다만 분리됨을 강조했다. 따라서 돌레안치는 분파(schism)와는 달리 새로운 교회를 설립하는 것이 아니라 제도적 교회의 역사적 연속성을 유지하면서 교회의 순수한 개혁을 추구하는 것이었다.

12. 참 교회와 거짓교회의 표식들(marks)

카이퍼에 의하면 참된 교회와 거짓 교회 간의 차이는 절대적인 것이었다 (Kuyper, 1883: 160-162). 그러나 한 특정한 교회가 참된 교회인가 거짓 교회인가를 판단함에 있어 어느 정도 타락했느냐를 평가하는 데에는 확신이 서지 않아 실제적으로 구분하기에는 어려움이 많았다. 그래서 카이퍼는 세 단계로 불완전한 교회를 구분했다: (1) 심각할 정도로 부패한 상태에 있는 교회, (2) 교회처럼 보이지만 실제는 교회가 아닌 경우(schijnkerken), (3) 완전히 거짓된 교회(Kuyper, 1883: 113-114, 197). 당시 카이퍼는 암스테르담 교회와 네덜란드의 약 500개 교회가 첫 번째 범주에 속한다고 보았다. 그들은 은혜의 수단을 거룩하게 지키지 않고 권징을 시행하지 않으며 비신자들에게도 투표권을 부여하고 거짓된 교회 조직에 참여하기 때문이었다. 그럼에도 하나님의 말씀은 계속 선포되고 성례가 집행되므로 완전히 거짓된 교회라고 생각되지는 않았다(Kuyper, 1883: 197). 두 번째 범주로는 네덜란드 국가교회를 지적했다. 카이퍼가 보기에 네덜란드의 국가교회는 완전히 타락해서 거의 치유 불가능했다. 이미 몸은 생명이 끊어졌으나 아직 부패는 시작되지 않은 단계로 어떤 교회에는 그리스도에 대한 믿음을 고백하는 사람이 한 명도 없고 은혜의 수단이 집행되지도 않았다. 이런 교회는 단지 다른 교회들과의 연결 및 정부의 지원으로 겨우 지탱해 가는 정도였다. 교회의 형태는 아직 갖추고 있으나 더이상 그리스도의 교회는 아니다(Kuyper, 1883: 111-112, 197). 세 번째 범주로는 가장 부패한 적그리스도의 교회인데 이것은 종말에 나타날 것이며, 가장 가까운 형태가 종교개혁시대에 한 번 나타났었다고 본다(Kuyper, 1883: 112-115, 160-161, 166).

참된 교회와 거짓된 교회를 구분하는 데 도움을 주기 위해 카이퍼는 참된 교회와 거짓된 교회의 표식(marks)을 아는 것이 필요하다고 말했다. 이는 벨직 신앙고백 제29조에 나와 있는 바와 같이 참된 교회의 표식은 (1) 순수한 복음의 선포, (2) 성례의 집행 그리고 (3) 권징의 신실한 시행이다. 카이퍼는 이러한 표식은 유기체로서의 교회보다 제도로서의 교회에 해당한다고 말한다

(Kuyper, 1883: 168f). 나아가 그는 교회의 본질적인 표식과 교회의 안녕과 유익에 속하는 것을 구분했다. 칼빈처럼 카이퍼도 전자, 즉 말씀의 선포 및 성례의 집행이 가장 필수적이며, 후자는 권징으로 이것이 교회의 본질적인 표식이라고 보지는 않았다. 결론적으로 카이퍼는 개별 신자가 어떤 특정한 교단을 떠날 것인지 아닌지 결정할 수는 없고 다만 그가 살고 있는 지역 교회가 부패했을 경우 그 교회에 계속 남아 있을 것인지 아닌지 깨끗한 양심으로 판단해야 한다고 보았다.

13. 교회의 권위 : 제도적 교회의 특징

카이퍼는 제도적 교회가 주로 권위에 의해 특징지어진다고 보았다(Kuyper, 1883: 41-72). 여기서 그는 세 종류의 권위를 구분하였는데, 하나님 말씀의 권위, 신앙고백의 권위 그리고 교회 내의 권위로 이러한 권위를 통해 개혁주의 전통과 네덜란드 개혁교회의 통일성을 추구했다. 또한 말씀과 성례, 권징, 공적 예배, 봉사 및 구제, 신앙고백 그리고 교회의 질서 등이 제도로서의 교회의 공식 사역이라고 보았다. 즉 제도적 교회의 중심적인 사명은 유기체로서의 교회를 보양하고 도와주는 것이었다.

카이퍼가 그의 전기 사상에서 제도적 교회를 가시적 교회와 동일시했을 때에는 제도로서의 교회가 그의 교회론에서 중요한 위치를 차지했었다. 당시 제도적 교회는 삶의 모든 영역-학교, 사회 그리고 국민으로서의 생활-에 커다란 영향력을 미쳤다. 하지만 카이퍼는 국가의 간섭에 대해 비판하면서 교회의 독립성을 매우 강조했다. 제도적 교회는 하나님께서 창조하신 유기체 조직으로서 다른 어떠한 인간 사회와도 다르다고 확신했기 때문이다(Kuyper, 1883:

56-59, 175). 이는 그가 1880년 암스테르담에 자유대학교를 설립하면서 강조한 소위 '영역 주권(sphere sovereignty)' 이론과도 밀접한 관련이 있다고 말할 수 있다(Kuyper, 1880).

14. 교회 정치의 민주성

카이퍼는 교회의 행정 및 정치에 민주성을 매우 강조했다. 즈반스트라(Zwaanstra)는 예정론이 카이퍼의 유기체로서의 교회관을 결정짓는 요소라면, 인간의 자유 원리는 제도로서의 교회관을 결정짓는 요소라고 본다(Zwaanstra, 1974: 174). 그는 심지어 성경이 교회의 설립에 관해 가르치는 모든 것은 그 당시의 시대정신인 민주주의와 조화될 수 있다고까지 말했다(Kuyper, 1873: 79). 보이지 않는 교회를 형성하는 능력은 하나님께 있으나 보이는 교회를 형성하는 것은 그리스도의 몸 된 신자들에게 있다고 보기 때문이다. 제도로서의 교회는 어느 동일한 지역에 살고 있는 그리스도의 몸 된 신자들이 그들의 교제를 보다 충만하고 순수하게 갖기 원할 때 탄생하게 된다고 보았다. 하지만 제도적 교회의 형성을 위한 잠재력과 동력은 유기체로서의 교회에 있다. 이러한 잠재력과 동력은 성도들이 스스로 제도적 교회를 세우기 원할 때 생겨난다. 따라서 제도적 교회는 하나님 자신이나 그리스도께서 직접 형성하시는 것이 아니며 자유롭게 연합한 인간이 형성하는 것이다. 그러므로 그들은 그 연합을 단절할 자유도 항상 가지고 있는 것이다. 그러나 제도적 교회의 형성은 교회에서 직분을 가진 사람들의 지도 하에, 성경말씀에 따라 진행해야 한다. 유기적 교회는 직접 그리스도에게 연결되어 있으나 가시적 교회는 구성원의 상호 합의에 의한 연대밖에는 없다. 이러한 카이퍼의 민주정신은 국가교회에 대한 반

감과 자유교회에 대한 정당한 호감에 의해 증대되었으며 거의 독립교회주의를 주장할 정도가 되었다.

그리스도의 신비로운 몸으로서의 교회는 하나이며 분리되지 않는다. 그러나 그리스도의 몸 된 유기적 통일체가 완성되는 것은 마지막에 이루어질 종말적 실체이다. 그리스도의 몸이 일시적으로 나타난 교회들은 모두 부분적이고 결점이 있다. 따라서 카이퍼는 지역 교회란 그리스도의 몸이 일차적으로 나타나는 것으로 보았다. 카이퍼는 보에티우스(Voetius)의 견해와 동조하면서 사도들이 지역 교회들을 인정하면서 계속 "에클레시아(ecclesiae)" 또는 "교회들"이라는 용어를 썼다고 말한다. 그러나 그들은 결코 "교회"를 보다 광범위하게 유기적 형태의 교회 통일체적 의미로 사용하지는 않았다고 본다. 지상에 존재하는 그리스도의 교회는 오직 지역 교회들에 국한되어 있으며 시찰이나 노회, 총회 등은 그리스도의 몸의 이차적 현현이라고 보았다.

15. 유기체적 교회의 통일성(Unity)과 다원성(Pluriformity)

카이퍼는 종교개혁자들의 가르침이나 신약의 근거 없이도 교회의 다원성을 주장했다. 그러한 주장의 근거는 발전의 보편적 법칙 및 19세기 시대 정신에서 찾아볼 수 있다. 그는 신약시대의 교회는 모든 유기체의 형태가 그러하듯 하나의 통일체로 시작했으나 시간이 지남에 따라 갈등과 분리의 과정을 통과하여 다양한 형태를 갖추게 된다고 주장했다. 교회를 포함한 모든 유기체는 다변화(differentiation)의 법칙에 종속된다. 하나님의 창조 질서에 의하면 다양성(multiformity)이야말로 생명체의 가장 근원적인 원리이다(Kuyper, 1931: 63-64). 따라서 유기적으로 하나인 교회는 제도적으로 다양한 형태로 나타난다고 보았다. 삶의 모든 영역이 다변화되던 19세기에 교회도 하나님께서 제정하신 생명의 법칙의 적용을 받는 것으로 간주되었던 것이다.

돌레안치 운동 이전까지 카이퍼는 제도적 교회를 가시적 교회와 동일시하면서 그리스도의 몸이 구체적이고 역사적으로 현현한 유일한 교회라고 보았다. 그러나 후기 사상에서는 제도적 교회와 더불어 그리스도의 몸으로서 '교회가 나타나는 다른 형태들'에 관심을 가지기 시작했다. 심지어 가톨릭의 영세를 인정하기 위해 카이퍼는 교회가 가시적이 되는 데에는 두 가지 형태가 있다고 주장했다. 즉 그리스도 자신께서 성례를 통해 가시적이 되는 것과 인간이 제도적 형태를 통해 가시화되는 것이 있다는 것이다. 전자를 가시적이며 유기적인 교회라고 부르면서 세례받은 모든 사람들을 포함했으며 벨직 신경 제27조(거룩하고 보편적인 교회)를 그 근거로 들었다.

교회 부분을 다루고 있는 하이델베르크 제21주일에 관해 주석하면서 카이퍼는 교회를 하나님의 나라를 위해 싸우는 군대로 설명했다(Kuyper, 1904-1905: 121). 그러나 사탄과의 진정한 투쟁은 제도를 통해 나타나는 것이 아니라 삶의 모든 영역에서 일어나는 것이다: 우리의 마음, 가족, 비즈니스 및 산업, 학문, 예술 등. 이러한 영적 전쟁은 제도적 교회보다 훨씬 더 큰 영적 교회에 의해 치러져야 한다. 이러한 영적인 교회는 요리문답에 의해 고백된 신앙의 대상이며, 제도로서의 가시적 교회와는 전혀 다르다. 이는 마치 후방에 있는 군대가 최전방 전투지에 있는 군대와 다른 것과 같다. 어디서나 신앙의 고백이 있고 삶 가운데 그 신앙이 나타나면 그 교회는 제도적 형태가 있건 없건 가시적 교회로 본다(Kuyper, 1904-1905: 144-146).

카이퍼는 이렇게 제도적 교회 밖에서 나타나는 가시적 교회를 '현상적 교회(ecclesia apparens)', 즉 가시적 유기체로 나타난 교회로서 '삶의 모든 영역에서 중생한 삶을 나타내는 교회'라고 불렀다. 이 교회는 그리스도의 신비적 몸에 있는 영적인 능력의 모든 일시적이고 가시적인 증거들 및 효과들을 대표하는 것이다. 그리스도의 몸은 삶의 모든 영역(개인, 가정, 국가 및 모든 문화활동)에서 거듭난 형태로 나타난다. 따라서 교회는 재생(palingenesis)을 통해 회복된 인류(우주를 포함한)의 총체적 삶으로 이해해야지 제도적 교회로서 그 직분에 제한된 것으로 보아서는 안 된다(Kuyper, 1909: 204, 215; Locus de Ecclesia, 102, 108-111). 그렇게 교회를 삶의 모든 영역에서 다양하게 나타나는 가시적 유기체로 보게 된 결과, 카이퍼는 제도적 교회를 그리스도의 몸이 나타난 다양한 역사적 형태 중 하나에 불과하다고 간주했다. 물론 카이퍼는 모든 가능한 오해를 피하기 위해 제도적 형태의 독특성 및 불가피성도 강조했다. 즉 비록 제도적 교회는 유기체로서의 교회가 나타난 다양한 형태들 중 하나이기는 하지만 그럼에도 불구하고 그리스도 자신께서 제정하신 것이고, 이러한 제도적 수단이 없이는 유기적 교회가 그 힘을 행사할 수 없다고 강조했다. 하지만 카이퍼는 덧붙여서 교회가 단지 제도적 수단만을 통해서 활발하게 나타나는 것은 아니라고 했다. 결국 중생이란 제도에 의해서 이루어지는 것이 아니라 그리스도의 몸에서 직접 기원하는 것이기 때문이다(Kuyper, 1909: vol. 3, 192).

16. 한국 교회에 대한 적용

지금까지 논의한 카이퍼의 교회관을 한국 상황에 적용해 본다면 무엇보다 먼저 그가 강조한 교회의 유기체성을 통해 한국 교회의 과도한 개교회주의를 지적할 수 있다. 카이퍼가 교회의 유기체성을 말할 때 개교회가 그리스도의 몸이라는 사실도 부인하지 않지만 비가시적 교회, 보편적 교회 전체가 그리스도 안에서 한 몸이 되었다는 사실을 강조하는 것이다. 하지만 한국 교회는 개교회주의가 너무 강하여 전체의 유기체성이 상대적으로 약화되었음을 부인할 수 없다. 대형 교회들과 영세한 교회들 간의 격차가 너무 크고 재정적인 부분도 균등하지 않아 대형 교회들의 확장으로 인해 주변의 중소 교회들이 흡수되어 그 목회자들은 생존권을 위협받는 경우도 있음을 볼 수 있다.

또한 이 '유기체성의 약화'는 한국 교회의 분열과도 연결되어 반성해 볼 수 있는 근거가 된다. 너무나 많은 교단, 교파 및 개교회의 분열에 의해 전체적인 연대성(solidarity)이 매우 약해졌고, 각 지역 교회들 간의 불균형 및 보이지 않는 경쟁도 심화되고 있다. 따라서 교회 개혁을 위해 분리된 교단들이라 할지라도 신학이 동일하다면 다시 연합하려는 노력을 기울여야 한다. 물론 최근 일부 보수적인 장로교단들이 협력을 강화하고 있는 것은 고무적인 일이나 좀더 과거의 분열에 대해 깊이 회개하고 다시 하나됨을 회복하는 노력을 기울일 때 세상이 복음을 믿게 될 것이다(필자는 이 부분이 한국 교회의 성장에 대해 발목을 잡고 있는 가장 심각한 문제 중 하나라고 생각하여 이미 나름대로 사역 현장에서 체험한 내용과 함께 깊이 있는 연구 결과를 『하나됨의 비전』이라는 제목으로 출판한 바 있다(최용준, 2006)).

나아가 카이퍼의 유기체적 교회론은 한국 교회의 민족 중심주의(ethnocentrism)를 극복하는 데 도움이 된다. 한국 사회는 현재 급속도로 다문화사회가 되고 있으나 한국 교회는 그 변화에 대해 제대로 대응하지 못하고 있다. 즉 지역 교회들이 다문화가정을 적극적으로 섬기며 그리스도의 한 몸이며 유기체임을 증명할 수 있는 노력이 나타나야 함에도 불구하고 그런 모델을 찾기는 쉽지 않다고 생각한다. 나아가 해외 한인 디아스포라 교회들도 이민 역사가 오래되어 가지만 여전히 '한인'이라는 테두리에 머물러 자칫 '게토화'될 뿐만 아니라 오히려 분열되는 경우도 적지 않다. 그리스도의 몸 된 교회로서의 유기체성을 분명히 인식한다면 이제는 '열방을 섬기는 축복의 통로'라는 인식과 함께 다문화 사역을 보다 적극적으로 제시하고 펼쳐 나가야 할 것이며 특히 해외 한인 교회의 경우 현지의 다양한 교회들 및 기관들과 보다 효과적인 협력 사역을 해야 할 것이다.

카이퍼가 비가시적이며 유기체적 교회를 강조한 것은 한국 교회의 예배당 건축에 너무 많은 예산을 투입하는 현상에 대해서도 좋은 반성의 계기가 된다고 본다. 진정한 교회는 건물이 아니라 성도들의 연합이며 교제이므로 이 믿음의 공동체(community)가 함께 하나가(comm+unity) 되고 모든 이단 및 비진리에 대해 진리를 수호하여 교회를 진리의 공동체로 보존하면서 인종과 언어 및 문화를 초월하는 보편적 교회를 지향할 때 한국 교회는 다시 건강한 교회, 성숙한 교회로 발전할 것이다.

그리고 카이퍼가 자율적 교회를 강조한 것은 정부로부터의 간섭을 배제한다는 의미였는데 이를 한국 교회에 적용한다면 교회가 정부에 대해 선지자적 사명을 올바르게 감당해야 한다고 말할 수 있다. 나아가 교회 내적인 사역 이외에 대외적인 구제 및 봉사도 더욱 확충하여 사회적 책임을 충실히 감당할 때 세상으로부터 진정성을 인정받게 될 것이다.

카이퍼와 같은 진정한 개혁은 '애통'하는 마음과 함께 내적인 개혁으로 부터 시작되어야 한다. 그렇지 않으면 개혁을 위해 분리된 교회나 교단도 시간이 지나면 다시 부패할 가능성도 있기 때문이다. 개교회 및 교단별로 부흥을 간구하기 전에 먼저 분열, 물질주의, 부정부패에 대한 철저한 자기 반성 및 진정한 회개와 그에 합당한 구체적 열매를 맺어나갈 때 계속해서 개혁되어지는 교회가 될 것이다.

카이퍼의 기준으로 볼 때 한국 교회는 어느 정도 부패했다고 말할 수 있을까? 필자는 그가 말한 첫 번째 경우, 즉 심각할 정도로 부패한 상태라고 본다. 왜냐하면 아무리 문제가 많다고 할지라도 아직 복음이 선포되는 교회가 많이 있고 성례가 자주 집행되지는 않지만 나름대로 시행되고 있으며 잘못된 권징도 있기는 하나 아직까지는 두 번째 경우, 즉 교회처럼 보이지만 교회가 아니라고 보기에는 무리가 있기 때문이다. 하지만 설교 부분도 개혁해야 할 요소들이 많다. 교회에서 성경본문 전체가 골고루 선포되기보다는 일부 구절에 치우치는 경우가 많고, 교회력에 관심을 두기보다는 행사에 치우치는 경우를 자주 볼 수 있다. 가령, 5월에 그리스도의 승천이나 성령강림주일이 간과되고 가정의 달에 관한 메시지가 주로 선포되는 경향이 있다. 나아가 설교를 강조하다보니 성례가 상대적으로 약화되었다. 유럽의 개신교회들처럼 적어도 한 달에 한 번 정도는 성례가 집행되어야 할 것으로 본다. 또한 권징도 올바르게 이루어지 않아 개교회 및 노회 심지어 총회 차원에서 적지 않은 문제가 발생하고 있다. 이러한 부분들은 성경에 비추어 올바르게 개혁되어야 할 부분이라고 말할 수 있겠다.

나아가 카이퍼의 불완전한 교회를 평가하는 기준에서 현대 한국 교회를 볼 때 "파선될 위험성이 있는 배"라고 생각한다. 따라서 한국 교회는 철저한 자기 반성을 통해 '개혁되었고 계속해서 개혁되어져야 하는 교회(ecclesia reformata et semper reformanda)'가 되어야 한다. 일부 교회 리더들의 지나친 권위주의를 지양하고 섬김과 소통의 민주주의적인 교회로 패러다임 쉬프트가 일어나야 할 것이다. 또한 개교회의 민주성과 더불어 노회 및 총회도 일부 정치적인 인사들에 의해 좌우되지 않고 건전하고 민주적인 절차를 통해 모든 문제들을 합리적으로 풀어 나가려는 자세가 한국 교회에 절실히 필요하다.

카이퍼가 성경의 권위와 신앙고백의 권위를 강조한 것에는 전혀 이의가 없을 것이다. 다만 한국 교회 내에서는 교회 내의 권위가 자칫 일부 지도자들의 몰상식적인 전횡의 정당방위로 남용되지 않도록 제어하는 장치가 필요하다고 말할 수 있다. 한국 교회들이 부패하거나 스캔들이 일어나는 대부분의 문제들은 지도자들이 바로 서지 못한 것으로 드러나기 때문이다. 가령, 재정적인 면에서 좀더 투명하고 공정한 감사 제도를 통해 모든 성도들이 공감할 수 있는 체제를 갖추어야 할 것이다.

마지막으로 카이퍼의 교회관은 현대 한국 교회의 성속 이원론을 극복하는 데 매우 중요한 요소가 된다. 한국의 그리스도인들이 아직도 극복하지 못한 것이 이원론적 세계관이기 때문이다. 카이퍼는 교회는 주일만을 위해 존재하는 공동체가 아니라 일주일 전체가 예배이며 삶의 모든 영역에 그리스도의 왕 되심과 주권을 인정하는 산 제사가 되어야 함을 강조한다. 한국 교회가 성장을 멈추고 오히려 퇴보하는 것은 이러한 성경적 문화관과 세계관을 구체적으로 적용하지 못하고 있기 때문이다. 학문과 신앙이 별개가 아니고 신앙과 삶이 분리되지 않으며 그리스도를 머리로 하여 그분의 왕 되심과 주 되심을 온전히 인정함으로 통합될 때 개개인의 그리스도인들도 장성한 분량에 이르고 교회도 더욱 성숙하여지며 진정 세상을 변혁시키는 하나님 나라의 증인이 될 것이다.

III. 결론

카이퍼의 교회관 형성에는 여러 요소가 복합적으로 작용한 것을 볼 수 있다. 초기 사상에서는 19세기 독일의 낭만주의 및 관념론의 영향을 많이 받았으나 그가 칼빈주의로 회심한 이후 정치 영역을 포함한 삶의 모든 영역에서 하나님의 주권과 그리스도의 왕 되심을 선포하기 위해 그리고 국가교회를 개혁하기 위한 노력으로 그의 교회론을 발전시켜 나중에는 제도적 교회와 유기체적 교회를 구분하게 되었다.

특히 그가 강조한 유기체로서의 교회론은 세속 문화를 변혁하고 기독교적 문화를 건설해 나가야 할 모든 그리스도인의 사명과 직접 관련된다. 카이퍼가 일반 은총론 및 유기체적 교회론을 발전시킨 이유도 근본적으로 교회를 개혁함과 동시에 교회와 세상과의 관계를 올바로 설명하기 위함이었는데 이것은 그의 큰 공헌이라고 평가할 수 있다.

하지만 말씀 선포 및 성례의 집행을 강조하는 제도적 교회와 삶을 변혁시키는 유기체적 교회 중 카이퍼가 후자를 강조한 나머지 전자, 즉 제도적 교회의 중요성을 약화시킨 것은 아닌지 반문할 수 있을 것이다.

하지만 분명한 것은 그가 이러한 교회관을 발전시킨 근본적인 동기는 당시에 성경적 교훈에서 이탈한 네덜란드 개신교회를 바르게 개혁하기 위함이었다는 것이다. 그는 진정 교회를 사랑했고, 따라서 주님의 교회가 회복되기를 원하는 간절하고도 '애통'하는 헌신적 중심이 있었다. 이 정신은 오늘 우리에게도 분명히 계승되어야 할 것이다. 또한 최근 성장을 멈추고 여러 가지 부패와 타락한 모습 때문에 사회로부터 많은 비판을 받고 있는 한국(디아스포라) 교회 상황에 계속해서 새롭게 적용되어야 할 것이다. 본문 마지막에서도 이미 언급했지만 특별히 세상 속에서 유기체로서의 교회의 사명에 대해 좀더 깊이 성찰하면서 실생활 가운데 구체적 열매로 나타내어야 할 것이다.

[참고문헌]

변종길(1996). "아브라함 카이퍼의 문화관 : 기독교 학문에 대한 성경적 조망." 『한석 오병세 총장 은퇴 기념 논문집』. 논문집 편찬위원회 편. 197-212.
정성구(2010). 『아브라함 카이퍼의 사상과 삶』. 용인: 킹덤북스.
최용준(2006). 『하나됨의 비전』. 서울: IVP.
최홍석(1991). "카이퍼의 教會本質 理解." 『교회와 신학』. 총신출판부. 170-191.

Calvin, John. (1960). *Institutes of the Christian Religion*, edited by John T. McNeill and translated by Ford Lewis Battles, Philadelphia: Westminster Press.
Chung, Kwang-Duk. (1999). *Ecclesiology and social ethics: A comparative study of the social and ethical life of the church in the views of Abraham Kuyper and Stanely Hauerwas,* Kampen: Drukkerij van den Berg.
Kuyper, Abraham. (1862). *Disquisitio historico-theologica, exhibens Johannis Calvini et Joannis a Lasco de Ecclesia Sententiarum inter se compositionem,* Hague: M. Nyhoff.
_____. (1873). *Confidentie,* Amsterdam: Hoveker & Zoon.
_____. (1905). *Dictaten Dogmatiek,* Kampen: J.H. Kok.
_____. (1909). *Encyclopaedie der Heilige Godgeleerdheid,* vol. 3. Kampen: J.H. Kok.
_____. (1904-5). *E Voto Dordraceno, Toelichting op den Heidelbergschen Catechismus,* Vol. 2, Amsterdam/Pretoria/Potchefstroom.
_____. (1931). *Lectures on Calvinism,* Grand Rapids: Eerdman.
_____. (1880). *Souvereiniteit in Eigen Kring,* Amterdam: Kruyt.
_____. (1883). *Tractaat van de Reformatie der Kerken,* Amsterdam: Hoveker & Zoon.
Praamsma, 이상웅 · 김상래 역(2011). *Let Christ Be King* (그리스도가 왕이 되게 하라), 서울: 복있는 사람
Putchinger, G. (1987). *Abraham Kuyper: De jonge Kuyper* (1837-1867), Franeker: Wever.
Schleiermacher, Frederich. (1963). *The Christian Faith,* vol. 2, New York and Evanston: Harper and Row.

Ten Hoor, F.M. (1890). *Afscheiding of Doleantie: in verband met het Kerkbe-grip*, Leiden: Donner.

Van den Berg, C.H.W. (1980). "Kerk en wereld in de theologie en wereldbe-schouwing van Abraham Kuyper: Een historisch -systematische studie." *In Rapport met de Tijd: 100 jaar theologie aan de Vrije Universiteit.* Kam-pen: Kok.

_____. (1987). "Kuyper en de kerk." *Abraham Kuyper: Zijn volks-deel, zijn invloed.* eds. C. Augustijn, J.H. Prins, H.E.S. Woldring. Delft: Meinema.

Vanden Berg, Frank. (1978). *Abraham Kuyper: a biography*, Ontario: Paideia. 김기찬 역. (1991). 『수상이 된 목사 아브라함 카이퍼』. 도서출판 나비.

Van Leeuwen, P.A. (1946). *Het kerkbegrip in de theologie van Abraham Kuy-per*, Franeker: Wever.

Velema, W.H. (1957). *De leer van de Heilige Geest bij Abraham Kuyper's.* Grav-enhage: Van Keulen.

Zwaanstra, H. (1974). "Abraham Kuyper's Conception of the Church." in: *Calvin Theological Journal* 9, 149-181.

http://www.prca.org/books/portraits/kuyper.htm
http://www.pkn.nl/1/info.aspx?page=6210

헤르만 도여베르트의 생애와 사상[1]
(Herman Dooyeweerd, 1894-1977)

　20세기 기독교 철학자들 중 네덜란드의 헤르만 도여베르트(Herman Doo-
yeweerd, 1894-1977)는 가장 대표적인 인물들 중 하나라고 말할 수 있다. 왜냐
하면 그는 자신의 철학 체계를 통해 성경적 세계관의 바탕 위에서 피조세계를
가장 일관성 있게 설명하려고 시도했기 때문이다.

　그렇다고 해서 그의 철학이 완벽하다고 말할 수는 없을 것이다. 나중에 살
펴보겠지만 그의 철학은 여러 면에서 비판을 받았고 동시에 그의 제자들에 의
해 더욱 발전되었다. 하지만 적어도 그의 사상은 반드시 한 번 검토할 가치가
있다고 볼 수 있다. 대가의 사상을 연구한다는 것은 곧 그가 씨름한 서양 철학
전체를 그의 눈으로 살펴보는 것이고, 그가 기독교 철학자로서 왜 그렇게 생
각했는지 살펴보는 가운데 우리에게도 성경적이면서도 비판적 관점들이 형
성되기 때문이다. 이러한 의미에서 먼저 그의 생애를 간략히 소개한 후 그의
사상과 영향에 대해 다루어보고자 한다.[2]

---

1 본고는 "헤르만 도여베르트 : 변혁적 철학으로서의 기독교 철학의 성격을 확립한 철학자"라는 제목으로
　『하나님을 사랑한 철학자 9인』(손봉호 외, 서울: IVP, 2005), 37-66에 실린 논문이다.
2 이 부분을 소개하는 데 있어서는 본인의 박사 학위 논문 *Dialogue and Antithesis: A Philosophical
　Study on the Significance of Herman Dooyeweerd's Transend-ental Critique* (Amsterdam: Buijten &

I. 헤르만 도여베르트의 생애

헤르만 도여베르트는 네덜란드 암스테르담에서 태어났다. 부친이 아브라함 카이퍼(Abraham Kuyper)가 창간한 일간지 《더 스탄다르드(De Standaard)》와 주간지 《더 헤라우트(De Heraut)》를 구독하는 칼빈주의적 신앙환경에서 자라나 암스테르담에 있는 개혁교회의 김나지움(Het Gereformeerd Gymnasium)에 입학하여 공부하게 되었는데 여기서 처음 철학을 접하게 되었다. 김나지움을 졸업한 후에는 아브라함 카이퍼가 설립한 암스테르담의 자유대학교(Vrije Universiteit)에 입학하였는데 처음에는 음악과 화란 문학에 관심을 가졌다. 당시 낭만주의의 영향을 받은 그의 첫 출판물들은 시(詩)들과 "프레드릭 반 에든의 새로운 신비성(De neo-mystiek van Frederik van Eeden)"(1915) 그리고 "와그너주의의 불안(De troosteloosheid van het Wagnerianisme)"(1915)이라고 하는 두 논문이었다. 이러한 낭만주의적 경향은 그의 기독교 철학 정립에도 영향을 미쳤다. 가령, 그가 괴테(Goethe)의 말을 인용하면서 철학의 사명이란 '모든 것이 어떻게 전체와 연결되어 있는가(wie alles sich zum Ganzen webt)'를 궁구하는 것이라고 생각했으며, 결국 철학이란 '전체에 대한 관점을 추구하는 것(Filosofie is het streven naar een visie op de totaliteit)'이라고 보았다. 나아가 그는 성경에 나와 있는 대로 '인간의 마음에 집중되어 있는 인격의 통일성(de eenheid van de menselijke persoon, die geconcentreerd is in het hart)'을 강조했다. 그러나 그는 전공과목으로 법학을 공부하여 "네덜란드 헌법에서의 내각(De ministerraad in het Nederlandsche staatsrecht)"[3]이라는 제목의 논문으로 1917년

Schipperheijn, 2000)을 주로 참고했다. 본 논문은 웹사이트 www.isi.salford.ac.uk/dooy/papers/choi/index.html에서도 찾을 수 있다.

3 Amsterdam: Wed. G. Van Soest, 1917

에 법학박사 학위를 취득했다.

그후 네덜란드 정부의 여러 기관에서 근무하다가 1922년 헤이그에 있는 반혁명당(The Anti- Revolutionary Party)[4]의 연구센터인 카이퍼 연구소(Kuyper- stichting)의 소장으로 임명되었다. 도여베르트는 여기서 4년을 근무하면서 카이퍼가 가졌던 비전, 즉 '신칼빈주의 생활 및 세계관과 이것을 법, 경제 및 정치 방면에 적용할 수 있는 기초(de grondslagen der zogenaamde neocalvinistische levens- en wereldbeschouwing in haar toepassing op recht, economie en politiek)'에 대해 집중적으로 연구하게 된다. 이 기간 중 그는 나중에 그의 기독교 철학 체계를 세우는 데 필요한 핵심 개념들을 발전시켰다. 그는 이러한 연구 작업의 열매를 당시 그가 창간한 반혁명당의 기관지였던 《반혁명적 정치학(Anti- Revolutionaire Staatskunde)》에 일련의 논문들로 발표하게 된다. 여기서 우리는 카이퍼의 칼빈주의적 세계관 및 신학 사상이 도여베르트에게 결정적인 영향을 미쳤음을 알 수 있다. 특별히 카이퍼의 '신비적' 명상록들을 읽고 나서 도여베르트는 사상의 종교적 뿌리를 발견하게 된다.[5]

카이퍼 연구소에서 자신의 철학적 기초를 마련한 도여베르트는 1926년 자유대학교의 법철학 교수로 임명된 후 거의 40년간 재직하면서 자신의 기독교 철학 사상을 더욱 발전시켰다. 나아가 그의 동료인 동시에 자형이었던 철학부 교수 볼렌호븐(D.H.Th. Vollenhoven)과 함께 1936년에 칼빈주의 철학협회

---

4 반혁명당은 아브라함 카이퍼가 1879년에 창당한 네덜란드 최초의 개신교 개혁주의 정당이었다. 보다 자세한 내용은 Roots of Western Culture: Pagan, secular, and Christian Options. John Kraay 역, To- ronto: Wedge Publishing Foundation, 1979, 68 참조.

5 Rene van Woudenberg, "Herman Dooyeweerd", home.planet.nl/~srw/nwe/teksten/pub.html#art 참조.

(Vereniging voor Calvinistische Wijsbegeerte)[6]를 설립하였고 《Philosophia Refor-mata(개혁철학)》라고 하는 학회지를 발간하면서 소천하기 1년 전인 1976년까지 편집장을 맡아 수고하였다.

카이퍼 연구소에서 작업한 내용들로 날개를 단 사상들이 마침내 자유대학교에서 꽃을 피우면서 그의 세 권으로 된 대작 De wijsbegeerte der wetsidee(우주법철학)가 1935-1936년에 출판된다.[7] 첫 권의 서문에서 그는 다음과 같이 말한다.

"내 사상의 가장 큰 전환점은 사상 자체의 종교적 뿌리를 발견한 것이다. 성경이 모든 인간 생명의 종교적 뿌리라고 말하는 '마음'의 중심적 의미를 이해하게 된 것이다."

초기에 그는 자신의 철학을 철저한 '칼빈주의적 철학'이라고 이름을 붙였으나 나중에는 '에큐메니컬-기독교 철학'이라고 보다 보편적인 언어를 사용하기를 원했다.

하지만 그의 철학도 수많은 비판을 받았다. 특히 처음에는 자유대학교의 신학부 교수들로부터 그리고 일반 목회자들로부터도 매섭고 혹독한 비판이 쏟아졌다. 심지어 1937년에는 그와 볼렌호븐을 비판하는 책이 Philosophia Deformata(변형된 철학)라는 이름으로 출판되기도 했다. 도여베르트와 볼렌호븐의 철학은 개혁철학이 아니라 오히려 기독교 사상을 왜곡시키는 철학이라는 뜻이다. 이때부터 도여베르트는 자신의 사상 체계가 신학이 아니라 철학임을 강조하게 된다.

---

6 현재 이 단체는 Vereniging voor Reformatorische Wijsbegeerte라는 이름으로 활동하고 있다. 약 5년마다 한 번씩 열리는 국제학술대회에는 세계 각국에서 참가한다. 보다 자세한 내용은 home.planet.nl/~srw/ 참조.

7 Amsterdam: H.J. Paris. 본 저서는 이후에 WdW로 약칭함.

1948년에는 네덜란드의 왕립학술원의 인문분과 회원으로 선출되었는데 이는 그의 철학 수준이 공식적으로 인정받았음을 뜻한다. 그는 자신의 철학 체계에 대해 수많은 철학자들과 토론을 했는데 가톨릭 철학자인 로버스(H. Robbers)와 마렛(M. F. J Marlet) 그리고 독자적인 기독교 철학을 추구한 반 퍼슨(C.A. van Peursen)과 콘스탐(Ph. A. Kohnstamm)과도 깊이 있는 논쟁을 했다. 그의 기독교 철학은 네덜란드 국내에 많은 제자들을 키워 '개혁철학(Reformatorische Wijsbegeerte)'이라는 학파를 형성하였다. 그리하여 지금까지 개혁철학협회에서 주관하여 네덜란드의 주요 국립대학들(Utrecht, Leiden, Groningen, Delft, Rotterdam, Eindhoven 및 Wageningen)에 기독교 철학 석좌 교수들을 임명하여 강의하고 있다. 나아가 프랑스, 스칸디나비아, 미국, 캐나다, 호주, 뉴질랜드, 남아프리카공화국, 일본 그리고 한국 등 여러 나라에 큰 영향을 미쳤다.[8]

II. 헤르만 도여베르트의 사상 전개

도여베르트는 카이퍼 연구소에서 그의 사상의 핵심을 이루는 중심 명제, 즉 '이론적 사상의 종교적인 뿌리'에 관한 통찰력을 얻은 후 자유대학교의 교수로 일하면서 이 사상을 더욱 깊이 발전시켰다. 제한된 지면에 그의 포괄적인 사상을 전부 소개하는 것은 거의 불가능하므로[9] 그의 철학에서 가장 기본적인 개념들을 소개한 후 그의 핵심 사상인 선험적 비판철학(Trancendental Critique)을 고찰하겠다.

---

8 이 부분에 대해서는 나중에 자세히 언급하겠다.
9 도여베르트 연구에 대한 가장 포괄적인 웹사이트는 www.isi.salford.ac.uk/dooy/ 참조.

1. 의미로서의 실재(Reality as Meaning)

도여베르트 사상의 출발점은 성경의 창조 기사에 근거한다. 그가 제일 먼저 강조하는 철학적 이념인 '의미(zin : meaning)'는 바로 이 창조 동인(動因)을 적절히 표현한 것이다. 성경은 우주의 모든 만물이 창조되었고, 그 중심은 창조주이신 주권자 하나님에게 초점이 맞추어져 있다고 말씀한다. 하나님은 만물의 근원(Arche : Origin)이시며 지금도 모든 피조물들을 다스리신다. 그리고 만물은 궁극적으로 하나님에 의해 완성된다. 이러한 의미에서 도여베르트는 모든 실재를 '의미'라고 규정한다.[10]

피조물에 의미가 '있다'라고 하기보다 피조물 자체가 의미'이다'라고 하는 것이 다소 생소하게 들리지만 도여베르트가 이러한 표현을 통해 강조하고자 하는 것은 모든 피조물이 자충족적(self-sufficient) 존재가 아니라 의미를 부여하시는 하나님(God as the meaning-Giver)에게 철저히 의존하고 있다는 사실이다. 이런 맥락에서 그는 로마서 11:36, 즉 "만물이 주에게서 나오고 주로 말미암고 주에게로 돌아감이라."는 말씀에 의미의 목적이 분명히 나오며 만물의 기원, 존재의 근거 그리고 궁극적 목적이 분명히 제시되고 있다고 강조한다.[11]

도여베르트 이후에 암스테르담 자유대학교에서 현대철학을 가르치다 은퇴한 요한 반 데어 후븐(Johan van der Hoeven) 교수는 이 부분을 좀더 자세하게 다음과 같이 설명한다.

---

10 이 부분에 대한 보다 자세한 내용은 H. Dooyeweerd, *A New Critique of Theoretical Thought* I (Philadelphia: The Presbyterian and Reformed Publishing Company, 1953-58). 3-4 참조. 본 저서는 이하 NC로 약칭함.

11 Dooyeweerd, *WdW* I, p. 11. "Alle zin is uit, door en tot een oorsprong."(모든 의미는 기원에게서 나오고, 그로 말미암고 그에게로 돌아간다.)

"도여베르트가 이 '의미'라는 보다 기본적이고 포괄적인 용어를 도입하는 이유는 희랍철학에서 나온 '존재(being)'라는 단어가 가장 포괄적인 단어로 더 이상 적절하지 않기 때문이며, 나아가 현대의 삶의 허무성과 무의미한 경험들이 증가하면서 '의미'에 관련된 철학적 문제들이 관심을 끌게 되었고, 나아가 '소외'되어 가는 실존적인 상황을 직면할 필요성을 느꼈기 때문이다."[12]

또한 도여베르트 사상 입문서를 저술한 깔스베이끄(L. Kalsbeek)는 이에 덧붙여 도여베르트가 '의미'라는 단어를 쓰는 것은 인간의 이성 및 철학적 사고의 자율성을 절대시한 전통적인 내재철학(內在哲學, immanent philosophy)에서 사용된 '실체(substance)'라는 형이상학적 용어가 너무 독립적인 성격을 가지고 있으므로 이에 대한 기독교적 대안으로 제시한 것이라고 설명한다.[13] 따라서 이 '의미'라는 단어 하나로 도여베르트는 희랍철학에서 기원한 전통적인 형이상학과 존재론을 근본적으로 개혁하려고 시도했음을 볼 수 있다.

2. 실재의 기본 구조(The Basic Structure of Reality)

나아가 도여베르트는 의미로서의 피조계는 혼돈스럽거나 임의적인 것이 아니라 잘 정돈되고 구조적인 전체라고 강조한다. 왜냐하면 하나님께서 이 세상 만물을 지으실 때 완전한 지혜로, 창조 질서에 따라 지으셨기 때문이다. 그

---

12 J. van der Hoeven, "Matters of mission and transmission: On the Progress of Ecumenical- Reformational Thought", *Philosophia Reformata* (이하 PR로 약칭함) 52 (1987), 137-138.

13 L. Kalsbeek, *Contours of a Christian Philosophy: An Introduction to Herman Dooyeweerd's thought*, Bernard and Josina Zylstra. eds. (Toronto: Wedge Publishing Foundation, 1975), 311. 본서의 네덜란드어 원본은 *De Wijsbegeerte der Wetsidee: Proeve van een christelijke filosofie* (Amsterdam: Buijten & Schipperheijn, 1970). 한국어로는 황영철 역, 기독교인의 세계관: 기독교 철학개론 (서울: 평화사, 1981). 또한 R. van Woudenberg, *Gelovend denken: Inleiding tot een christelijke filosofie* (신앙적 사고: 기독교 철학 개론) (Amsterdam: Buijten & Schipperheijn, 1992), 208-210도 참조.

러므로 도여베르트는 실재에는 계획된 구조가 있으며, 그 기본 구조를 '세 가지 선험적 이념들(three transcendental ideas)'을 사용하여 설명한다. 여기서 그가 '선험적'이라는 표현을 사용하는 것은 이러한 이념들이 철학적 사고의 전제가 된다는 의미이다.

첫 번째 이념은 만물의 '기원(Origin)'이다. 도여베르트에게 있어 이는 만물을 그의 주권적인 뜻대로 창조한 창조주로서 모든 존재는 이분에게 의존한다. 하지만 창조를 부인하는 진화론도 기원에 대한 이념은 있다. 즉 그것은 '우연(Chance)'이다. 희랍철학도 바로 여기에 대한 관심을 가지고 만물의 근원(Arche)이 무엇인지 탐구했던 것이다.

두 번째 이념은 모든 현상의 다양한 면들과 양상들의 '뿌리가 되는 통일체(root-unity)'이며 의미의 총체(meaning-totality)이다. 다시 말해 모든 현상들이라는 구슬들을 하나로 꿰어 초점을 맞추도록 만드는 그 통일점을 뜻한다. 이 세상의 철학자들은 항상 우리가 경험하는 다양한 현상들을 통일적으로 이해할 수 있는 이념이 무엇인가에 관심을 가져왔다. 그리고 매우 다양한 주장들을 펼쳤다. 여기에 대해 도여베르트는 이것이 제2의 아담이며 모든 시간내적 실체[14]의 종교적 뿌리가 되시는 그리스도에게서 발견된다고 설명한다. 그리고 각 개인은 존재의 종교적 중심 또는 집중점인 '마음'을 통해 이 의미의 총체에 참여한다고 말한다.

마지막으로 세 번째 이념은 '우주적 시간으로 연결되어 있는 의미의 다양성(meaning diversity in the coherence of cosmic time)'이다. 의미의 다양성이란 의미의 다양한 양상들과 개체 구조들을 뜻하며 이 두 가지는 시간에 의해 서

---

14 실체가 시간내적이라는 표현은 나중에 설명하겠다.

로 연결되어 있다고 본다.[15] 도여베르트는 이 세 가지 요소를 처음에는 '법 이념(wetsidee : cosmonomic idea 또는 the idea of law)'이라고 불렀다. 이것은 그가 원래 법 철학자였음을 보여 주는 용어이며 하나님의 창조에는 창조의 '법' 또는 '질서'가 있음을 암시하는 표현이다. 그러나 나중에는 이 용어를 수정하여 '선험적 기본 이념(transcendentaal grondidee : transcendental ground idea)'이라고 불렀다.[16] 그에 의하면 모든 철학과 학문은 이러한 '법 이념'을 형성하는 전이론적 전제들(pre-theoretical presuppositions)에 의존되어 있다.[17] 즉 이 세 가지 이념들은 모든 학문활동에 반드시 필요한 전제들이라는 것이다.

나아가 도여베르트는 창조계에서 두 가지 종류의 기본 구조를 구별한다. 즉 '개체 구조(individuality structure)'와 '양상 구조(modal structure)'이다. 전자는 창조에 의해 주어진 구체적 사물의 법적 질서를 의미하며, 후자는 각 의미의 모멘트(moment), 즉 예기(anticipation), 회기(retrocipation) 그리고 의미의 핵을 가진 특정한 양상을 의미한다. 그는 볼렌호븐과 함께 이 실재의 양상 이론(the theory of modal aspects of reality)을 발전시켰는데[18] 처음에는 각기 독특한 법칙들에 의해 지배받는 14가지의 '법칙 양상들(wetskringen : law-spheres, 다른 말로 modal aspects 또는 modalities)'을 구별했으나 나중에는 15가지로 발전시켰다. 즉 수적(arithmetic/numeric), 공간적(spatial), 운동적(kinematic), 물리적(physical), 생물학적(biotic), 감각적(sensitive), 분석적(analytical), 역사적(his-

---

15 이 부분에 대한 보다 자세한 내용은 나중에 나온다.

16 Dooyeweerd, NC I, 68ff.

17 1920년대에 그가 처음 '법 이념'을 말했을 때, 이 단어는 '하나님의 창조법'이라는 의미였다. 그러나 1930년대로 들어오면서 그 의미는 '종교적 출발점(religious starting-point)' 또는 '선험적 근본 이념(transcendental basic idea)'이라는 뜻으로 바뀌게 되었다.

18 Stellingwerff, D.H.Th. Vollenhoven(1892-1978): reformator der wijsbegeerte[철학의 개혁자] (Baarn: Ten Have, 1992), 79.

torical/formative), 언어적(lingual), 사회적(social), 경제적(economic), 미적(aes-thetic), 법적(juridical), 윤리적(ethical) 그리고 신앙적(pistic/credal) 양상이다. 도여베르트는 이 15개의 양상을 구별하면서 각 양상들이 서로를 지시하고 있으며 하나의 정합성(coherence)을 이루어 의미의 총체성을 지향하며 다시 이것은 만물의 기원을 지향한다고 말한다.

여기서 언급해야 할 또 한 가지 중요한 점은 도여베르트가 단순하고 구체적인 경험을 과학적이고 이론적인 사고와 분리시켰다는 것이다. 전자는 구조적이고 이론적인 분석 없는 일상적 삶의 경험을 말하는 반면 후자는 시간내적 실체를 여러 가지 다양한 추상적, 이론적 관점에서 본다. 가령, 여기에 연필이 한 자루 있다고 생각해 보자. 연필 한 자루는 하나의 개체 구조로 존재한다고 말할 수 있다. 하지만 이것을 양상 구조로 분석해 보면 전혀 다른 관점들이 나타난다. 예를 들어 수적 양상으로 보면 이 연필은 한 자루임이 강조되지만 역사적 관점에서 본다면 이 연필의 역사에 관심을 쏟게 될 것이다. 사회적 양상에서는 연필의 사회적 기능이 주된 관심사이지만 경제적 양상에서 보면 이 연필의 가격이 가장 중요할 것이다. 미적인 양상에서는 이 연필의 디자인에 관심을 두겠지만 윤리적인 양상에서는 이 연필이 누구의 것이며 이 연필을 다른 사람이 훔쳐서는 안 됨을 강조할 것이다. 이렇게 양상 구조는 한 개체 구조가 가지고 있는 다양한 면들을 부각시켜 준다.

이러한 양상 구조는 하나의 학문을 절대화하는 환원주의(reductionism)의 위험을 가장 잘 비판할 수 있다. 즉 모든 이즘(-ism)-가령, 역사주의(histori-cism)-은 그 양상을 기원의 위치에 놓는 사상의 우상화라고 도여베르트는 예리하게 지적한다. 실제의 한 면만을 절대화하게 되면 다른 면들을 간과하게 되어 결국 전체적인 이해를 하지 못하는 오류에 빠지고 만다는 것이다. 이러한 통찰력은 유물론이나 나찌즘과 같은 사상적 오류들을 비판할 수 있는 매우 효과적인 도구라고 말할 수 있다.

또한 도여베르트에게 있어서 의미 그 자체는 구체적인 경험과 이론적인 사고 양자를 가리키지만 존재의 의미성을 말할 때에는 추상적이고 이론적인 사고의 문맥에서 말하는 것이다. 이것은 다시 말해 각 이론적 학문 영역은 실재의 구조적 정합성(structural coherence)을 자신의 관점 또는 양상에서 연구함을 뜻하며, 철학은 이 관점들 전체를 탐구하는 것을 뜻한다. 그러므로 도여베르트의 양상들은 사실상 그 분야를 연구하는 개별 학문들과 대응되며 철학은 한 관점이나 양상만이 아니라 전체 양상들의 관계 및 의미의 통일성 그리고 의미의 기원에 대한 부분까지도 관심을 둔다는 것을 의미한다.

이러한 뜻에서 도여베르트는 우리의 이론적 학문활동이 결코 중립적이지 않으며 항상 종교적 전제에 의존한다고 주장한다. 그는 이론적 사고로서의 철학적 사고는 의미의 총체성(meaning- totality)을 지향한다고 정의한다. 이 지향의 방향성은 철학적 사고를 선행하는 인간의 자아(selfhood)에 의해 결정된다. 즉 모든 학문활동은 인간에 의해 이루어지며, 학문이란 각 실재의 양상에 담겨 있는 창조의 법칙들을 재발견(re-search)하는 것인데, 이러한 활동들은 실재의 집중점인 의미의 통일성에 의하여 그 방향성이 좌우된다는 의미이다. 아무리 탁월한 학문적 업적을 남긴다고 할지라도 그것을 사용하는 인간의 마음이 중요하다는 것이다. 노벨이 평화적인 목적으로 연구하여 다이너마이트를 발명했다 해도 타락한 인간은 이것을 살인적인 무기로 만들어 버리는 것이다. 도여베르트는 여기서 인간 존재의 종교적 뿌리 및 집중점으로서 '마음'의 중심적 의미를 강조한다. 이 마음은 결코 자충족적이 아니며 항상 기원(Origin)에 의존한다. 그리고 기원에 대해 긍정적 또는 부정적으로 응답할 수밖에 없다. 이 반응이 어떠한가에 따라 학문의 방향성이 결정된다. 따라서 도여베르트는 사고(思考)란 의미를 부여하는 기원에 대한 끊임없는 추구라고 말한다. 바로 이것 때문에 도여베르트는 내재적이고 인본주의적 철학을 그토록 강하게 반대하는 것이다. 다시 말해 그에 의하면 철학의 출발점은 철학에 내재하지 않고 그것을 초월한다.[19]

여기서 우리는 의미의 '역동적인' 성격을 언급하지 않을 수 없다. 그의 양상 구조 및 개체 구조 이론만을 살펴보면 도여베르트의 철학이 매우 정적인 것처럼 보일 수 있다. 하지만 의미의 지향성 및 방향성 그리고 이후에 언급될 개현과정 이론과 시간관을 살펴보면 그의 철학이 매우 동적임을 알 수 있게 된다. 도여베르트와 쌍벽을 이루던 네덜란드의 유명한 기독교 철학자 반 퍼슨(C.A. Van Peursen) 교수는 바로 이 점이야말로 도여베르트 철학에서 가장 중요한 장점들 중의 하나라고 인정했다.[20] 의미의 역동성이란 가만히 있는 정적인 상태가 아니라 항상 잠재성을 구현시키는 과정에 있는 사물의 양상 구조와 개체 구조의 상호 수평적 지향(referring) 및 수직적 표현(expressing) 운동을 뜻한다. 상호 수평적 지향이란 앞에서 잠시 언급한 예기와 회기를 의미하는데, 각 양상들이 독립적으로 존재하는 것이 아니라 나중에 나오는 양상들을 예측하는 면이 있는 동시에 이전 양상들을 회고하기도 한다는 것이다. 그리고 수직적인 역동성은 의미의 다양성이 의미의 통일성을 지향하고 다시 기원을 향하는 운동성이 있다는 것이다.

도여베르트는 이러한 동적인 진행 과정을 개현과정(opening process)이라고 부른다. 개현과정이란 한마디로 창조 속에 감추어진 모든 잠재성이 인간

---

19 Kalsbeek, *Contours*, 35.

20 C.A. Van Peursen, "*Enkele Critische Vragen bij 'A New Critique of Theoretical Thought'*" ('이론적 사고의 신 비판'에 관한 몇 가지 비판적 질문들), PR 24 (1959), 160.

의 문화활동을 통해 실현되는 것을 뜻한다. 가령, 창조 시에는 에덴동산이 있었지만 이것이 완전히 개현된 모습은 새 예루살렘 도성임을 알 수 있다. '동산에서 도시로(from garden to city)' 발전된 것이다. 물론 이러한 방향에는 타락으로 말미암은 부정적 개현도 있다. 그 대표적인 것이 바벨탑이라고 할 수 있다. 이것은 특히 도여베르트의 기독교 문화 철학을 이해하는 데 매우 중요한 개념이다. 그에 의하면 진정한 문화 발전 및 개현은 창조주의 말씀(Wort)을 순종할 때에만 이루어지며 이것이 올바른 인간의 응답(Antwort, response)이다. 잘못된 응답을 하건 올바른 응답을 하건 인간은 응답하지 않을 수 없는 존재(we cannot not respond)이며 모든 인간은 자신의 응답에 대해 책임(Verant-wortlichkeit, responsibility)을 져야 한다. '책임'이란 어원적으로 따져보면 '응답가능성(response+ability)'이라는 뜻이다. 그러므로 인간의 삶 전체를 광범위하게 문화로 정의한다면 인간의 본질적인 면은 말씀하시는 창조주에게 응답하는 존재(Homo Respondens)라고 할 수 있다.[21] 이것은 도여베르트의 인간관을 이해하는 데도 매우 중요한 개념이다.

3. 법과 종속체(Law and Subject)

도여베르트 철학을 이해하는 데 있어 또 한 가지 중요한 키워드는 창조주와 피조물 간의 경계로서의 법(wet : law)과 그 법에 종속된 모든 피조물이다. 도여베르트는 다음과 같이 말한다.

"법과 그 종교적 통일성과 의미의 정합성 내에서 시간내적 다양성을 따르는 개별적 종속체의 기원은 하나님의 거룩하시고 주권적인 창조적 의지이다.

---

21 이 부분에 대해 보다 자세한 논의는 본인의 학위 논문 제1장 참조.

우리의 우주는 법칙면과 종속면 모두 하나님의 동등한 피조물이다. 법칙면은 하나님과 피조물의 절대적 경계이며, 모든 피조물들은 본래부터 법칙에 종속되어 있고 하나님만이 '유일한 법칙의 제정자'이시다.…그리스도는 우주의 의미의 뿌리이시며 충만이시다. 그리스도께서 모든 율법을 완성하셨고 그 안에서 모든 종속적 개체는 그 의미의 충만함이 집중되어 있다; 우리의 시간내적 우주는 어떠한 것도 그분을 벗어날 수 없다.…의미의 양상적 다양성에서의 법은 거기에 종속되어 있는 개체 구조의 보편타당한 결정 및 제한이다. 종속체란 *sujet*[22]로서 법칙 영역들의 양상적 다양성의 법칙에 종속된다. 종속체가 없는 법이 없고 그 반대도 없다."[23]

희랍철학자들도 이 세상의 모든 만물에는 '질서'가 있다는 것을 알았다. 이것은 조금만 생각해 보면 금방 관찰할 수 있는 사실이다. 그러나 문제는 인본주의 철학은 언제나 이 '법' 자체가 절대화된다는 것이다. 그래서 많은 세계관과 종교에는 '도(道)' 또는 '리(理)'라는 단어가 많이 들어간다. 가령, 천도교(天道敎), 천리교(天理敎), 도교(道敎) 등을 들 수 있는데, 이것은 모두 만물의 법 자체를 절대시하는 경향을 보여 준다. 여기에 대해 도여베르트의 독특한 점은 그 법이 절대적인 것이 아니라 그 법은 반드시 그 법을 제정한 분(law-Giver)이 있다는 것을 보여 준다는 사실이다.

나아가 도여베르트는 각 양상 영역에서 두 가지 면을 말한다. 즉 법칙면과 종속면이다. 가령, 경제적인 면에서 연필의 생산은 경제적인 수요와 공급의

---

22 불어로 subject라는 뜻으로 도여베르트가 만물의 의미성과 종속성을 강조하기 위해 쓴 용어이다. -역자주.

23 Dooyeweerd, *NC* I, 507-508. 여기서 '경계'라는 용어는 공간적 의미로 사용된 것이 아니라 비유적 의미로 쓰인 것이다. 왜냐하면 공간 자체도 피조계에 속하기 때문이다. Van Woudenberg, *Gelovend Denken*, 43.

법칙을 따르지 않을 수 없다. 바로 여기서 수요와 공급의 법칙은 경제적 양상의 법칙면이며 연필은 그러한 양상에 종속되는 것이다. 그러나 법의 가장 심원한 본질 및 궁극적 내용은 피조물을 향한 하나님의 사랑의 표현과 모든 피조물이 하나님을 섬겨야 한다는 그분의 요구라고 말할 수 있다. 이것이 율법의 완성이다. 종속적이란 결국 우리가 "하나님을 사랑으로 섬기는 것"이다.[24] 그러므로 법-종속의 관계는 모든 피조물들이 하나님의 사랑의 법 앞에서 너무나 소중하며 본질적 의미로 충만하다는 것을 뜻한다.

요컨대 이러한 법-종속 개념 역시 하나님께서 그의 피조 세계에 매우 친밀하게 내재해 있음을 의미한다. 다시 말해 창조주는 법을 제정하셨기에 그 법을 초월하며 그 법을 바꾸실 수 있는 자유가 있지만 그의 신실함으로 인해 그법을 지키시며 동시에 그 법에 종속된 피조물들을 사랑하신다. 우리 인간도 창조주에게 영광을 돌리며 이웃을 섬기기 위한 목적으로 학문활동을 하여 이주어진 법을 올바로 연구하고 적용할 때 창조주의 지혜를 닮아가는 것이다. 그리고 마치 조각가가 자신의 조각 작품 속에 자신의 형상을 투영시키며 자신의 혼을 심듯이 만물을 초월하시는 창조주께서도 자신의 작품인 피조계에 친히 함께하시며 교제하기를 기뻐하신다는 것이다. 이러한 창조주의 초월성과 내재성을 동시에 인정하며 균형을 맞추는 것은 인본주의적 세계관과 철학을 올바로 분별하는 데 매우 중요하다.

4. 시간과 실재(Time and Reality)

도여베르트의 시간관은 매우 독특하며 동시에 난해하다. 1930년부터 그는

---

24 Kalsbeek, *De Wijsbegeerte der Wetsidee*, 71.

시간을 '우주적'이라고 부르는데 그것은 시간이 모든 실재의 양상들과 구조들을 포함하며 그 속으로 침투해 들어가기 때문이다. 시간은 창조와 함께 주어졌다. 모든 피조계는 시간 내에서 존재한다. 따라서 모든 시간내적 실재의 구조들, 즉 다양한 양상 구조 및 개체 구조는 우주적 시간 질서에 근거한다.[25] 도여베르트는 이것을 좀더 자세히 설명하면서 "시간은 그 양상 구조 내에서 양상화되고(modalized), …개체 구조에서 전형화된다(typicalized)."[26]라고 말한다. 즉 도여베르트에 의하면 우주적 시간이란 하나의 양상이 아니라 '전후(before and after)'의 질서로서 양상들 간의 관계를 결정할 뿐만 아니라 각 양상의 구조 안에서 자신을 표출한다. 즉 각 양상 내에서 우주적 시간은 앞에서 설명한 양상의 '회기(retrociparory)' 또는 '예기(anticipatory)'의 모멘트라는 의미로 다른 모든 양상들을 가리킨다. 다시 말해 이전 양상들은 이후 양상들의 기초가 되며, 이후의 양상들은 이전 양상들을 개현한다. 나아가 그는 양상 구조에서 15개 양상은 상호 환치될 수 없다고 강조한다. 그리고 시간내적 실재는 상호 환치될 수 없는 존재 양식의 다양성 내에서 기능한다. 각 양상은 자기의 위치가 있으며 그 자리를 다른 곳으로 옮길 수 없다. 왜냐하면 그것이 창조의 질서요 구조라고 생각하기 때문이다. 이러한 질서가 뒤바뀌게 되면 배율이 일어나며 문제가 발생한다. 가령, 사람이 떡으로만 사는 것이 아니라 하나님의 말씀으로 산다는 것을 양상 구조로 설명한다면 생물적 양상보다 신앙적 양상이 뒤에 있어 후자가 전자를 개현하는 것이라고 말할 수 있다. 경제적 양상과 윤리적 양상을 비교할 경우에도 윤리적으로 옳지 않다면 경제적 손해도 감수해야 하는 경우가 있다. 이러한 질서를 바로 알고 지켜 나가는 것이 매우 중

---

25 Dooyeweerd, *NC* I, 29.

26 Kalsbeek, *Contours*, 156-157.

요하다는 것이다.

또한 도여베르트는 우주적 시간의 법칙면과 종속면을 구별한다. 법칙면에서 시간은 '질서'이며 종속면은 '지속'이다.[27] 반 데어 후븐 교수(Johan van der Hoeven)는 이 부분을 좀더 정확히 설명하면서, 우주적 시간은 의미가 다양성으로 전개되는 궤도(track) 또는 과정(course)이라고 말한다.[28] 이러한 과정은 하나의 정합적인 것이며 계속되는 질서와 단계들의 지속이다.

도여베르트에 의하면 우리는 시간의 '개념(concept of time)'은 알 수 없고 다만 시간의 '관념(idea of time)'만 알 수 있다. 그 이유는 우리의 자아에서 시간의 정합성과 다양성을 초월함으로써만 시간을 알게 되기 때문이다. 시간에 대한 이론적 지식을 가지는 것도 불가능하다. 그 이유는 이론적 지식을 얻기 위해서는 먼저 시간의 정합성으로부터 한 양상을 분리하여 추상화시킨 후 그것을 논리적 또는 분석적 양상과 연결시킬 때에만 가능하기 때문이다.[29] 그러나 시간은 한 양상이 아니므로 시간을 정의하기는 불가능하며 단지 그것에 관한 관념만 알 뿐이다.

도여베르트는 양상들이 서로 다른 이유는 각 양상이 시간 내에서 자신을 나타내는 방식이 다르기 때문이라고 설명한다. 따라서 양상들은 모두 시간의 양상들이라고 부를 수도 있다. 이것을 도여베르트의 표현으로 설명한다면: 우주적 시간은 다양한 시간-양상들에서 "자신을 표현한다."[30] 도여베르트는 이

---

27 Dooyeweerd, NC I, 28. 그러나 M.D. Stafleu는 이 점을 다음과 같이 비판한다. "수학적인 개체 구조는 없기 때문에 수학적 양상에서는 양상적 시간 질서만 존재하지 종속적 지속은 발견되지 않는다." Stafleu의 논문, "Analysis of Time in Modern Physics(현대 물리학에서의 시간 분석)", PR 35 (1970), 3 참조.

28 J. Van der Hoeven, "In memeory of Herman Dooyeweerd. Meaning, Time and Law", PR 43 (1978), 139.

29 이것은 도여베르트가 학문적 사고가 어떻게 가능한가를 다룰 때 설명하는 방식이다.

30 Dooyeweerd, WdW I, 66 및 NC I, 101-102.

것을 햇빛이 프리즘을 통과하면서 스펙트럼의 일곱 가지 색으로 분리되는 이미지로 설명한다. 가령, 산수 양상은 전후(earlier and later)라는 회기될 수 없는 시간 질서에 의해 규정되며, 공간적 양상은 동시성(simultaneity)에 의해 제한되고, 운동적 양상에서 시간은 운동의 연속에 의해 특징지어지며, 분석적 양상에서 시간은 논리적 전후(prius and posterius)의 동시성에서 표현되고 경제적 양상에서 시간은 "시간은 돈이다."라는 표현에서 나타난다.[31]

각 양상은 그 자신의 독특한 법칙들에 의해 질서지어지고 결정된다. 그러므로 도여베르트는 양상들을 '법칙 영역들'이라고 불렀다. 도여베르트는 분석적 양상에서 신앙적 양상까지를 '문화적인 면'이라고 부르며 그 법칙들은 '규범들'이라고 부르는데 그 이유는 이 법칙들은 사람들에 의해 '인정되고', '실증되어야' 하기 때문이며 이 법칙들은 지켜질 수도 있고 어겨질 수도 있기 때문이다.

이것은 인간의 문화적 책임과도 연결된다. 사람이 각 양상에 주어진 하나님의 법칙들을 올바로 이해하고 적용할 때 인간의 모든 문화활동은 하나님의 영광을 나타내며 이웃을 섬기는 방향으로 개현되지만 그렇지 않을 경우 그 문화는 파괴적이 되고 결국 헛수고로 돌아간다. 분석적 양상 이하 양상들의 법칙들은 '자연법'이라고 불리는데 그 이유는 이 법칙들은 어길 수 없기 때문이다. 나아가 앞서 말한 바처럼 각 양상들은 상호 환치될 수 없는데 이것을 도여베르트는 '영역 주권(souvereiniteit in eigen kring : sphere sovereignty)'의 원리라고 불렀다. 이것은 도여베르트가 카이퍼의 영역 주권 사상, 즉 그리스도께서 모든 영역의 주 되심을 보다 깊이 있게 다루면서 철학적, 우주론적 원리로 확장한 것이다. 각 양상은 그 '의미의 핵'을 가지고 있는데 이것이 각 양상의 특징

---

31 Kalsbeek, *Contours*, 154-156.

을 규정한다. 가령, 생물적 양상의 의미의 핵은 생명력(vitality) 혹은 생명(life)
이다. 각 법칙 영역에 있어 다른 법칙 영역을 지향하는 의미의 모멘트, 즉 예기
와 회기가 있는데 이것을 통틀어 '유추(analogy)'라고 한다. 바로 이러한 점을
도여베르트는 각 양상의 '영역 보편성(sphere-universality)'이라고 불렀다. 그러
니까 각 영역은 독립적인 영역 주권을 가진 동시에 고립되지 않고 시간 안에
서 서로 보편성을 가지고 있는 독특한 구조로 되어 있다는 것이다.

5. 마음(heart)

시간관 못지않게 독특한 것이 '마음'에 대한 도여베르트의 입장이다. 그는
1932년에 '마음'이라고 하는 단어를 처음으로 성경의 잠언 4:23과 연결시켜 사
용하기 시작했다. 그는 피조물의 초시간적인 뿌리는 시간내적인 실재에 있는
것도 아니고 인간의 추론적 기능에 있는 것도 아니며 인간의 종교적 뿌리인
마음에 있다고 가르쳤다. 따라서 도여베르트에게 있어 '마음'은 모든 양상들
을 초월하는 집중점 내지 초점이라고 할 수 있다. 이 마음은 인간의 삶에 있
어 중심적인 '관계', 즉 인간의 근원(Origin)과의 관계(religio)를 의미하며 이것
이 곧 종교(religion)의 뜻이라고 말한다. 바로 이 절대적인 근원을 향한 인간의
마음에서 인간의 전 삶의 '방향'이 결정되는 것이다. 이러한 마음에 대한 아이
디어는 그의 인간학에 있어서 기초석이 되며 그의 철학이 독특한 성경적 철학
이 되게 하려는 부분이다.

도여베르트는 원래 신칸트주의 그리고 나중에는 훗설(Edmund Husserl)의
현상학으로부터 영향을 받았다.[32] 그러나 그가 사고 자체의 종교적 뿌리를 발

---

32 Dooyeweerd, *WdW* I, p. v. and *NC* I, p. v.

견한 이후부터는 더이상 다른 철학으로 자신의 사상들을 표현할 수 없음을 느꼈다. 신칸트주의와 현상학은 도여베르트 자신의 철학 세계에 도달하기 위한 하나의 사다리에 불과했던 것이다. 이론적 사고의 신앙적 전제를 발견한 후 그는 철학적 사고의 내적인 개혁을 위해서는 인본주의적이며 자율적인 내재 철학과는 철저히 단절해야 할 필요성을 분명히 보게 되었다. 따라서 그는 '법이념', '의미', '법칙 영역', '법칙면과 종속면', '마음', '우주적 시간', '개체 구조', '근본 동인' 등 자기 나름의 철학적 용어들을 새롭게 개발해야만 했던 것이다.

6. 이론적 사고 및 서양문화에 대한 선험적 비판
(Transcendental Critique of Theoretical Thought and Western Culture)[33]

1965년 도여베르트가 네덜란드 암스테르담 자유대학교 교수직에서 은퇴할 때 "철학과 기독교(*Philosophy and Christianity*)"라는 제목의 기념 논문집이 그에게 헌정되었다. 이 책에 기고했던 스위스 출신의 철학자 리차드 크로너 (Richard Kroner) 교수는 그의 논문에서 "이제 우리는 모든 철학적인 작업이 문화의 배경 하에서 이루어지며 그 문화는 본질적으로 종교에 의해 결정된다는 것을 알고 있다."고 말했다.[34] 이것은 약간 과도하게 단순화한 느낌을 줄 수도 있겠지만 그럼에도 불구하고 이것은 종교, 철학, 과학 그리고 문화 간의 관계를 분석하려고 노력한 도여베르트 사상의 가장 중심적이고 핵심적인 표현임

---

33 이 부분에 대한 보다 자세한 논의는 저자의 학위 논문 제2장에서 4장 참조.

34 *Philosophy and Christianity; Philosophical essays dedicated to Professor. Dr. Herman Dooyeweerd* (Kampen: J.H. Kok and Amsterdam: North-Holland Publishing Company, 1965), 11. 원래의 독문 텍스트는 다음과 같다: "Wir wissen heute zu gut, dass alles Philosophieren sich auf dem Hintergrunde einer Kultur abspielt, die wesentlich durch ihre Religion bestimmt ist…"

을 부인할 수 없다.

　도여베르트는 종교가 단순히 삶의 한 영역이 아니라 인간생활 전체의 뿌리임을 강조하면서 신앙적 전제가 모든 학문활동 및 문화적 노력에 작용하고 있음을 증명하려고 시도했다. 이를 위해 도여베르트는 다음과 같은 세 단계로 구분될 수 있는 자신의 고유한 기독교 철학적 체계를 개발했다: (1) 그의 첫 번째 주저인 *De Wijsbegeerte der Wetsidee*에 진술된 이론적 사고의 종교적 뿌리 발견, (2) *A New Critique of Theoretical Thought*(이론적 사고의 신 비판)에서 형성된 이론적 사고의 선험적 비판 그리고 (3) *Reformatie en Scholastiek in de Wijsbegeerte*[35](철학에 있어서의 개혁과 스콜라주의)와 *Vernieuwing en Bezinning: om het reformatorisch grondmotief*[36](갱신 및 반성: 개혁주의 근본 동인에 관하여)에 요약된 서양의 사상 및 문화에 나타난 종교적 근본 동인이다.

　도여베르트의 기독교 철학 배후에는 그의 연구에 동기 부여를 해준 두 가지 중요한 요소가 있는데, 그것은 바로 '대화(dialogue)'와 '대립(antithesis)'이라고 하는 개념이다. 이것이 도여베르트의 사상 체계 전체를 이해하는 데 핵심적인 두 열쇠라고 해도 과언이 아닐 것이다. 도여베르트는 카이퍼가 말했던 기독교적 원리와 비기독교적 원리 간의 화해할 수 없는 대립 사상을 계승하여, 기독교적 근본 동인과 비기독교적 동인들 간에는 분명한 대립이 있음을 명쾌하게 지적한다. 하지만 다른 한편, 도여베르트는 그리스도인들과 비그리스도인들 간에 서로 대화하며 의사를 소통할 수 있는 공통적인 철학적, 학문적 사상의 공동체를 회복할 뿐만 아니라 유지하기를 원했다.

35　Franeker: T. Wever, 1949. 본 저서는 이후 RS라 약칭함.
36　Zuphen: van den Brink & Co. 1963. 본서는 나중에 John Kraay에 의하여 영어로 번역되었으며 Mark Vander Vennen 및 Bernard Zylstra가 편집하여 *Roots of Western Culture: Pagan, Secular, and Christian Options*이라는 제목으로 출판되었다(Toronto: Wedge Publishing Foundation, 1979).

바로 이러한 이유 때문에 도여베르트는 그의 첫 번째 주저인 *De Wijsbegeerte der Wetsidee* 를 수정, 보완하여 철학적 사고에 필요한 조건들 또는 전제들에 관한 탐구로서 이론적 사고에 대한 선험적 비판을 발전시켰던 것이다. 그래서 첫 번째 주저에서 그가 시도했던 방법론을 '첫 번째 방법(the first way)'이라고 부르고, 두 번째 주저에서 그가 시도한 방법론은 '두 번째 방법(the second way)'이라고 부른다. 전자에서는 도여베르트가 철학의 정의, 즉 의미의 총체성에 대한 탐구라는 점에서 출발하여 이론적 사고의 종교적 뿌리를 밝혔다. 하지만 문제는 이러한 철학의 정의에 대해 비기독교 철학자들이 동의하지 않는다는 것이었다. 그래서 도여베르트는 후자, 즉 이론적 사고 자체의 분석에서 시작하여 선험적 근본이념을 통해 종교적 뿌리 및 기원으로 나아갔던 것이다. 특히 두 번째 방법에서 그는 단순 경험과 이론적 사고를 구분하면서 이론적 사고를 통한 학문적 지식이란 비논리적 양상들[37]과 논리적 양상 간의 이론적 종합에 의해 획득된다고 말함으로써 그의 인식론을 더욱 발전시켰다. 그러나 이러한 이론적 종합이 일어나는 곳은 역시 인간 존재의 집중점인 마음이다. 결국 학문의 주체는 인간이며 인간 존재의 중심인 마음에서 학문적 지식이라고 하는 종합이 일어난다고 보는 것이다. 그런데 이 마음 또한 자충족적인 것이 아니므로 그것의 궁극적 기원을 지향할 수밖에 없다. 그렇기 때문에 결국 이론적 사고 또한 종교적 전제를 갖지 않을 수 없다는 것이다. 이것이 그가 영어로 출판한 두 번째 주저 『이론적 사고의 신 비판』의 핵심 내용이다. 첫 번째 주저는 화란어로 출판했지만 두 번째 주저를 영어로 출판한 이유도 보다 넓은 학자들과 대화하기 위한 시도였다고 볼 수 있다.

　나아가 도여베르트의 관심은 철학적 그리고 학문적 영역에만 한정되지는 않았다. 그가 이론적 사고의 선험적 비판을 발전시킴과 동시에 그는 종교적

---

37 도여베르트는 이것을 객체(*Gegenstand*)라고 부르는데 이 *Gegenstand*는 object를 뜻하는 독일어이다.

근본 동인이라고 하는 사상을 점진적으로 발전시켰다. 그에 의하면 이러한 기본 동인은 이론적 사고의 출발점일 뿐만 아니라 문화적 발전 과정 및 방향까지도 결정한다. 그는 이전에도 기독교적 문화관을 발전시켜야 할 필요성을 분명히 보았지만, 특히 제2차 세계대전 이후 당시 유럽의 문화적 위기를 극복하고 그 발전 방향을 설정하기 위한 방법으로 이러한 작업에 더욱 박차를 가하게 되었던 것이다. 따라서 그는 서양문화의 원천적인 뿌리를 드러낼 뿐만 아니라 기독교적 관점에서 현대의 세속화된 문화를 개혁하고 대안을 제시하기 위해 종교적 기본 동인 사상을 발전시켰던 것이다. 이 종교적 기본 동인으로 그는 서양 철학 및 문화 전반에 대해 선험적 비판을 시도했다. 왜냐하면 이 동인이야말로 선험적 근본이념의 내용들을 결정하기 때문이다.

도여베르트는 희랍철학 및 문화의 종교적 기본 동인을 '질료(matter)와 형상(form)'으로, 기독교적 동인은 '창조(creation), 타락(fall into sin), 구속(redemption)'으로, 중세 철학 및 문화의 근본 동인은 '자연(nature)과 은혜(grace)'로, 근대 서구의 인본주의 철학 및 문화의 기본 동인은 '자연(nature)과 자유(freedom)'라고 진단한다. 여기서 그는 기독교적 동인을 제외한 세 동인들은 그 자체가 변증법적 모순을 필연적으로 내포하고 있어 이론적 사고 및 문화현상에서 갈등과 문제를 피할 수 없음을 논증한다. 따라서 질료와 형상의 이원론적 종교 동인을 기반으로 한 고대 희랍 및 로마 세계는 계속해서 발전될 수 없었고 중세의 철학 및 문화로 대체되었다. 하지만 중세적 근본 동인도 희랍적 동인과 성경적 동인을 타협하며 종합한 것이므로 결국 종교개혁과 르네상스를 겪게 되면서 근대로 넘어가게 된다. 하지만 인본주의적인 서양의 근대 철학 및 문화도 자연과학을 절대시하는 '자연' 동인과 인간의 인격 이상을 강조하는 '자유' 동인이 서로 화합하지 못하면서 결국 서로 갈등을 낳게 되었는데 이것이 바로 현대 서양문화의 위기라고 진단한다. 이를 위한 해결책은 성경적 기본 동인으로 돌아가는 것밖에는 대안이 없음을 강조한다. 즉 모든 인본주의적 기본 동인에 의한 학문적 사고 및 문화 개현은 궁극적으로 진정한 조화를 가져오지 못하지만 기독교적 동인에 의한 이론적 사고 및 문화 발전은 올바른 방향으로 나아가게 된다는 것이다.

III. 헤르만 도여베르트의 영향 및 비판적 평가[38]

서론에서도 언급했듯이 도여베르트의 사상은 다양한 철학자들로부터 비판을 받았다. 그리고 그의 후계자들에 의해서도 비판적으로 계승, 발전되었다. 그중의 대표적인 네 명을 들면 요한 반 데어 후븐(Johan van der Hoeven), 야콥 끌랍베이끄(Jacob Klapwijk), 봅 하웃즈바르트(Bob Goudzwaard), 에그버트 스휴르만(Egbert Schuurman)이다. 먼저 이들의 사상을 간략히 소개한 후 다른 사람들을 언급하고자 한다.

깜펜(Kampen)에서 신학을 공부한 후 레이든(Leiden)대학교에서 철학으로 학위를 받은 반 데어 후븐 교수는 암스테르담의 자유대학교에서 현대 철학을 가르친 후 은퇴하였다. 그는 박사 학위 논문에서 도여베르트의 선험적 방법론을 적용하여 현상학을 비판한다. 훗설(Edmund Husserl)과 쉘러(MaX Scheler), 하이데거(Martin Heidegger), 싸르트르(Jean-Paul Sartre)와 메를로-퐁티(Maurice Merleau-Ponty)로 이어지는 흐름 속에서 현상학적 이성은 결코 이성의 '위기'를 극복하지 못했으며 오히려 도여베르트가 말한 바 절대적인 자율적 확실성(자

---

38 이 부분의 상세한 논의는 본인의 학위 논문 제5장 참조.

유 동인)과 자율적 이성을 통한 완전한 통제(자연 동인)에 의해 결정되었다고 주장한다.[39] 그는 또한 마르크스주의도 동일한 관점에서 비판한다.[40] 나아가 그는 도여베르트의 선험적 비판이 가진 문화적 함의 또한 충분히 인정한다. 그에게 있어 종교적 근본 동인은 이론적 사고의 전제일 뿐만 아니라 문화 전반의 근본적인 추진력이다. 그에 의하면 도여베르트의 '근본 동인'은 항상 '종교적'이며 이것은 그의 인간관과 직접 관련되어 있다는 것이다.[41] 나아가 그는 보다 현대적인 서구 사상 및 문화에 대한 깊이 있는 반성 및 성찰을 통해 현대 서구의 사상 및 문화적 분위기를 후-형이상학적(postmetaphysical), 포스트모던, 허무주의적, 다원주의적 그리고 유목민적 우연성(nomadic contingency)으로 규정한다.[42] 하지만 그는 비기독교적 사상이나 문화에 대해 직접적인 부딪힘(confrontation)보다는 보다 지혜로운 전략, 즉 '만남(encounter)', '초대(invitation)', '개방성(openness)' 등을 제시한다.

자유대학교에서 신학과 철학을 공부한 후, 자유대학교에서 조직철학을 가르치다 건강상의 이유로 일찍 은퇴한 끌랍베이끄 교수는 자신이 도여베르트보다는 카이퍼와 볼렌호븐 그리고 자위데마(S. U. Zuidema)와 스미트(J. W. Smit) 교수의 영향을 더 받았다고 말한다. 하지만 그의 기본적인 사상인 '변혁

---

39 J. Van der Hoeven, *Kritische ondervraging van de Fenomenologische rede*(현상학적 이성에 대한 비판적 성찰), (Amsterdam: Buijten & Schipperheijn, 1963).

40 J. Van der Hoeven, "Revolutie en Filosofie"(혁명과 철학) *in Marxism en Revolutie*(맑시즘과 혁명), J. Van der Hoeven e.a. 편 (Amsterdam: Buijten & Schipperheijn, 1967), 11-66. 그리고 *Karl Marx: The Roots of His Thought*(칼 맑스: 그의 사상의 뿌리), (Assen/Amsterdam: Van Gorcum, 1976).

41 J. Van der Hoeven, "Grondmotieven van onze beschaving (우리 문명의 근본 동인)", *PR* 56 (1999), 171-181, *Filosofische Reflecties en Ontmoetingen*, 76-89.

42 J. van der Hoeven, "Christian Philosophy at the end of the 20th century", *Christian Philosophy at the Close of the Twentieth Century: Assessment and Perspective*, S. Griffioen and B.M. Balk 편 (Kampen: Kok, 1995), 55-56.

적 철학(transformational philosophy)'은 도여베르트의 기본적인 관심과 맥을 같이 한다고 볼 수 있다. 끌랍베이끄는 도여베르트의 선험적 비판이 이론적 사고의 구조를 투명하게 잘 드러내었다고 평가한다. 그러나 도여베르트의 문화 철학에 대해서는 그의 유럽 중심적 경향을 지적하면서 유럽 이외의 지역 상황에도 관심을 두어야 할 것을 강조한다. 그에게 있어서 기독교 철학이란 피조계의 구조를 탐구하는 보편적 학문인 동시에 지역적이고 구체적인 이슈들에 대해 고민하는 특정한 노력이기도 하다. 그러므로 도여베르트의 철학 체계는 유럽 상황에서는 매우 효과적일 수 있으나 아시아와 아프리카의 상황에서는 달라질 수 있다고 생각하는 것이다. 또한 도여베르트의 종교적 기본 동인에 대해 보다 근본적인 면에서 보면 두 가지 종교적 기본 동인, 즉 기독교적 동인과 비기독교적 동인만 있으며 도여베르트의 네 가지 동인들은 오히려 서양문화를 지배해 온 네 가지 세계관이라고 본다.[43] 나아가 끌랍베이끄는 도여베르트의 기독교 철학을 주로 대립(antithesis) 철학으로 간주하고 그 반대적 입장은 종합(synthesis) 철학으로 보면서 이 두 가지를 동시에 극복하기 위해서는 비기독교적 사상과 문화에도 하나님의 보편 은총을 인정하면서 나름대로의 '변혁 철학(transformational philosophy)'을 추구해야 한다고 주장한다.[44] 이러한 면에서 그의 사상은 모든 사상과 문화에 하나님의 임재를 주장했던 반 퍼슨(Cornelis Anthonie Van Peursen)의 입장과 유사하다고 할 수 있다.

하웃즈바르트 교수는 암스테르담의 자유대학교에서 경제학 및 사회 문화 철학 교수를 역임했다. 한때 네덜란드의 강력한 수상 후보로 떠올랐으나 자신이 속한 기독교 민주당의 정책에 동의할 수 없어 자유대학교의 교수로 남

---

43 J. Klapwijk, "Reformational Philosophy on the Boundary between the Past and the Future", *PR* 52 (1987), 123.
44 J. Klapwijk, "Antithesis, synthesis, and the idea of transformational philosophy", *PR* 51 (1986), 140.

아 있었다. 그는 도여베르트의 선험 철학이 가지고 있는 문화적 함의에 관해 충분히 공감하면서 도여베르트가 넓은 의미에서 기독교에 의해 영감 받은 학문적 선구자일 뿐만 아니라 서구의 근대 자본주의 사회의 문화적 상황 속에서 대화 및 대면(conversation and confrontation) 사상을 더욱 발전, 적용시켰다고 본다. 나아가 그는 실재의 규범성 및 응답적 구조를 확신하였고 도여베르트의 선험적 비판의 문화적 함의를 인정하면서 특히 경제적 양상의 규범성을 강조했다.[45]

하웃즈바르트에게 있어 사회 경제적 질서는 문화의 표현이며 각 문화에는 사람에게 삶의 의미를 부여하는 종교적 뿌리가 있다. 그리고 사회의 개현은 "사회 전체에 대한 관점의 변화(종교적 차원), 라이프스타일 및 사회적 가치의 변화(문화적 차원) 그리고 사회 내에서 임무와 책임의 분배의 변화(구조적 차원)를 포함한다."고 본다.[46] 경제생활의 규범은 역시 '청지기 정신(stewardship)'이다. 하웃즈바르트는 이 청지기적 사명을 창조의 응답적 구조와 인간의 책임이라는 관점에서 이해한다.[47]

나아가 그는 서구의 사회 및 경제 제도가 '진보'라고 하는 세속적 믿음에 의해 세워져 있다고 분석하면서 그리스도인들은 하나님 나라를 시작하셨고 또한 완성하실 그리스도에 대한 믿음으로 이러한 세속적 믿음을 대체해야 한다고 역설한다. 그의 이러한 진보 모티브는 사실 도여베르트의 자연과 자유 모티브에서 추

45 B. Goudzwaard, "De economische theorie en de normatieve aspecten der werkelijkheid (경제 이론 및 실재의 규범적 양상들)" W.K. van Dijk e.a. Perspectief, 310-324.

46 B. Goudzwaard, Capitalism and Progress: A diagnosis of western society, Josina Van Nuis Zylstra 역 (Toronto and Grand Rapids: Wedge and Eerdmans, 1979), 188. 네덜란드어 원전은 Kapitalisme en vooruitgang: Een eigentijdse maatschappijkritiek (Assen: Van Gorcum, 1976).

47 B. Goudzwaard, Aid for the Overdeveloped West (Toronto: Wedge Publishing Foundation, 1975), 20-21.

출된 것이다. 하웃즈바르트는 서구 사회는 마치 "터널의 끝에 도달하기 위해 모든 것을 희생해야 하는 터널 사회"라고 규정하면서 이러한 폐쇄성을 지양하고 보다 개방된 소유의식과 청지기 의식을 가져야 한다고 주장한다.[48] 나아가 그는 현대 서구 사회의 권력/안전, 번영, 혁명 그리고 민족주의를 이데올로기적 우상으로 지적하면서 그리스도인들은 이러한 우상들을 과감히 버리고 그리스도의 말씀에 희생적으로 순종해야 할 것을 촉구한다.[49]

스휘르만 교수는 델프트(Delft) 공대에서 산업공학을 공부한 후 암스테르담 자유대학교에서 도여베르트와 반 리슨(Van Riessen) 밑에서 철학을 공부했다. 그후 델프트 공대, 아인트호벤(Eindhoven) 공대 그리고 바허닝엔(Wageningen) 농대에서 기독교 철학을 강의해 왔다. 최근 델프트, 아인트호벤 공대에서는 은퇴했으며 네덜란드 국회 상원의원(기독교 연합당 : Christen Unie 소속)으로 활동하면서 의학 윤리 연구소인 린더봄 연구소(Prof. Dr. G.A. Lindeboom Institute)와 문화 윤리 연구소(Institute for Cultural Ethics)의 소장으로 일하고 있다.[50]

그는 도여베르트가 문화 비판으로서 선험적 비판을 충분히 발전시켰다고는 생각하지 않는다. 스휘르만은 도여베르트가 "문화 발전의 전반에 걸쳐 인본주의적 근본 동인의 구조적 결과들에 대해서는 거의 언급하지 않았다."고 주장한다.[51] 그 구조적 결과인 현대의 기술 문화 및 이데올로기로서의 기술주의(technicism) 현상에 대해 스휘르만 교수는 특별한 관심을 기울였다. 그의 박

---

48 같은 책, 30.

49 B. Goudzwaard, *Idols of Our Time*, Mark Vander Vennen 역 (Downers Grove: IVP, 1984). 네덜란드어 원본은 *Genoodzaakt goed te wezen: christelijke hoop in een bezeten wereld* (선해야 할 의무: 점령된 세계에서 그리스도인의 소망) (Kampen: J.H. Kok, 1981).

50 또한 본인의 학위 논문 지도교수였다.

51 E. Schuurman, "The Technological culture between the times", *Christian Philosophy at the Close of the Twentieth Century*, 186. 이 논문은 *Perspectives on Technology and Culture* (Sioux Center, Iowa: Dordt Colleges Press, 1995), 131-151에 재출판되었다.

사 학위 논문에서 이미 도여베르트의 선험 철학적 방법을 기술 영역에 적용하여 현대 서구 문화 및 그 미래는 매우 심각한 정도로 기술에 의해 지배받고 결정된다고 주장하면서 이에 관련된 학자들을 두 부류로 나누고 각각의 이론적 약점들을 비판한 후 대안을 제시한다.[52]

아인트호벤 공대 교수 취임 연설에서 그는 현대 서구 문화가 '과학주의적이고 기술주의적'이라고 규정하면서 이것이 매우 심각한 위기를 낳고 있다고 진단한다.[53] 즉 환경 위기, 핵의 위협, 자원의 고갈 등이 그 증거이다. 이러한 위기의 기원을 밝히기 위해 그는 도여베르트의 선험 철학을 적용하는데, 현대 서구 문화는 특정한 철학적 관점에 기초해 있고 그것은 다시 종교적 확신에 근거한다는 것이다. 스휘르만은 "현대 과학의 출현이 현대 기술의 출현보다 앞선다."는 도여베르트의 견해에 동의하면서도 도여베르트가 말한 과학 이상을 "과학-기술 통제 이상(the ideal of scientific-technological control)"으로 그리고 인본주의적 근본 동인도 "과학-기술적 통제 또는 권력에 집중한 인간의 창조력 동인(the motive of the creative power of man concentrated in scientific-technological control or power)"으로 수정한다.[54] 나아가 스휘르만은 현대 인본주의 근본 동인을 "기술주의적 문화와 유기적 자연"으로 재수정한다. 전자는 인간이 기술로 모든 것을 다스릴 수 있다고 믿는 자율적 확신으로서 그는 이것을 '기술주의(technisicm)'라고 하며, 후자는 모든 실재를 유기적으로 해석하

---

52 E. Schuurman, *Techniek en Toekomst:Confrontatie met wijsgerige beschouwingen* (Assen: Van Gorcum, 1972). 영어본은 Herbert Donald Morton 역, *Technology and the Future: a Philosophical Challenge* (Toronto: Wedge Publishing Foundation, 1980).

53 E. Schuurman, "*Leven in een Technische Wereld: De spanning tussen techokratie en revolutie* (기술주의적 세계에서의 삶: 기술관료제와 혁명 간의 긴장), *Technik: middel of moloch? : Een christelijk-wijsgerige benadering van de crisis in de technisch-wetenschappelijke cultuur*(기술: 수단인가 몰록인가?: 기술-과학 문화의 위기에 대한 기독교 철학적 접근) (Kampen: J.H. Kok, 1977), 7.

54 E. Schuurman, "*The Technological culture between the times*", 188.

는 자연주의, 즉 '반문화적 환경중심주의(ecocentrism of a counter-culture)'라고 규정한다.[55]

그는 도여베르트가 비판한 과학주의(scientism)와 하웃즈바르트가 비판한 경제주의(economism)가 현대문화의 위기에 가장 중요한 역할을 하고 있음을 충분히 인정하지만 보다 더 중요한 요인은 기술주의(technicism)라고 본다. 왜 냐하면 그는 양자물리학과 상대성 원리가 출현한 이후 과학적 세계관은 이제 설득력을 많이 상실했고, 경제 절대주의도 특히 전쟁 상황에서는 적용되지 않 는다고 보기 때문이다. 오히려 현대 인본주의적 세속 문화의 근본 동인은 '기 술주의'라고 강조한다.

스휴르만은 기술주의와 포스트모더니즘과의 관련성에 대해서도 언급하 면서 포스트모더니즘이 이데올로기의 종말을 선언하지만 기술 이데올로기는 아직도 건재하다고 주장한다. 따라서 그는 이러한 인본주의적인 기술주의 문 화를 그 근본 동기 면에서 '바벨 문화'라고 부른다. 스휴르만은 이렇게 인간이 기술의 주인이 되면 기술은 궁극적으로 저주가 되어 인간이 오히려 이 무의 미하고 위협하는 기술 및 과학적 힘에 대한 희생물이 되고 말 것이라고 경고 한다. 그러나 이와 반대로 기술이 책임의식이 있는 인간에 의해 창조주의 규 범적 원리에 따라 바로 개발되어 하나님과 이웃을 사랑하며 섬기기 위한 기 술로 사용된다면 이 기술은 축복이 될 것이라고 강조한다. 결국 기술의 의미 는 역사의 최종 목적인 하나님 나라의 방향에 의해 개현되고 심화된다고 보 는 것이다.[56]

---

55 같은 책. 또한 최근에 출판된 *Geloven in wetenschap en techniek: Hoop voor de toekomst* (학문과 기술에 대한 신앙: 미래에 대한 소망) (Amsterdam: Buijten & Schipperheijn, 1998), 132-133 참조.
56 E. Schuurman, "Een bijbelse visie op de technische ontwikkeling"(기술 발전에 대한 성경적 조망), in *Techniek: middel of moloch?*, 130-131.

그 외에도 도여베르트의 영향을 받은 학자들은 많이 있다. 먼저 미주 지역을 살펴 보면 캐나다 토론토의 기독 학문 연구소(ICS : Institute for Christian Studies)에서 활동하고 있는 교수들, 온타리오(Ontario) 주에 있는 리디머대학(Redeemer College)의 철학부 교수들 대부분은 직·간접으로 그의 영향을 받았다. 특히 리디머대학에서는 몇 년 전, 도여베르트 센터(Dooyeweerd Center)가 개관되었는데 대니 스트라우스(D. Strauss) 박사가 소장으로 취임하여 네덜란드어로 된 도여베르트 저작들을 영어로 번역하는 등 의욕적인 프로젝트를 추진하고 있다.[57] 미국에서는 칼빈대학(Calvin College), 도르트대학(Dordt College) 등 여러 곳에 도여베르트의 제자들이 활약하고 있으며 도여베르트 재단(Dooyeweerd Foundation)에서도 여러 가지 출판 및 연구 사업들을 지원하고 있다.[58] 도여베르트 자신도 미주 지역의 대학들을 순회하면서 강연을 했는데 그것이 나중에 *In the twilight of western thought, Studies in the pretended autonomy of philosophical thought* (서구 사상의 황혼. 철학적 사상의 가면적 자율성)이라는 제목으로 출판되었다.[59]

한국에서는 손봉호 교수에 의해 그의 사상이 주로 소개되었고, 깔스베이끄(L. Kalsbeek)가 쓴 책이 한글로 번역되어 소개서로 많이 읽히고 있으며, 본인의 학위 논문은 도여베르트의 선험적 비판에 대해 깊이 있게 분석한 후 이것이 과연 한국 사상 및 문화에 적용될 수 있는가를 시도한 것이다.[60] 일본에도 교또신학교 교수들과 동경기독교대학의 이나가끼 교수에 의해 도여베르트 사상이 소개되고 있다. 남아공화국에서는 포체프스트롬(Potchefstroom) 대학

---

57 www.redeemer.on.ca/Dooyeweerd-Centre 참조.
58 보다 자세한 내용은 웹사이트 home.planet.nl/~srw/에서 네덜란드어와 영어로 볼 수 있다.
59 Philadelphia, Presbyterian and Reformed Publishing Company, 1960.
60 이 부분에 대한 보다 자세한 내용은 본인의 학위 논문 제6장 참조.

과 블룸폰테인(Bloemfontain)대학 등에서 도여베르트의 제자들이 활약하고 있다. 물론 네덜란드에도 암스테르담 자유대학교에서 도여베르트 석좌 교수로 도여베르트 철학 강의를 전담하다 최근 은퇴한 헹크 헤르쯔마(H. Geertsema) 교수, 사회철학을 강의했던 산더 흐리피윤(S. Griffioen) 교수 그리고 르네 반 바우든베르그(Rene van Woudenberg) 교수가 계속해서 연구하고 있고, 그 외에도 네덜란드 내 주요 국립대학교에서는 기독교 철학 석좌 교수들이 도여베르트의 사상을 강의하고 있다.

위에서 살펴본 바와 같이 도여베르트의 철학 체계가 상당히 인상적이고 포괄적인 체계를 갖추고 있기는 하지만 결코 완전하지는 않다. 그의 철학은 내장 공사가 완전히 끝난 집이 아니라 이제 들어가서 한 가지씩 다듬고 가구를 들여 사람이 살 수 있도록 손질해야 하는 새 집과 같다. 그렇기 때문에 그의 철학은 지금도 많은 사람들에 의해 연구되고 있다. 도여베르트 자신도 하나님의 부르심을 받던 1977년 마지막 인터뷰에서 다음과 같이 말했다.

"저는 앞으로도 저의 철학이 계속해서 발전되기를 희망합니다. 이 철학은 하나의 닫혀진 시스템이 아닙니다. 저의 제자들은 특별히 저의 철학을 '지혜의 최후 열쇠(der Weisheit letzter Schluss)'로 생각해서는 안 될 것입니다. 왜냐하면 아직 저 자신도 여전히 많은 질문들을 가지고 있기 때문입니다."[61]

---

61 Rene van Woudenberg, "Herman Dooyeweerd", home.planet.nl/~srw/nwe/teksten/pub.html#art
   참조.

디르크 볼렌호븐의 생애와 사상[1]
(Dirk Hendrik Theodore Vollenhoven : 1892-1978)

Ⅰ. 서론

현대의 기독교 철학자들 중 네덜란드의 헤르만 도여베르트(Herman Dooyeweerd : 1894-1977)와 디르크 볼렌호븐(Dirk Hendrik Theodore Vollenhoven : 1892-1978)은 기독교 철학의 아버지라고 불릴 만큼 빠뜨릴 수 없는 두 사람이다. 따라서 이들의 기독교 철학 체계는 반드시 한 번 검토할 가치가 있다. 그런데 도여베르트가 보다 더 국제적인 명성을 얻은 반면 볼렌호븐은 다소 그렇지 못하다. 따라서 많은 사람들이 그의 사상을 지나치게 도여베르트로부터 접근하려고 하는데 그것은 잘못된 방식이다. 왜냐하면 볼렌호븐 역시 도여베르트 못지않게 독창적인 기독교 철학자이기 때문이다. 도여베르트의 생애와 사상에 대해서는 필자가 이미 발표한 바 있고,[2] 국내에도 많이 소개되었으나 볼렌호븐에 대해서는 아직 소

---

1 본고는 「기독교 철학」 (2008, Nr. 6.)에 실렸던 것이다.

2 최용준, 「헤르만 도여베르트 : 변혁적 철학으로서의 기독교 철학의 성격을 확립한 철학자」, 손봉호 외, 「하나님을 사랑한 철학자 9인」 (서울: IVP, 2005). 37-66. 이 부분을 소개하는 데 있어서는 본인의 박사 학위 논문 *Dialogue and Antithesis: A Philosophical Study on the Significance of Herman Doo-*

개된 논문이 거의 없어 본고를 통해 그의 생애와 주요 사상 및 영향을 간략히 소개하고 나름대로 평가해 보고자 한다.

II. 디르크 볼렌호븐의 생애[3]

볼렌호븐은 도여베르트와 마찬가지로 네덜란드의 개혁주의라는 분위기에서 자라났다. 암스테르담 개혁교회의 김나지움(Het Gereformeerd Gymnasium)에서 공부한 후, 아브라함 카이퍼(A. Kuyper)가 설립한 암스테르담 자유대학교에서 신학과 철학을 공부했다. 그러므로 당연히 카이퍼로부터 많은 영향을 받았다. 그 외에도 조직신학자였던 헤르만 바빙크(H. Bavinck)로부터 유신론적 실재론(theistic realism)을, 빌헬름 헤이싱크(W. Geesink) 교수로부터는 임마누엘 칸트의 비판철학을, 얀 볼텨(J. Woltjer) 교수로부터는 고전어와 고대 철학 그리고 로렌쯔와 아인슈타인의 자연과학 이론 등을 배웠으며, 바우만(Bouman) 교수로부터는 영혼과 육체의 문제를, 바우튼데이끄(F. J.J. Buytendijk)에게서는 인간과 동물의 심리적 양상에 대해 배웠다.[4]

그는 얀 볼텨 교수의 지도로 철학박사 과정을 시작했으나 지도 교수가 도중에 사망하여 그후부터 헤이싱크 교수의 지도에 따라 "유신론적 관점에서 본 수학 철학(De wijsbegeerte der wiskunde van theïstisch standpunt, Philosophy of mathematics from a theistic point of view)"이라는 제목의 논문을 제출하여 1918

---

yeweerd's Transcendental Critique (Amsterdam: Buijten & Schipperheijn, 2000)을 주로 참고했다.
본 논문은 아래 웹사이트 http://www.dooy.salford.ac.uk/papers/choi/index.html에서도 찾을 수 있다.
3 이 부분은 J. Stellingwerf, "Prof. dr. D. H. Th. Vollenhoven (1892-1978)", *Beweging*, 5, 1992를 참고했다.
4 http://en.wikipedia.org/wiki/D._H._Th._Vollenhoven#Vollenhoven_and_Dooyeweerd

76__유럽의 기독지성운동과 한국의 디아스포라

년 박사 학위를 받았다. 이 논문에서 볼렌호븐은 당시 자유대학교의 라이벌이었던 암스테르담대학의 수학 교수로 재직하던 루트겐 브라우어(Lutgen Brouwer) 박사의 직관주의(intuitionism)를 비판하였다.[5]

그후 그는 도여베르트의 누이와 결혼하여 네덜란드의 남부 오스트까벨레(Oostkapelle)의 개혁교회에서, 그 다음 1921년부터는 헤이그(Den Haag)에서 목회했는데, 그가 헤이그에 있을 때 도여베르트는 카이퍼 연구소에 재직하였다.[6] 그리하여 이 두 사람은 함께 연구하면서 기독교 철학의 기초를 놓았고,[7] 나아가 네덜란드에서 시작된 기독교 철학 운동이 이들의 제자들을 통해 전 세계로 퍼지게 되었다.

그러나 두 사람이 견해가 다른 부분도 물론 없지 않았다. 가령, 도여베르트가 자신의 철학에서 '법' 개념을 강조하면서 '법 사상 철학(De wijsbegeerte der wetsidee, The philosophy of the law-idea)'이라고 부른 반면, 볼렌호븐은 자신의 철학이 칼빈주의 신학에 근거함을 강조하여 '칼빈주의 철학(Calvinistische wijsbegeerte, Calvinistic philosophy)'이라고 불렀다. 그 외에도 시간이 흐를수록 두 사람의 기독교 철학 간에 유사점과 상이점이 조금씩 더 분명해졌다.

그러다가 1926년 볼렌호븐은 도여베르트와 함께 자유대학교의 교수로 임명되었다. 도여베르트가 법학부의 법철학 교수로 임명된 반면, 볼렌호븐은 철학부 최초의 전임 교수로 임용되어 철학개론, 조직철학, 철학사 그리고 나중에는 심리학 기초도 가르쳤다. 볼렌호븐 교수도 도여베르트 못지않게 매우

---

5 http://en.wikipedia.org/wiki/D._H._Th._Vollenhoven#Doctorate_and_the_Free_University
6 그러므로 두 사람은 처남-자형 지간이며 헤이그에서 도여베르트는 볼렌호븐이 목회하던 교회에 출석했다.
7 볼렌호븐의 초기 사상적 발전에 관하여는 John H. Kok, *Vollenhoven: His Early Development* (Iowa: Dordt College Press, 1992) 참조.

뛰어난 지성의 소유자로서 통찰력과 단순성 그리고 인간성으로 인해 많은 학생들의 존경을 받았다.

또한 그는 1963년에 은퇴할 때까지 교수로 봉직하면서 도여베르트와 함께 창립한 기독교 철학자들의 모임인 네덜란드 칼빈주의철학협회(Vereningen voor Calvinistsche Wijsbegeerte: the Association for Calvinist Philosophy)[8] 초대 회장으로 27년간 재임했다. 그가 회장으로 있을 때, 2차 세계대전 후, 네덜란드의 여러 종합대학교에 기독교 철학 석좌 교수제를 창설하였다. 이 자리에 최초로 임명된 네 명의 교수는 그와 도여베르트의 2세대 제자들인 자위데마(S.U. Zuidema : 1906-1975), 메케스(J.P.A Mekkes : 1898-1987), 포프마(K. J. Popma : 1903-1986) 그리고 반 리센(H. Van Riessen : 1911-2000)이었다.[9] 이것은 한때 그가 네덜란드 철학협회(Algemene Nederlandse Vereniging voor Wijsbegeerte)의 회장도 역임하면서 여러 학자들과 많은 접촉을 가졌기에 가능했던 것이다. 또한 그는 남아공, 미국, 캐나다를 방문하여 여러 제자들과도 교류하였다.

볼렌호븐은 은퇴한 후에도 제자들에게 몇 년간 강의를 계속했다. 이때 그에게는 새로운 통찰력이 생겨 몇 가지 주제에 관해서는 도여베르트와 다른 입장을 표명하였다. 무엇보다도 철학의 개혁자로서 그는 제자들에게 세상 철학자들과는 달리 성경적으로 사고하는 법을 집중적으로 가르쳤다. 그는 인생에 있어서 가장 깊은 질문들을 다루었으며 매우 명료하고 단순한 단어들로 이것들을 규명했던 기독교 철학자였다.

---

8 지금은 개혁철학협회(Stichting voor Reformatorische Wijsbegeerte: Association for Reformational Philosophy)라고 불린다.
9 볼렌호븐이 자유대학교 철학부에서 1926에서 1951년까지 25년간 가르친 기념으로 그의 제자들이 논문집을 출판하였는데 자위데마와 포프마가 편집하였다. Wetenschappelijke bijdragen door leerlingen van Dr. D.H.TH. Vollenhoven (Scientific contributions by students of Dr. D.H.TH. Vollenhoven) (Franeker: T. Wever, Potchefstroom, 1951).

Ⅲ. 디르크 볼렌호븐의 사상 전개[10]

앞에서 잠시 언급한 것처럼 볼렌호븐 역시 네덜란드 개혁교회 전통의 영향을 많이 받았다. 좀더 구체적으로 말한다면 19세기 중반에 네덜란드 사회를 기독교적으로 개혁하기 위해 많은 노력을 기울였으며, 네덜란드 최초의 기독교 정당인 '반혁명당(Anti-Revolutionary Party)'을 창시한 흐룬 반 프린스터러(Groen van Prinsterer), 그의 뒤를 이어 네덜란드 사회의 모든 영역에 하나님의 주권을 드러내기 위해 애썼던 카이퍼 그리고 앞에서도 언급한 바와 같이 자유대학교의 세 교수였던 바빙크, 헤이싱크 그리고 볼터의 영향 등이 그것이다. 물론 당시 유럽의 철학계를 주도하던 독일의 신칸트주의나 현상학의 영향도 받지 않을 수 없었다. 하지만 볼렌호븐은 인본주의 철학을 비판하면서 개혁주의의 전통을 더욱 발전시켜 하나님의 주권을 개인적인 삶과 사회-문화 영역뿐만 아니라 학문 영역에도 인정하고 드러내어야 함을 강조했다. 즉 모든 영역에서 하나님의 주권이 선포되기를 원하였고, 따라서 철학에서도 성경 중심적 철학을 추구했던 것이다.

1. 칼빈주의와 철학의 개혁

볼렌호븐의 주저는 *Het calvinisme en de reformatie van de wijsbegeerte* (The Calvinism and the reformation of the philosophy, 칼빈주의와 철학의 개혁)[11]이다.

---

10 이 부분은 A. Tol, 'Vollenhoven als systematicus'(조직철학자로서의 볼렌호븐) *Beweging*, 5, 1992와 John H. Kok, 'Vollenhoven, Scriptural Philosophy, and Christian Higher Education', www.aspecten. org/vollenhoven/kok.html 을 주로 참고했다.

11 Amsterdam: H. J. Paris, 1933.

이 책은 2부로 구성되어 있는데 제1부에서는 조직적인 면으로 칼빈주의, 성경적 철학의 근본 동인 그리고 비성경적 철학의 근본 동인에 대해, 제2부에서는 역사적인 면에서 기독교 철학사를 중세시대까지 기술했다. 그는 여기서 철학의 개혁이란 바로 중세의 종합 철학을 배격하는 것이라고 주장한다. 또한 그는 인간이 주체가 되어 세계를 객체화시켜 보려고 한 데카르트적 입장에 서 있는 현대 철학도 거부하면서 이것과 기독교 철학은 결코 혼합될 수 없다고 강조한다.[12]

볼렌호븐은 그 대신 말씀과 법으로 전 세계를 창조하시고 지금도 다스리시는 하나님으로부터 그의 철학을 시작한다. 즉 하나님은 실재하시며 그의 법은 우주 전체에 유효하고 인간과 우주는 그 법에 종속된다고 보았던 것이다. 따라서 '하나님-법-우주(God-Law-Cosmos)'야말로 볼렌호븐의 철학적 세계관이라고 말할 수 있다. 절대 주권자이신 하나님께서 창조하신 우주는 너무나 다양하지만 동시에 이 다양성은 무질서하지 않고 철저하고 조화로운 질서와 법칙 속에 존재한다고 그는 주장한다. 볼렌호븐은 이러한 우주의 다양성과 법칙적인 질서를 둘 다 존중하면서 볼렌호븐은 도여베르트와는 달리 매우 신중하고도 함축적인 철학적 표현들을 구사하고 있다.[13]

먼저 그는 '칼빈주의'가 무엇인가에 대해 설명하면서 성경이 하나님의 말씀임을 강조한다. 그리고 그 성경에 계시된 하나님의 절대 주권에 온전히 엎드리는 것이 진정한 성경적 철학의 출발점임을 주장한다. 나아가 모든 피조물을 다스리시지만 그것과는 구별되는 주권적 하나님에 대한 계시, 언약(unio foederalis) 사상 그리고 타락의 영향에 대해 논증한다. 볼렌호븐은 이 세 가지

---

12 같은 책, 16.
13 그렇기 때문에 그의 글은 깊이가 있어 이해하는 데 많은 노력이 필요하다.

가 곧 성경적 철학의 근본 동인이라고 말하는데 이것은 도여베르트의 창조-타락-구속 동인과 비교해 볼 때 큰 차이는 없지만 강조점이 약간 다름을 알 수 있다. 나아가 타락의 영향에 대해서 볼렌호븐은 인간의 전적인 부패, 죄의 형벌로서의 사망 그리고 구세주를 통한 하나님의 은혜 계시로 다시 세분한다. 이러한 부분 또한 도여베르트와 용어는 다르기는 하지만 실제 내용적으로는 큰 차이가 없음을 알 수 있다. 이러한 틀에서 볼렌호븐의 가장 기본적인 개념들, 즉 경계로서의 법, 우주적 영역, 양상, 주체 및 객체적 기능, 상호 정합성 및 유추, 종교적으로 규정되는 마음 그리고 타락과 은혜 등이 나온다. 이와 대조되는 비성경적 철학의 근본 동인으로서 먼저 창조주와 피조물의 차이를 부인하는 일원론(monism) 및 기타 사상들을 그는 비판한다.

볼렌호븐은 또한 하나님의 계시를 성자 예수 그리스도의 성육신을 통한 말씀 계시(Word- revelation)와 그 결과 주어진 성경 계시(word-revelation)로 구분하면서, 후자를 통해 우리가 하나님과 피조물 그리고 그 관계에 대해 알 수 있다고 강조한다.[14] 나아가 성경의 독특성에 관해 두 가지를 언급하는데, 첫째는 성경의 언어는 단지 그 언어가 가리키는 피조물들에 관해서만 말하는 것이 아니라 그 피조물을 지으신 창조주에 대해서도 말한다는 것이며, 둘째는 성경의 독특한 영감성으로, 성경의 기자들은 그들이 이해하는 단어로 성경을 기록했다는 것이다. 그리스도인이 된다는 말은 이 말씀을 따라 산다는 말이며, 이 믿음은 우리 마음 중심의 문제이므로 삶의 모든 영역에 영향을 미친다.

동시에 이러한 성경 계시는 학문적 사고의 전제적인 성격을 지닌다고 그는 주장한다. 이러한 계시는 일상적인 용어로 창조주 하나님께서 이 세상에 어떤 방식

---

14 D.H.Th. Vollenhoven, Logos en ratio, beider verhouding in de geschiedenis der Westersche ken-
theorie (로고스와 이성, 서양의 인식론 역사에서 양자의 관계)(Kampen: Kok, 1926), 26.

으로 관계를 맺으시며 피조물은 창조주와 어떤 관계인지를 말해 준다는 것이다. 따라서 볼렌호븐은 종교란 창조주와 피조물 특히 인간과의 '관계'를 의미하며 이 관계는 '언약'적임을 강조한다. 즉 창조주를 향하여 인간은 두 가지의 방향 선택이 가능하다는 것이다. 말씀에 순종하는 방향과 불순종하는 방향이 그것이다. 이 두 방향은 서로 화합할 수 없는 대립 관계(antithesis)이다. 종교에서 이러한 영적 대립 관계는 전기능적(prefunctional)이며, 이 부분의 방향 설정이야말로 삶의 모든 영역을 지배한다고 볼렌호븐은 주장한다.

따라서 철학의 개혁이란 무엇보다도 종합 철학(synthetic philosophy)을 극복하는 것인데, 이 종합 철학은 근본적으로 성경적 신앙과 그리스 철학에서 기원한 인본주의적이며 중립적인 철학의 혼합을 뜻한다. 이러한 종합 철학에 대한 비판이야말로 볼렌호븐이 가장 역점을 두고 강조했던 부분이라고 말할 수 있다.

볼렌호븐은 이 종합 철학에도 세 가지 종류가 있다고 말하고 있다.[15] 첫번째 방법은 가장 오래된 모델로 자신의 생각을 성경에 주입하는 것이다. 즉 성경에서 철학적인 것을 연구하면서 성경에 자신이 찾고 있는 것이 이미 있다고 생각하는 것이다. 이것은 의도적으로 나타나는 것은 아니지만 자신도 모르게 그렇게 될 수 있다는 것이다. 가령 '로고스(logos)'라는 철학 용어에 익숙한 사람이 요한복음 1장에 나타난 '로고스'를 성경적으로 해석한 것이 아니라 자신이 배워서 알고 있는 기존 개념으로 해석해 버리는 것이다. 이것은 당연히 성경 속에서 그 의미를 가져오는 주석(exesis)이 아니라 외부에서 그 의미를 주입(inlaying)하는 것(eisegesis)이다. 그러면서 성경이 마치 그러한 개념을 지지하

---

15 D.H.Th. Vollenhoven, *Mededelingen van het Vereniging voor Calvinistisch Wijsbegeerte* (칼빈주의 철학협회 소식) Sept. 1953, 6-9. 이 문서는 영어로 www.dooy.salford.ac.uk/voll/scripture.phil. html에 번역되어 있다.

는 것처럼 주장하는 오류를 범하게 된다는 것이다. 결국 이러한 방법은 난관에 봉착하게 되는데 그것은 한 성경본문을 놓고도 여러 가지 이교적인 해석들이 나오기 때문이다. 이러한 종합 철학 때문에 교회가 혼돈스러워지기도 하므로 이 부분들이 분명히 개혁되어야 한다고 볼렌호븐은 강조한다.

두 번째 방법은 첫 번째와 정반대라고 할 수 있다. 하지만 그들은 그리스 철학을 절대 배격하면서 성경과 전혀 상관이 없고 따라서 신앙과 이성은 전혀 동화될 수 없다고 생각한다. 그러므로 성경과 철학의 관계를 '역설적(para-doxical)' 관계로 해석한다. 이러한 입장을 대표하는 교부는 "아테네와 예루살렘이 무슨 상관이 있느냐?"라고 외쳤던 터툴리안(Tertullian)이라고 볼렌호븐은 지적한다.

마지막으로 종합 철학은 중세의 자연과 자유(nature and grace)에서 볼 수 있다.[16] 여기서 '자연'과 '초자연'은 구분된다. 아담은 이 초자연적 의를 타락으로 말미암아 상실했으나 은혜로 회복한다는 것이다. 이방 철학자들의 사상은 여기서 '자연'에 해당하며 이러한 사상에도 신에 대한 나름대로의 개념은 있다는 것이다. 하지만 이것은 성경의 내용과는 배치되며 둘째 방법과 마찬가지로 이원론에 해당한다. 하지만 차이점도 있는데 그것은 이방 사상(자연)과 성경적인 입장(은혜)과의 상호관계가 역설적이 아니라 '준비' 단계와 '성취'로 간주된다.

그러므로 진정한 철학의 개혁은 이 세 가지 입장을 모두 지양하고 순수하게 성경에 기초한 철학, 하나님의 주권과 우리의 피조물 됨을 온전히 인정하는 철학을 회복하는 데 있다고 볼렌호븐은 주장하고 있다.

---

16 이것은 도여베르트가 중세 철학 및 문화의 종교적 근본 동인으로 지적한 것이기도 하다.

2. 조직철학개론(*Isagoogè Philosophiae : Introduction to Philosophy*)

본서는 볼렌호븐의 조직철학 강의안으로 여러 차례 개정되었는데 가장 나중에 나온 것[17]은 앞에서 언급한 그의 주저와는 다른 입장을 취한다. 즉 후자에서는 전체에서 부분으로 들어가는 반면 전자에서는 반대로 세부적인 것에서 전체로 나아가는 방식을 취한다. 먼저 그는 개체 간의 차이를 설명하면서 수, 그림, 무생물, 식물, 동물, 인간으로 진행하며, 두 번째로는 이러한 개체들 간의 양상적 차이를 설명한다. 가령 동물과 인간의 심리적 양상, 인간의 경제적, 윤리적 양상 등이다. 마지막으로는 발생적 현상에 대해 논하는데 이것은 사물, 식물, 동물 그리고 인간의 발생 및 발전을 의미한다.

볼렌호븐에게 있어 전체란 과거와 현재 그리고 미래를 모두 포함하면서 동시에 모든 가능성들까지도 포함한 피조계를 뜻한다. 이것은 인간이 경험하고 인식하는 모든 피조물이 속해 있는 종합적 실재이다. 또한 그는 이러한 실재의 다양성 속에서 그 다양한 부분들을 서로 구분하면서도 연결시켜 주는 관계 또는 질서를 연구함으로 전체를 이해하려고 했던 것이다. 나아가 인간 자체도 이러한 전체에 속하기 때문에 자신을 분리시킬 수 없으며 따라서 전체 피조계도 자체적으로 목적을 가진다고 말할 수 없다고 주장한다.

볼렌호븐도 카이퍼나 도여베르트와 같이 창조주는 인간에게 모든 피조계를 하나님께서 원하시는 방향으로 인도[18]해 나가야 하는 사명[19]을 주었으며 인간의 삶과 문화 및 역사는 이러한 사명 및 책임과 연관되어 있다고 본다. 왜냐하면 인간의 존재 자체가 규범성을 내포하고 있으며, 따라서 어떤 철학자

---

17 D.H.Th. Vollenhoven, *Isagoogè Philosophiae* (Free University: Filosofisch Instituut, 1967).
18 도여베르트는 이것을 특별히 '개현(ontsluiting, opening up)'이라고 부른다.
19 카이퍼는 이것을 창조 명령(creation mandate) 또는 문화 명령(cultural mandate)이라고 불렀다.

도 중립적일 수 없고 그의 사고에도 창조주를 향한 순종적인 또는 불순종적인 방향성이 있기 때문이다. 그러면서 그는 이 틀의 핵심 개념으로 앞에서 언급한 바와 같이 하나님, 법 그리고 우주를 말하고 있다. 특히 인간이 추구해야 할 최고의 법은 역시 '사랑의 법'임을 강조한다. 즉 하나님을 사랑하면서 모든 이웃을 사랑하고 선한 청지기로서 그의 학문 등 모든 문화적 활동을 통해 피조물들을 올바로 다스리며 발전시켜 하나님의 영광을 드러내는 방향으로 개현시켜야 한다는 것이다.

볼렌호븐 역시 도여베르트와 마찬가지로 법이란 하나님과 세계 사이의 경계로 이해한다. 그런데 칼빈주의와 철학의 개혁(*Het Calvinisme en de reformatie van de wijsbegeerte*)에서는 법을 '하나님의 명령'으로 설명했지만 나중에 조직철학개론(*Isagoogè Philosophiae*)에서는 '유효한 나름대로의 존재방식'으로 이해한다. 하나님께서 세상을 지으시고 그 법을 설정하셨는데 이 법이야말로 볼렌호븐이 전체 실재를 이해하는 핵심 개념이 된다.

또한 그는 하나님과 세계 사이의 이중적 관계성을 말한다. 즉 하나는 창조주로서의 하나님과 피조계의 관계성이며 또 하나는 입법자로서의 하나님과 그 법에 의해 세워진 세계이다. 그러므로 이 세계는 결코 신적인 것이 아니며 인간에 의해 하나님께 '응답'되어지는 존재이다.[20] 인간은 종교적 마음을 가지고 있는데 이것은 전형적으로 인간적인 것으로 하나님의 법에 대해 선(순종)과 악(불순종) 두 가지로 응답할 수 있다.

---

20 이러한 인간의 '응답성'을 좀더 발전시킨 학자는 헹크 헤르쯔마(Henk Geertsema) 교수이다. Geertsema, Henk G. 'Homo respondens. On the historical nature of human reason.' *Philosophia Reformata* 58 (1993), 120-152. 보다 자세한 연구는 Govert Buijs, Peter Blokhuis, Sander Griffioen, Roel Kuiper (red.) *Homo Respondens: Verkenningen rond het menszijn.* Christelijk Wijsgerige Reeks 22 (Amsterdam: Buijten & Schipperheijn *Motief*, 2005). 또한 최용준, 『응답하는 인간』 (서울: SFC출판사, 2008) 참조.

이러한 전체에 대한 이해는 부분에 대한 이해도 새롭게 해준다. 볼렌호븐은 여기서 통일성과 다양성을 구별한다. 법의 통일성(*eenheid, unity*)은 인간의 마음을 향한 사랑의 계명이다. 인간은 이러한 '전기능적' 마음에서 모든 기능과 행동들을 결정한다. 그러므로 이 통일성에서부터 인간의 다양한 기능적 삶이 나오는 것이다. 따라서 볼렌호븐은 사랑의 법이야말로 모든 양상적 법질서의 '머리'요 중심이라고 본다.

1952년 말 볼렌호븐은 '하나님-법-우주'에 대해 새롭게 해석하면서 특별히 '법'에 대해 세 가지로 분류한다. 첫 번째는 '창조의 법' 또는 '구조적인 법'으로 양상 기능적 존재방식 뿐만 아니라 개체의 발생 및 성장도 결정한다. 두 번째로 '계시의 법'인데 이것은 신적인 규범으로서 그리스도께서 복음서에서 우리의 삶의 의미라고 말씀하셨고 율법의 완성인 사랑의 법이다. 마지막으로 '영적인 법' 또는 '실증화된 법'이 있는데 이것은 앞의 두 법의 중간 다리 역할을 하는 인간에 대한 법이다. 이것은 인간 행동의 구체적인 상황 가운데서 사랑의 법에 어떻게 응답하는가에 달려 있다. 다른 말로 하면 인간의 행동에 의해 구체적으로 실증화되는 법이라고 할 수 있다.

볼렌호븐은 사고 자체가 자충족적이지 않으며 사고보다 삶이 앞서고, 삶에는 우리의 방향 설정(orientation)에 따라 그 의미의 유무가 결정되는 '길'이 있음을 주장한다. 따라서 하나의 방향 설정은 모든 삶과 사고에 영향을 미친다는 것이다. 인간은 믿을 수 있는 확고한 것에 삶과 사고의 근거를 두기 원하기 때문에 근본적인 방향 설정을 추구하는 존재이다. 그런데 이러한 삶의 방향을 설정하기 위한 근원은 성경이다. 왜냐하면 거기에 바른 길, 즉 삶을 향한 하나님의 계획이 계시되어 있기 때문이다. 이 성경을 통해 인간은 어떤 철학으로도 대체될 수 없는 참된 지혜를 발견할 수 있다고 그는 주장한다. 진정한 철학은 지식의 제1원리와 존재의 최종 근거 그리고 인간됨의 깊은 의미를 추구하는 것이다. 그런데 대부분의 인간들은 이 문제에 대한 열쇠를 어떤 '주의(-ism)'에서 찾는다. 이렇게 하는 것은 진정한 열쇠를 찾지 못하고 중도에 그만두는 것이며 전체를 바로 이해하지 못하는 것이다. 그러므로 성경과 인본주의적 철학은 양립할 수 없다고 볼렌호븐은 단언하는 것이다.

3. 문제-역사적 방법

도여베르트가 그의 첫 조직철학의 주저인 *De Wijsbegeerte der Wetdidee*(*The Philosophy of the law-idea*) 세 권을 1935-36년에 출판하자 볼렌호븐은 단지 조직철학적 접근뿐만 아니라 서양 철학 전체에 대한 역사적 연구가 매우 중요함을 깨달았다. 그래서 그는 기독교적 관점에서 서양 철학 전체에 대해 비성경적인 부분을 드러내기 위해 새로운 접근방법을 개발한다. 즉 철학의 역사를 보면 많은 방향 설정이 이루어지기도 하고 포기되기도 하였는데 이러한 주제들이 '역사적으로' '문제'라는 것을 어떻게 인정하는가 하는 것이 바로 볼렌호븐의 철학 방법론인 '문제-역사적 방법(*Probleem-Historische Methode : Problem- Historical Method*)'이다.[21] 선험적 비판(transcendental critique)이 도여베르트의 특징적 방법론이었다면 이 방법이야말로 볼렌호븐만의 독특한 접근법이라고 말할 수 있다.

그 결과, 1950년에 볼렌호븐은 그의 두 번째 주저라고 할 수 있는 『철학사(*Geschiedenis der Wijsbegeerte: History of Philosophy*)』 제1권을 집필했는데 이

---

21 D.H.Th. Vollenhoven 'De consequent probleem-historische methode.' *Phiolosophia Reformata* 26 (1961) 1-34. A. Tol, 'IN MEMORIAM: DIRK HENDRIK THEODOOR VOLLENHOVEN', *Philosphia Reformata* 43 (3-4) (1978) 93-100 참조.

책에서 그는 서구 철학의 역사를 주제별로 분류하여 누가 누구에게 영향을 받았는지를 규명하려고 시도했다.[22] 모든 철학자들은 나름대로 실재를 보다 일관성 있게 설명하려고 하는데 대부분 중요한 철학적 개념을 사용하여 그렇게 한다. 볼렌호븐은 그중에서도 특히 존재론적 개념들-가령, 일원론 또는 이원론 등-을 정리하여 전체적인 흐름을 보여 주고자 노력했다. 그의 목표는 난해한 철학적 개념들을 알기 쉽고 명료하게 드러내는 것이었다. 따라서 그의 철학사는 인물 중심이 아니라 주제, 즉 문제 중심이었던 것이다. 동시에 그는 철학사를 단순하게 일반화하지 않기 위해 세부적으로 분명한 역사적 증거들을 제시하려고 노력했다.

여기서 그의 주된 관심은 서양의 모든 철학자들이 성경에 대해 어떠한 입장을 취했는가 하는 것이었다. 그 입장을 그는 크게 세 가지로 나눈다. 성경에 대해 전혀 알지 못했던 고대 철학, 성경을 알고 적극 수용했던 교부 및 중세의 종합 철학 그리고 이 종합 철학을 비판하면서 다시 양극화된 근대의 르네상스 및 종교개혁의 철학이 그것이다. 이것을 달리 고대의 선종합 사상(the pre-synthetic thought of Antiquity), 종합 사상(the synthetic thought of the Fathers and the Middle Ages) 그리고 반종합 사상(the anti-synthetic thought of the periods after that)으로 표현하기도 한다.[23]

원래 볼렌호븐은 이렇게 진행하여 전체 10권을 출판할 계획이었다. 그러나 혼자서 이 거대한 프로젝트를 진행하기 어려워서 팀을 구성하여 계속하기로 생각하였다. 그리고 이미 출판된 1권에서 플라톤 이전의 희랍철학을 다루

---

22 부제는 Inleiding en geschiedenis der Griekse wijsbegeerte voor Platoon en Aristoteles (플라톤에서 아리스토텔레스까지 희랍철학사 서론) (Franeker: Wever, 1950).

23 B.J. van der Walt, 'The Consistent Problem-Historical Method of Philosophical Historiography', AN-AKAINOSIS: A Newsletter For Reformational Thought Vol. 5 (2 and 3) Dec '82/Mar '83 5-6.

었으므로 2권에서는 플라톤과 아리스토텔레스를 다루려고 했다. 하지만 그의 사상이 너무나 진취적이며 생소하여 조교들이 그와 함께 작업을 하기 위해서는 우선 그의 사상을 이해하는 데 몇 년의 준비기간이 필요했다. 나아가 그의 독특한 방법론은 너무나 생소하여 편집자들이나 논평자들 그리고 당시 대부분의 동료 학자들에게도 공감을 얻지 못했다. 결국 정부로부터도 재정 지원을 받지 못했고 따라서 조교도 구하지 못해 그 이후의 출판은 연기되었고 결국 열매를 맺지 못했다. 동시에 볼렌호븐 역시 대학 내에서 다른 보직도 많이 맡고 있어 출판에 집중하기가 어려웠다. 그럼에도 불구하고 그는 연구를 게을리하지 않았다. 결국 1945년부터 1964년까지 발행된 오스트훅 백과사전 (*Oosthoek's Encyclopedie*)에서 볼렌호븐은 다른 철학자들과는 달리 각 철학자들을 사고 유형 및 사조로 규정하면서 자신만의 독특한 개념들을 사용하였다.

남아공의 기독교 철학자인 반 델 발트(B.J. van der Walt)는 이러한 볼렌호븐의 문제-역사적 방법에 대한 여러 가지 비판들을 다루면서 다음과 같은 네 가지 근거를 들어 볼렌호븐의 방법론을 옹호한다.[24] 즉 첫째는 그의 방법론이 하루아침에 생겨난 것이 아니라 오랜 연구의 결과 점진적으로 발전한 것이며, 둘째는 볼렌호븐도 필요한 경우 그의 방법론을 계속해서 수정, 발전시킬 준비가 되어 있었고, 셋째는 그의 모델은 수천 가지 다양한 가능성들을 열어두고 있으므로 단순화시켰다고 말할 수 없으며, 마지막으로 볼렌호븐은 한 철학자의 사상뿐만 아니라 그의 삶의 정황까지도 고려하고 있기 때문이라는 것이다.

볼렌호븐은 결국 이 작업을 완성하지 못했지만 그의 후계자인 톨(A. Tol)이 계속 연구했고, 브릴(K. A. Bril) 및 본스트라(P. Boonstra)는 볼렌호븐이 남겨 놓은 유작들을 정리하여 도표(Schematic chart)를 통해 서양 철학 전체를 간

---

24 같은 논문, 12-13.

결하게 정리하여 2000년에 책으로 출판하였다.[25]

4. 학문과 신앙

볼렌호븐의 학문과 신앙관도 도여베르트와 유사한 점도 있지만 상이점도 있다. 볼렌호븐에게 있어서 인간의 지식은 비학문적 지식과 학문적 지식으로 나뉜다. 전자는 일상생활에서 무엇에 대해 또는 누구에 대해 알게 되는 지식이다. 학문적 지식은 이와 달리 구체적인 사물에 대한 것보다는 하나의 정의된 추상적인 영역에 대해 특정한 방법적 접근을 통해 획득하게 된다. 특히 그는 학문적 지식이란 결코 독립적으로 있는 것이 아니라 그보다 선행하는 비학문적 지식에 의해 계속해서 뒷받침되고 추진된다고 강조한다. 즉 우리 자신, 우리의 필요와 결핍, 다른 사람들, 그들의 기대 등에 대한 비학문적 지식이 모든 학문 활동을 향한 '실존적 출발점'이 된다는 것이다.[26] 즉 볼렌호븐에게 있어서 학문적 사고는 하나의 인식을 위한 방법인데, 그것은 비학문적 지식에 기초한 것이다. 학문하는 주체는 인간이며, 하나님을 향해 순종 또는 불순종하는 마음에 의해 학문이 이루어진다. 한 학자가 연구 분야 내에서 유사성, 차이성 그리고 관계성에 관해 방법론적으로 생각하면 그 연구 분야는 학문마다 다르지만 각 분야는 그 분야에 해당하는 독특한 성격과 법칙을 가진 영역을 포함한다.

---

25 K.A. Bril & P. Boonstra, *D.H.Th. Vollenhoven, Schematische Kaarten* (Amstelveen: DeZaak Haes, 2000) 이것은 최근 미국에서 영어로 출판되었다. Kornelis Bril. *Vollenhoven's Problem-Historical Method: Introduction and Explorations* (Dort: Dordt College Press, 2005).

26 D. H. Th. Vollenhoven, 'Het geloof, zijn aard, zijn structuur en zijn waarde voor de wetenschap' (신앙의 성질과 구조 그리고 학문을 위한 신앙의 가치), *Levensbeschouwing en levenshouding van de academicus* (학자들의 인생관 및 인간관계) (Utrecht: Dekker & Van de Vegt, 1950), 76.

개별 학문을 위한 분야와 그 한계가 정해지면 그 다음에 해야 할 일은 그 분야 내에서 구조적이고 생성적인 다양성에 대해 철저히 연구하는 것이다.

볼렌호븐은 많은 학자들이 자신의 분야에만 너무 집중한 나머지 그 학문의 정체성, 즉 타학문과 다른 고유한 영역에 대해 무관심하기 쉽다고 생각한다. 한 학문을 연구하려면 그 분야와 다른 분야 간의 경계를 엄격히 정한 후 그 분야 이외의 요소들은 일단 관심 대상에서 제외되어야 한다. 각 학문 분야의 분석적인 활동은 서로 동일하지만 각 학문의 방법은 분야의 특성상 서로 다르다고 볼렌호븐은 주장한다. 그는 비학문적 분석은 주로 '전체'를 구별하지만 과학적 분석은 제한된 탐구 영역에만 초점을 맞출 뿐만 아니라 그 영역에서도 두 가지 방법이 가능하다. 첫째로 복잡한 것에서 단순한 것으로 탐구하는 방식이고, 둘째로는 단순한 것에서 복잡한 것으로 나아가는 방식이다. 일반적으로 전자를 '분석'이라고 하고 후자는 '종합'이라고 부르지만 볼렌호븐은 전자를 '분해(resolution)'라고 부르고 후자는 '구성(composition)'이라고 부른다. 이것은 도여베르트가 이론적 사고의 선험적 비판에서 말하는 소위 '이론적 대립(theoretical antithesis)'과 '이론적 종합(theoretical synthesis)'과는 다른 개념이라고 볼 수 있다. 여기서 그는 데카르트적인 학문관, 즉 모든 것을 파괴시킨 후 다시 건설하는 입장을 단호히 거부한다. 왜냐하면 실재 세계는 하나의 주어진 것이며 우리의 지식은 인간의 구성의 결과 그 이상의 것이기 때문이다.

둘째로, 분해와 구성은 일시적으로 우리에게 세부적인 내용을 보여 주는 지적 과정이며 이것은 다시 전체적인 연관성 속에서 고려해야 한다는 것이다.[27] 비록 과학이 통찰력 있는 도구이기는 하지만 항상 우리가 다른 방식으로

---

27 D.H.Th. Vollenhoven, *Inleiding tot de wijsgeerige anthropologie* (철학적 인간학 개론) (Amsterdam: Theja, 1957), 18-19.

는 볼 수 없는 세부적인 것들과 그 연결을 볼 수 있도록 도와주는 보철(prosthesis)에 불과하다고 그는 주장한다.

볼렌호븐은 또한 각 학문 영역에도 종교가 기능한다고 강조한다. 가령 심리학을 연구할 때에도 하나님을 섬기는 자의 심리와 그렇지 않은 자의 심리가 다르다는 것이다.[28] 일반적으로 인문사회과학에서는 어떤 분야에서든 그 분야에 주어진 하나님의 규범을 순종하는지 불순종하는지를 발견할 수 있다고 볼렌호븐은 주장한다. 나아가 학문적인 활동 자체 내에도 하나님께서 주신 규범을 준수하는지 준수하지 않는지 나타난다고 말한다. 학문적 분석의 결과 바른 지식과 그렇지 않은 지식 간의 대립적인 차이는 '그에 선행하는 사고와 해당하는 법에 대한 관계에 있어서의 대립에 의존한다.'는 것이다.[29] 따라서 신앙은 개별 학문과 밀접한 연관이 있으며 종교적 대립은 각 학문 분야에서의 진위 및 선악의 대립과 연관된다고 본다. 학문이 궁극적으로 신앙과 연결되어 있다고 보는 볼렌호븐의 주장은 도여베르트와 동일한 점이다.

우주에 대한 철학적 탐구에 있어 그는 세 가지 종류의 상호 환치될 수 없는 차이를 언급한다. '이것과 저것의 차이(이것은 저것이 아니다)', '이렇고 저렇고의 차이(한 존재 양식은 다른 존재 양식이 아니다)' 그리고 '선과 악의 차이'이다. 따라서 볼렌호븐이 종교가 과학적 분석에서 핵심적 역할을 한다고 말할 때 그는 단지 선한 의도로 학문을 해야 한다는 것만을 의미하는 것이 아니라 각 영역에서 실제적인 차이들을 올바르게 분석하는 것이 중요함을 의미한다. 가령, 철학에 있어서는 철학이 '모든 다양성을 올바로 다루어야 하는 규범을 지

---

28 같은 책, 13.

29 D.H.Th. Vollenhoven, 'De waarheid in de godsdienstwijsbegeerte' (종교철학의 진리) *Vox Theologica*, XIII, 6 (1942) 114.

키는 것'을 뜻한다.[30]

5. 단정적-비판적 방법(thetical-critical method)

볼렌호븐은 성경적 철학 또는 성경에 근거한 사고는 하나님의 주권과 피
조물에 대한 하나님의 법, 창조주와 피조물과의 관계성 그리고 그리스도의 왕
되심을 인정하지 않는 어떤 사고와의 종합도 단호히 배척한다. 물론 그도 성
경 자체가 우리에게 모든 이론적 지식을 준다고는 믿지 않는다. 다만 그가 학
문활동을 하는 그리스도인들에게 주는 충고는 '개혁'이다. 볼렌호븐에게 있어
서 '개혁'이란 먼저 하나님과 그의 법과의 관계성에 있어서 '회심(conversion)'
이다. 이론적인 추구가 하나님의 뜻에 복종하며 재고, 수정 그리고 재형성 등
과 같이 능동적이고 지속적인 과정이다. 따라서 모든 기본 범주와 개념적 틀은
이미 완성된 폐쇄 체계가 아니라 열려 있는 잠정적 체계이다. 그래서 그는 단
정적-비판적 방법(thetical- critical method)라고 하는 방법론을 발전시켰다. '단
정적'이라는 말은 탐구하고자 하는 문제나 질문들을 나름대로 실증화된 관점
에서 보는 것이다. 그에게 가장 중요한 우선 작업은 제기한 이슈에 관해 가능
한 간결하고 명료하게, 성경에 기초한 기본 개념을 설정하는 것이다.

이러한 과정은 어느 정도 사물에 대해 정의된 개념을 전제한다. 동시에 이
러한 성경적 기초 위에서 이론적인 작업을 하는 것은 그것 자체가 최종적이고
결정적인 것을 의미하지는 않는다. 그러므로 이러한 학문활동은 언제나 비판
적이어야 한다고 볼렌호븐은 강조한다. 즉 다른 사람들의 이론을 신중하게 검

---

30 D.H.Th. Vollenhoven, 'Conservatisme en progressiviteit in de wijsbegeerte (철학에서 보수주의와
진보성)' in *Conservatisme en progressiviteit in de wetenschap* (학문에서 보수주의와 진보성).(Kam-
pen: Kok, 1959), 39.

토해야 하며 다른 그리스도인들의 이론뿐만 아니라 평가하는 자신에 대해서도 늘 비판적이어야 한다고 그는 주장한다. 볼렌호븐은 결코 독단주의자가 아니었으며 항상 다른 사람들로부터 배우기를 원했고, 또한 실제로도 베르그송 (H. Bergson)이나 러셀(B. Russell)로부터 많은 것을 배웠다. 또한 칼빈주의 전통에 대해서도 그는 무조건적인 수용보다는 항상 비판적 검토를 거친 후 자기 것으로 소화했다. 나아가 자기비판도 매우 엄격하여 자신의 견해도 나중에 오류가 있다고 발견되면 바꾸기를 주저하지 않았다.

6. 도여베르트와의 유사점과 차이점

이상 살펴본 바와 같이 도여베르트와 볼렌호븐은 함께 네덜란드에서 기독교 철학을 발전시켰지만 유사점과 동시에 차이점도 있음을 알 수 있다. 아래에 간략히 정리해 보겠다.

먼저 '법' 개념에 대해서는 둘 다 그 개념의 존재나 필요성에 대해서는 동일한 입장이다. 하지만 도여베르트가 '법'을 보다 우주적으로 이해하면서 창조주와 피조물의 경계라는 점을 강조하며 학문적 지식의 대상으로 이해한 반면, 볼렌호븐은 '법'을 피조물들 간의 기능적 연관성이 가지는 우주적 특성 및 규칙성으로 보고 이것을 학문적으로 연구할 수 있다고 보았다. 나아가 볼렌호븐은 이 부분을 철저히 성경과 연결시키면서 성경의 사랑의 계명에 바로 응답할 때에만 모든 기능적 삶이 올바로 작용한다고 강조한다.

둘째로 중요한 주제는 바로 인간의 '마음'에 관한 부분이다. 도여베르트에 의하면 인간의 마음은 '초시간적(supra-temporal)'인 특징이 있다. 왜냐하면 그는 모든 시간내적 양상을 초월하여 이론적 사고가 이루어지며 나아가 기원과의 관계가 결정되는 곳이 '마음'이라고 보았기 때문이다. 하지만 볼렌호븐은 그러한 관점은 분명히 성경의 진술과는 배치되며[31] 나아가 이것은 결국 '초시간적 마음'과 '시간내적 양상 기능'을 나누는 이원론의 오류에 빠지게 된다고 주장한다.[32]

셋째로 서양 철학 전체에 대한 비판의 관점에서 볼 때 두 학자 모두 인본주의적 혹은 종합 철학에 대해 비판한 점에서는 동일하다. 하지만 그 접근 방법은 다소 상이하다. 도여베르트는 '이론적 사고가 어떻게 가능한가?'라는 조직 철학적 관점에서 서양 철학의 비기독교적 뿌리를 종교적 근본 동인(religious ground motive)을 통해 선험적으로 비판하려고 했다면, 볼렌호븐은 역사 철학적 관점에서 문제-역사적 방법을 통해 인본주의 철학을 비판하려고 했다. 볼렌호븐은 서양 철학 전체에 대한 역사적 분석을 통해 그 성격 및 기원 그리고 비성경적인 의미를 밝혀내고자 하면서 '하나님, 법, 우주'라고 하는 기본적인 실재를 기준으로 서양 철학 전체의 발전사를 한눈에 파악할 수 있도록 도표화함으로써 모든 비성경적인 철학의 영향들을 드러낼 수 있다고 보았던 것이다.

마지막으로 전체 그림을 놓고 본다면 도여베르트는 큰 숲에 관심을 가지고 서양 철학 및 문화를 거시적으로 접근하여 세부적인 부분들을 간과하는 경우가 있다고 볼 수 있는 반면, 볼렌호븐은 매우 꼼꼼한 학자적 치밀성을 가지고 조심스럽게 철학사를 미시적으로 분석했다고 말할 수 있다. 그러므로 도여베르트가 비판적 철학자였다면 볼렌호븐은 분석적 철학자였다고 말할 수 있

---

31 그 근거로 볼렌호븐은 사무엘하 14:14을 인용한다.

32 보다 자세한 내용은 D.H.Th. Vollenhoven, *De Problemen Rondom de Tijd* [The Problems Around Time]. 이 글은 원래 1968년 3월 29일 칼빈주의 철학협회 암스테르담 지부에서 행한 강연이었는데 A. Tol 및 K.A. Bril이 *Vollenhoven als Wijsgeer* (Amsterdam: Buijten & Schipperheijn, 1992), 199-211에서 정리하여 인용했다. 영문은 J. Glenn Friesen이 번역하여 www.members.shaw.ca/herman-dooyeweerd/Tijd.html#prob1에 올려 놓았다.

다. 볼렌호븐이 주로 기독교인, 특히 칼빈주의자들로서 철학을 공부하는 사람들을 향해 자신의 철학을 개진했다면 도여베르트는 훨씬 그 폭을 넓혀 모든 종류의 철학자들과 대화를 시도했으며 선험적 비판을 통해 기독교 철학적 대안을 제시했다. 도여베르트가 광범위한 기독교 철학 체계를 세우려고 노력했다면 볼렌호븐은 그 체계에 깊이를 더하려고 노력했다고 말할 수 있다.

이러한 관점에서 볼 때 볼렌호븐 및 도여베르트 두 사람의 기독교 철학은 결코 상호 배척하거나 대립되는 것이 아니라 서로 보완하는 관계라고 보는 것이 더욱 적절하다고 생각한다. 같은 출발점에서 동일한 비전을 가지고 학문활동을 하였으나 도여베르트는 법학적인 배경에서 볼렌호븐은 신학적 배경을 가지고 발전시켰기에 나타난 다양성으로 볼 수 있다. 이것은 동시에 모든 기독교 철학이 획일화될 수 없고 그렇게 되어서도 안 된다는 교훈을 준다.

IV. 볼렌호븐의 영향 및 평가

1. 그의 영향

1922년에 남아프리카공화국에서 스토커(H.G. Stoker)가 헤이그에 있던 볼렌호븐에게 와서 학위논문 지도를 요청하여 학위를 받은 후 남아공 포체프스트롬(Potchefstroom)대학교 철학 교수가 되었는데 이를 계기로 나중에 볼렌호븐은 남아공의 포체프스트롬, 프리토리아(Pretoria) 그리고 블룸폰테인(Bloem-fontein)대학교에서 일련의 강의를 하였다. 스토커 이외에 볼렌호븐의 지도로 박사 학위를 받은 사람은 남아공의 딸야르드(J. D. L. Taljaard)가 있으며 포체프스트롬의 반 데어 발트 및 펜터(Venter) 교수 또한 볼렌호븐의 영향을 받았다.

미국에서 온 런너(H. E. Runner) 및 제어펠트(C. G. Seerveld)도 볼렌호븐의 제자들이다. 특히 런너는 볼렌호븐과 도여베르트의 철학을 미국과 캐나다에 소개하는 데 큰 공헌을 하였고, 그 결과 토론토에 'Institute for Christian Studies(기독학문연구소)'를 세워 자유대학교와 협력관계를 구축했던 것이다. 반면에 제어펠트는 특히 기독교 예술 철학 분야에서 두각을 나타내었다. 또한 미국의 죤 콕(John Kok)은 볼렌호븐의 전반기 철학사상의 발전에 대해 논문을 제출하여 자유대학교 철학부에서 학위를 받은 후 현재 돌트(Dordt)대학 교수로 재직하면서 볼렌호븐의 사상을 계속해서 연구, 발전시키고 있다.

자유대학교 내에서는 물론 앞에서 언급한 교수들 외에 무엇보다 야꼽 끌랍베이끄를 들 수 있다. 그는 볼렌호븐의 대립과 일반 은총의 신학적 구별 및 서양 철학 내에서 극단성 및 규범성에 대해 좀더 깊이 연구하였다. 이 외에도 사회 철학을 가르치다 은퇴한 흐리피윤 교수(S. Griffioen)도 도여베르트보다는 볼렌호븐의 영향을 더 받았고, 현대 철학을 가르치는 톨 교수, 은퇴한 브릴(K.A. Bril)[33] 그리고 캐나다 출신으로 돌트대학교를 졸업하고 자유대학교에서 공부한 본스트라(P. Boonstra) 등이 계속해서 볼렌호븐 재단을 설립하여 뉴스레터를 발송하고 있으며[34] 그의 저작들을 정리하여 출판하고 계속 연구하고 있다.

---

33 A. Tol & K.A. Bril, Vollenhoven als wijsgeer: Inleidingen en teksten (철학자로서의 볼렌호븐 : 서론 및 텍스트들) (Amsterdam: Buijten & Schpperheijn, 1992).

34 http://www.aspecten.org/vollenhoven/newsletter1.htm 참고.

2. 그의 기독교 철학 평가

볼렌호븐은 도여베르트와 함께 네덜란드에서 기독교 철학을 분명한 하나의 학문과 학파로 확립했을 뿐만 아니라 하나의 운동으로 전 세계에 퍼져나가게 했다는 점에서 그 공헌을 인정해야 할 것이다.

볼렌호븐은 무엇보다 성경에 나타난 하나님의 주권과 그 계시에 철저히 의존했던 경건한 신학자였고, 성도들을 하나님의 거룩한 말씀과 동시에 따뜻한 사랑으로 섬길 줄 아는 목회자였으며,[35] 동시에 학자적 치밀성을 가지고 서양 철학사에서 '모든 생각을 사로잡아 그리스도께 복종시키려' 노력했던 기독교 철학자였다. 따라서 그의 철학서들을 읽으면 그에게는 신학과 철학이 하나로 어우러져 있음을 볼 수 있다. 그만큼 그는 철저한 '칼빈주의적' 철학자였다.

볼렌호븐은 어떤 저작을 집필할 때에도 거의 완벽주의를 추구할 정도로 치밀하고 깊이 있게 저술했다. 그렇기 때문에 그의 글은 깊이가 있고 쉽게 읽히지 않는다. 그래서 그로부터 직접 또는 간접적으로 배운 제자들이 아닐 경우 화란어로만 된 그의 기독교 철학 체계를 소화하는 것은 쉽지 않다. 그나마 다행인 것은 영미권의 제자들이 그의 저작 및 그의 철학에 대해 영어로 번역 내지 집필을 하여 더 많은 사람들에게 읽힐 수 있도록 노력하는 점이다.

이 부분은 그의 강점인 동시에 기독교인이 아닌 철학자들에게는 걸림돌이 되기도 한다. 즉 대화의 공통분모를 찾기가 어렵다는 것이다. 도여베르트는 이것을 '이론적 사고'라고 하는 것에서 찾아 '대화(communication)'와 '대립(confrontation)'을 동시에 추구했다. 하지만 볼렌호븐의 경우에는 '선험적 비판(transcendental critique)'이라기보다는 '칼빈주의적 전제'에서 출발한다. 그렇기 때문에 그가 10

---

35 그래서 학생들로부터도 매우 존경받는 인격자였다.

권으로 기획했던 철학사의 편찬도 계속되기 어려웠던 것이다. 이러한 점에서 볼렌호븐은 오히려 '전제적 변증학(presuppositional apologeitcs)'으로 유명한 미국 필라델피아의 웨스트민스터 신학대학원 변증학 교수였던 코르넬리우스 반 틸(Cornelius Van Til)의 입장과 유사하다고 볼 수 있을 것이다.

하지만 볼렌호븐의 의도는 역시 이미 그리스도인들인 철학자들에게 진정한 기독교 철학이 무엇인지를 깊이 있게 보여 주려고 했으므로 그의 학문적 진지함과 학자로서의 헌신적인 생애는 모든 기독 학자들에게 귀감이 된다고 생각한다. 앞으로 한국 내에서도 그의 기독교 철학에 대한 관심과 연구가 지속, 발전되기를 바란다.

[참고문헌]

1. 논문

Geertsema, Henk G. 'Homo respondens. On the historical nature of human reason.' *Philosophia Reformata* 58 (1993), 120-152.

Stellingwerf, J. 'Prof. dr. D. H. Th. Vollenhoven (1892-1978)', *Beweging*, 5, 1992.

Tol, A. 'Vollenhoven als systematicus' (조직철학자로서의 볼렌호븐) *Beweging*, 5, 1992.

Tol, A. 'IN MEMORIAM: DIRK HENDRIK THEODOOR VOLLENHOVEN' (볼렌호븐 추모), *Philosphia Reformata* 43 (3-4) (1978) 93-100.

Van der Walt, B.J. 'The Consistent Problem-Historical Method of Philosophical Historiography', *ANAKAINOSIS: A Newsletter For Reformational Thought* Vol. 5 (2 and 3) Dec '82/ Mar '83.

Vollenhoven, D.H.Th. *Mededelingen van het Vereniging voor Calvinistisch Wijsbegeerte* (칼빈주의 철학협회 소식) Sept. 1953, 6-9.

Vollenhoven, D.H.Th. 'Conservatisme en progressiviteit in de wijsbegeerte (철학에서 보수주의와 진보성) '*Conservatisme en progressiviteit in de wetenschap* (학문에서 보수주의와 진보성). Kampen: Kok, 1959.

Vollenhoven, D.H.Th. 'De consequent probleem-historische methode.' (일관성 있는 문제-역사적 방법), *Phiolosophia Reformata*, 26 (1961), 1-34.

Vollenhoven, D.H.Th. 'De waarheid in dc godsdienstwijsbegeerte' (종교철학의 진리) *Vox Theologica*, XIII, 6 (1942).

Vollenhoven, D.H.Th. 'Het geloof, zijn aard, zijn structuur en zijn waarde voor de wetenschap' (신앙의 성질과 구조 그리고 학문을 위한 신앙의 가치), *Leven sbeschouwing en levenshouding van de academicus* (학자들의 인생관 및 인간관계), Utrecht: Dekker & Van de Vegt, 1950.

최용준, "헤르만 도여베르트: 변혁적 철학으로서의 기독교 철학의 성격을 확립한 철학자", 손봉호 외, 『하나님을 사랑한 철학자 9인』, 서울: IVP, 2005, 37-66.

2. 저서

Bril, K.A. & Boonstra, P. *D.H.Th. Vollenhoven, Schematische Kaarten* (볼렌호 븐, 스케마적 도표들) Amstelveen: De Zaak Haes, 2000.

Bril, Kornelis. *Vollenhoven's Problem-Historical Method: Introduction and Explorations*, Dort: Dordt College Press, 2005.

Buijs, Govert. Blokhuis, Peter. Griffioen, Sander. Kuiper, Roel (red.) *Homo Respondens: Verkenningen rond het mens-zijn* (호모 레스폰덴스 : 인간 됨에 대한 성찰). Christelijk Wijsgerige Reeks 22, Amsterdam: Buijten & Schipperheijn Motief, 2005.

Choi, Yong Joon, *Dialogue and Antithesis: A Philosophical Study on the Significance of Herman Dooyeweerd's Transcendental Critique,* Amsterdam: Buijten & Schipperheijn, 2000. http://www.dooy.salford.ac.uk/papers/choi/index.html에서도 찾을 수 있다.

Kok, John H. *Vollenhoven: His Early Development, Iowa*: Dordt College Press, 1992.

Tol, A. & Bril, K.A. *Vollenhoven als Wijsgeer: Inleidingen en teksten* (철학자로서의 볼렌호벤: 서론 및 텍스트들) Amsterdam: Buijten & Schpperheijn, 1992.

Vollenhoven, D.H.Th. *Geschiedenis der Wijsbegeerte* (철학사) Vol. 1: *inleiding en geschiedenis der Griekse wijsbegeerte voor Platoon en Aristoteles* (플라톤에서 아리스토텔레스까지 희랍철학사 서론) Franeker: Wever, 1950.

Vollenhoven, D.H.Th. *Het calvinisme en de reformatie van de wijsbegeerte* (칼빈주의 및 철학의 개혁), Amsterdam: H. J. Paris, 1933.

Vollenhoven, D.H.Th. *Isagoogè Philosophiae* (철학서론) Free University: Filosofisch Instituut, 1967.

Vollenhoven, D.H.Th. *Logos en ratio, beider verhouding in de geschiedenis der Westersche kentheorie* (로고스와 이성, 서양의 인식론 역사에서 양자의 관계) Kampen: Kok, 1926.

Vollenhoven, D. H. Th. *Inleiding tot de wijsgeerige anthropologie* (철학적 인간학 개론), Amsterdam: Theja, 1957.

Zuidema & Popma, ed. *Wetenschappelijke bijdragen door leerlingen van Dr. D. H. TH. Vollenhoven* (볼렌호븐 교수의 제자들이 헌정한 학술 논문집) Franeker: T. Wever, Potchefstroom, 1951.

최용준, 『응답하는 인간』. 서울: SFC 출판사, 2008.

3. 인터넷 사이트

www.dooy.salford.ac.uk/voll/scripture.phil.html

en.wikipedia.org/wiki/D._H._Th._Vollenhoven#Vollenhoven_and_Dooyeweerden.wikipedia.org/wiki/D._H._Th._Vollenhoven#Doctorate_and_the_Free_University

www.aspecten.org/vollenhoven/kok.html

www.aspecten.org/vollenhoven/newsletter1.htm

www.members.shaw.ca/hermandooyeweerd/Tijd.html#prob1

학문과 신앙 그리고 기독교 대학 :
헨드릭 반 리센의 사상을 중심으로[1]
(Hendrik Van Riessen, 1911-2000)

I. 서론

전 세계에는 많은 기독교 대학들이 세워졌다. 하지만 시간이 지나면서 대부분 그 기독교적 정체성을 상실하고 세속화되고 있다. 미국의 명문 하버드대학교의 총장을 지낸 해리 루이스(Harry Lewis) 박사는 이러한 현상을 "영혼이 없는 탁월함(Excellence without a soul)"이라고 표현하면서 어떻게 이 대학교가 참된 교육을 잊어버렸는지에 대해 안타까움을 표했다. 물론 그렇지 않은 대학들도 있으나 소수에 불과하다. 이러한 현상은 한국에도 동일하게 나타난다. 왜 그런가? 그리고 기독교 대학이 정체성을 잃지 않기 위해 지켜야 할 가장 중요한 핵심 가치는 무엇인가? 본고는 바로 이러한 문제의식에서 시작되었다.

이러한 문제를 다루는 방법은 다양할 수 있겠지만 여기에서는 네덜란드의 기독교 철학자 헨드릭 반 리센(Hendrik Van Riessen, 1911-2000)에게 초점을 맞

---

1 본고는 「한국개혁신학」 39호(2013년), 187-220에 실렸던 것이다.

추려고 한다. 이는 그가 나름대로 이 주제에 대해 진지하게 연구하였고 그 결과가 출판되었으며 필자가 볼 때 충분히 고려할 만한 가치가 있기 때문이다.

반 리센은 1911년 네덜란드에서 태어나 아브라함 카이퍼(Abraham Kuyper, 1837-1920)의 영향을 받아 신앙이 삶 전체에 영향을 미친다는 성경적 관점을 갖게 되었다. 그는 델프트(Delft) 공대에서 공학을 공부하다가 그곳에서 기독교 철학을 강의하던 볼렌호븐(D. H. Th. Vollenhoven, 1892-1978) 교수로부터 깊은 영향을 받게 되었다. 그후 암스테르담(Amsterdam)의 자유대학교(Vrije Universiteit)에서 철학을 공부하여 1949년에 철학과 기술에 대한 주제로 박사학위를 받았다. 그는 기독교적 관점에서 기술 철학을 본격적으로 연구, 발전시킨 철학자로서 현대문화에 큰 영향을 미친 기술도 결코 중립적인 것이 아니라 규범적인 문화현상이라고 주장했다. 그후 그는 칼빈주의 철학협회에서 개설한 특별 석좌 교수로 임명되어 델프트 공대에서 강의를 시작한 후 에인트호번(Eindhoven) 공대, 브레다(Breda)의 왕립육군사관학교에서도 철학을 강의했으며, 1963년 볼렌호븐이 은퇴한 후 그를 이어 자유대학교에서 일반 조직 철학 및 문화 철학을 가르치기 시작했다. 따라서 그는 포프마(K. J. Popma, 1903-1986), 자위데마(S. U. Zuidema, 1906-1975) 및 메케스(J. P. A. Mekkes, 1898-1987)와 함께 네덜란드 기독교 철학 제2세대를 형성한 학자라고 할 수 있다.

반 리센은 그후 학문과 신앙 그리고 기술문화에 대해 더 많은 관심을 가지기 시작했다. 1967년 자유대학교 교수 취임 강연에서 그는 현대인의 무기력성을 분석하면서 서양문화가 인간에게 학문과 기술을 통해 엄청난 힘을 가져다주었으나 정작 인간은 폐쇄된 세계관으로 인해 세속화되어 오히려 허무감에 빠졌다고 주장한다. 나아가 이러한 세속화의 근원적인 뿌리는 그리스의 자율적이고 독립적인 철학 및 학문관에 있는데 이를 이어받아 인간의 자율성에 기초한 학문을 강조하던 계몽주의는 처음에 과학기술의 놀라운 발전으로 인간에게 크나큰 권력을 주어 심지어 니체(F.W. Nietzsche, 1844-1900)는 신이 죽었다고까지 선언했으나 결국 20세기에 들어오면서 오히려 인간의 소외를 낳게 되었고 인간을 더 무력하게 만드는 부메랑 효과를 가져왔다는 것이다. 1974년 델프트 공대 은퇴 강연에서는 기독교 철학이란 본질적으로 학문적 사고와 신앙을 연결하는 것이라고 강조하면서 이는 성경이 하나님의 말씀임을 믿는 확신에 의해 조건지어진다고 주장했다.

나아가 그는 기독교 대학에 대해서도 깊이 연구하였다. 그 대표적인 예로 1962년 8월 28-30일에 캐나다의 개혁주의 학문 연구회(The Association for Reformed Scientific Studies)에서 개최한 유니온빌 스터디 컨퍼런스(Unionville Study Conference)에서 "대학과 그 기초(The University and its Basis)"라는 주제로 세 번의 강연을 했는데 여기서 그는 학문과 신앙과의 관계 및 기독교 대학이 세속화되는 이유와 그 정체성을 지키기 위해 해야 할 일들에 관해 분명히 밝히고 있다. 이 강연은 그 다음해 온타리오 해밀턴에서 기독교적 관점 시리즈로 출판되었으며 1997년 호주에서 다시 출판되었다. 또한 네덜란드에서도 『미래의 사회(De maatschappij der toekomst)』라는 대표적인 저서를 출판했다. 본서에서 그는 학문에 기초한 조직이 지배적인 현대 사회의 구조가 인간의 자유로운 책임성을 저해한다고 주장하는데 그 이유는 권위와 자유의 균형 그리고 카이퍼가 강조한 영역 주권을 상실했기 때문이라고 본다. 1981년에는 자유대학교 은퇴 기념 강연을 하였는데 그 주제 또한 "어떻게 학문이 가능한가?"였다. 여기서 그는 학문이야말로 근대 기술을 발전시킨 원동력인 동시에 20세기의 위기를 초래한 주원인으로 분석하면서 이에 대한 대안으로 학문은 결코 자율적이거나 독립적이 아니라 철저히 신앙적 전제에 의존하며 따라서 기독교 대학은 자유대학교를 설립한 카이퍼가 품었던 비전대로 성경적 원리를 각 학문 분야에 구체적으로 구현하여 기독교적 학문을 발전시켜야 할 사명이 있다고 주장하였다.

그렇다면 그는 학문 및 신앙을 어떻게 정의하고 양자 간의 관계를 어떤 방식으로 이해하였으며 나아가 대학의 본질과 그 세속화된 과정 그리고 기독교 대학의 정체성 및 궁극적 사명을 어떻게 제시하였는가? 본고에서는 이 주제에 대한 그의 사상을 고찰한 후 많은 기독교 대학들이 세속화된 한국 상황을 고려하면서 그의 논지를 평가해 보고자 한다.

II. 헨드릭 반 리센의 학문과 신앙관

1. 반 리센의 학문관

반 리센은 학문은 본질적으로 하나님의 법 또는 질서를 밝히는 이성적인 작업으로 보면서 학문의 발전단계를 숲속을 거니는 산책에 비유한다. 즉 숲에 대한 경이감에 이어 그 속에 나타난 다양한 법칙들과 질서들을 하나씩 발견해 나가는 과정으로 설명한다. 즉 학문적 지식은 창조세계라는 숲속에 담긴 다양한 현상들을 관찰하면서 선택, 판단하는 과정을 통해 법칙들을 발견함으로 획득되며, 이러한 지식은 지속적인 비판적 반성 및 검증을 통해 재검토되므로 진정한 지식은 단지 사실들이 아니라 그 사실들에 대한 연구결과들이며 이러한 지식이 체계화될 때 개별 학문이 성립되는 것이라고 그는 주장한다.

보다 구체적으로 그는 학문의 성립과정을 네 단계로 나누는데, 법과 질서를 발견함에 있어 먼저 심리적이고 감각적인 요소(숲에 대한 경이와 감탄)와 분석적 요소(법칙을 발견하기 위한 태도)가 분리된 후, 인간과 환경과의 관계에 대한 인식이 이루어지면서 구체적이면서 사실적인 지식과 실제적인 지식 그리고 학문적 지식이 획득되며, 마지막으로는 그 학문적 지식을 어떤 방향으로 활용할 것인지 결정해야 한다고 말한다. 이는 양상 구조 이론을 통해 학문적 혹은 이론적 사고를 분석했던 헤르만 도여베르트(Herman Dooyeweerd, 1894-1977)의 선험적 관점과 크게 다르지 않다고 말할 수 있다. 하지만 여기서 주목해야 할 점은 반 리센이 단지 학문적 지식을 획득하는 것으로 끝나지 않고 그것을 어떻게 사용할 것인가에 대한 윤리적 방향성까지도 강조했다는 사실이다. 이 점은 도여베르트보다 한걸음 더 나아간 반 리센의 공헌이라고 말할 수 있다.

나아가 반 리센은 학문과 대조되는 경험에 대해서도 예리하게 분석한다. 도여베르트는 이것을 순진 경험(naive experience)이라고 불렀지만 반 리센은 이러한 경험이란 매우 독특하며, 현실을 전체적이고 구체적으로 수용하므로 통합적이고, 연속적인 동시에 계속 증가하면서 현실 참여적이고, 필연적이 아니라 우연적이라고 말한다. 반면에 학문은 이러한 경험에서 더 나아가 단순한 경이감(사과가 떨어지네!)과 호기심(사과는 왜 떨어질까?)에서 학문적 지식이 가능하기 위해서는 문제의식(사과는 반드시 떨어져야 하는가?)이 있어야 하며, 이러한 문제에 대해 연구하여 하나의 학문적 지식(만유인력의 법칙)을 얻게 된다는 것이다. 따라서 학문적 지식은 보편적이고 확실하며 필수적이고 현실과 거리를 둔 독립성이 있다는 점에서 경험과는 전혀 다르다고 본다. 가령, '비'는 하나의 현실이요 사실이지만 '비가 온다'는 것은 하나의 실재 현상으로 우리가 경험하는 것이다. 그러나 '비는 식물의 성장에 필요하다.'라고 말하는 것은 이미 하나의 학문적 주장이라는 것이다.

　이러한 의미에서 그는 학문의 세 가지 특성을 언급한다. 첫째로 학문이란 '체계(system)'이며 나아가 새로운 발견에 '개방된 체계(open system)'이고, 둘째로 학문적 이론의 기초는 '가설(hypothesis)'로서 학자는 이것으로 현상을 설명하려고 시도한다는 것이다. 이러한 가설은 결국 인간의 경험과도 연결되어 있으며 법 또는 질서의 표현이라고 할 수 있다. 마지막으로 학문은 '필연성(necessity)'이 있다. 필연적 일관성이 없으면 학문적 지식이라고 말할 수 없기 때문이다.

　결론적으로 반 리센은 이 모든 논의들을 이렇게 요약한다.

"학문은 지식을 추구한다. 지식은 경험에서 나오며 지식은 연구와 연구를 통해 얻은 데이터에 대한 조사를 기초로 획득된다. 이러한 분석은 가정들 및 분석과 추상이라는 방법으로 이루어진다. 학문이란 하나의 양상 안에 관련된 지식이며 체계적인 정합성을 가져야 하고 그러한 근거에서 책임을 져야 하며 현실에 대한 법칙들로서 결국 언어로 표현된다. 그리고 이러한 법칙들은 보편적으로 유효해야 한다."

　나아가 반 리센은 학문이 낳은 지식은 사회적으로 볼 때 권력으로 연결된다고 주장한다. 왜냐하면 학문을 응용한 기술은 현실에 대한 지배력을 증대시키고 따라서 인간이 미래를 더 통제할 수 있다고 보기 때문이다. 따라서 올바른 학문이 가능하기 위해서는 무엇보다 인간의 '자유'가 보장되어야 한다고 강조한다. 학문적 자유가 보장되지 않고 다른 권력에 의해 제한된다면 올바른 학문의 발전이 이루어질 수 없기 때문이다. 하지만 이와 동시에 그는 실제 삶에서 학문의 역할을 과대평가하는 것은 미래 사회에 가장 불안한 징후라고 지적하면서 학문에 대해 너무 지나치게 기대하지는 말 것을 경고한다. 다시 말해 학문이 우리의 모든 문제들을 해결해 주는 것은 아니며 학문적 지식의 응용에 대해서는 언제나 인간의 책임성이 강조되어야 한다는 것이다. 결국 반 리센의 학문관은 카이퍼, 도여베르트 및 볼렌호븐의 학문관을 좀더 정밀하게 발전시켰다고 말할 수 있다.

2. 반 리센의 철학관

그렇다면 반 리센이 보는 철학의 역할은 무엇인가? 그는 도여베르트나 볼렌호븐과 같이 철학이란 근본적으로 참된 지혜를 추구하며 모든 한계적 또는 궁극적 질문들을 다루는 동시에, 개별 학문들을 연결하고 포괄하는 학문적 고리로 이해한다. 따라서 그는 철학은 저수지와 같이 그 수문들을 여는 순간 각 학문의 모든 기본 질문들이 나온다고 본다.

나아가 그는 학문과 철학 둘 다 결국 신앙에 의존한다고 본다. 이를 비유적으로 신앙은 '뿌리', 철학은 '줄기' 그리고 개별 학문은 '가지'라고 설명한다. 도여베르트도 이것을 자신의 선험적 비판철학(Philosophy of transcendental critique)에서 자세히 설명하고 있는데 반 리센은 도여베르트의 선험적 비판철학 방법론에 대해 어느 정도는 비판적 견해를 가지고 있기는 하지만 철학과 학문이 자충족적이 아니며 종교적 신앙에 의존한다는 핵심 주장에는 전적으로 동의한다. 따라서 그도 학문 및 철학과 신앙은 불가분리적이며 이의 통합이야말로 기독교 대학에서 가장 중요한 기초요 핵심 주제로 본다고 말할 수 있다. 이런 점에서 그는 도여베르트와 볼렌호븐의 전통에 충실하다고 평가할 수 있다.

3. 반 리센의 학문과 신앙관

반 리센은 학문이 발견한 법칙 또는 질서를 하나님의 계시라고 설명함으로써 학문과 신앙이 상호 밀접한 관련이 있음을 주장하였고 철학 또한 종교적 뿌리가 중요함을 지적하였다. 물론 여기서 하나님의 계시는 성경에 나타난 특별 계시와 피조계에서 드러나는 일반 자연 계시 둘 다 포함한다. 학문이란 이 계시에 대해 인간이 이성을 통해 직관적으로 인식함으로 가능해지고 이 인식은 언어에 의해 표현됨으로 학문은 언어로 나타나게 된다. 따라서 언어가 없다면 어떠한 개념 정립, 나아가 학문활동도 불가능할 것이다.

동시에 여기서 우리가 주목해야 할 점은 그가 성령의 역할도 매우 강조한다는 사실이다. 성령은 진리의 영이므로 인간 영혼에 역동적으로 작용하여 이성을 올바로 사용하여 피조계에 숨은 질서들을 발견해 낼 뿐만 아니라 바르게 활용할 수 있도록 도와준다는 것이다. 따라서 반 리센에게 있어 학문에는 신앙적 요소가 매우 중요해진다. 즉 신앙이란 인간의 행동을 인도하며, 영에게 동기를 부여하여 학문의 방향을 제시한다는 것이다. 따라서 그의 핵심 논제는 학문이 결코 중립적이거나 자율적이지 않으며 신앙의 인도를 받는다는 점이다. 그는 그의 선배들과 마찬가지로 다음과 같이 주장한다.

"학문의 중립성 및 독립성이라는 이념 자체가 종교적 기원을 가지고 있다. 비록 많은 학자들이 이 사실을 알지 못하고 이 신앙은 단지 각 학자들의 신앙이라기보다는 일반적인 세계관이며 시대정신이지만 그럼에도 불구하고 이 신앙은 학문 전체에 강한 영향을 미친다."

따라서 그는 모든 기독 학자들은 이 학문과 신앙의 관계를 분명히 해야 하며 나아가 이 신앙이 어떻게 학문함을 인도해 나가야 할지 이해해야 한다고 강조한다.

동시에 그는 자신이 다른 세계관에 의해 무의식적으로 영향을 받지 않는지도 조심스럽게 살펴야 할 것이라고 지적한다. 따라서 카이퍼 그리고 그를 이은 도여베르트와 볼렌호븐과 같이 반 리센도 학문의 영역에 영적 대립(antithesis)이 있음을 지적한다. 즉 하나님께 온전히 의존적인 학문과 인간 중심적이고 세속적인 학문은 상호 화합할 수 없는 근본적인 대립성이 있다는 것이다. 후자, 즉 세속 학문 또한 궁극적인 면에서 종교적 전제가 있는데 그것은 바로 인간의 '자율성(autonomy)'이다. 요컨대 그는 학문이 계시 또는 전이론적인 종교적 전제에 의존한다는 것을 우리가 인정한다면 학문의 자율성이라는 잘못된 신앙에서 진정한 자유를 누릴 수 있을 것이라고 주장한다. 따라서 반 리센은 그의 선배들과 같이 학문은 필연적으로 신앙과 연결되어 있을 뿐만 아니라 반드시 통합되어야 한다고 보면서 나아가 이것을 기독교 대학에 관한 논의와 밀접하게 연결시키고 있다.

III. 헨드릭 반 리센의 기독교 대학관

1. 반 리센의 대학관

반 리센은 우선 대학이 단지 직장을 갖기 위한 준비 장소나 학문적 탐구만을 위한 곳이 아니라 '학문을 훈련하는 곳'이라고 말한다. 여기서 중요한 두 단어는 학문(science)과 훈련(training)이다. 여기서 훈련이란 개인적 훈련이 아니라 협력하는 훈련(joint training)이며 이 협력은 주로 교수들과 학생들 간의 협력을 의미한다. 대학은 특히 이 학생들을 위해 존재하며 이들의 학문적 훈련이야말로 대학의 가장 중요한 의미라고 반 리센은 강조한다. 여기서 그가 대학의 '교육'보다 '훈련'을 더 강조하는 이유는 대학은 교수의 가르침보다 학생들이 스스로 학자가 될 수 있도록 발전할 수 있는 여건을 마련해 주어야 한다고 보기 때문이다. 따라서 이런 여건이 갖춰지지 않은 대학은 결국 실패할 수밖에 없다는 것이다. 그러므로 교수의 역할은 학생들이 스스로 연구하여 교수와 같은 수준의 학자가 될 수 있도록 도와주는 것이며, 학문의 훈련은 단지 첨단 지식의 전수만이 아니라 이러한 연구 과정을 통해 학문하는 훈련을 하는 것이 대학의 가장 중요한 목표라고 본다.

그렇다면 훈련과 연구(investigation)는 어떤 관계가 있는가? 반 리센은 다음과 같이 말한다. "최고 수준의 지성적 훈련은 연구를 포함하는 역동적 지식 추구과정이다." 즉 양자 간의 균형을 강조하는데 만일 훈련만 강조한다면 새로운 학문의 발전이 불가능할 것이며, 연구를 너무 강조한다면 대학의 가장 중요한 요소인 학생들이 관심의 대상 밖으로 밀려나게 되어 대학은 결국 연구소가 되고 말 것이기 때문이다.

그렇다면 대학에서는 어떤 문제들을 연구 및 훈련의 주제로 다루어야 하는가? 반 리센은 대학에서는 모든 사람들에게 보편적으로 중요한 문제들을 다루는 동시에 특수한 주제들에 대해서도 전문적으로 연구할 수 있어야 한다고 주장한다. 즉 보편성과 특수성 모두에 능숙해야 한다는 것이다. 가령, 보다 철저히 철학을 하기 위해서는 특수한 이슈와 씨름할 수 있어야 하고, 이를 보다 효과적으로 하기 위해서는 전체적이고 보편적 주제를 다루는 철학도 할 수 있어야 한다고 본다. 쉽게 말하면 나무와 숲을 동시에 볼 줄 아는, 미시적인 동시에 거시적인 안목이 필요하다고 말할 수 있다. 이런 의미에서 현실 전체를 보는 철학적 훈련이 대학에서 매우 중요하다고 그는 주장한다. 이와 동시에 개별 학문도 중요한데 그 이유는 전체적인 학문인 철학적 훈련을 한 후에 각 개별 학문이 전체와 어떻게 연관이 되는지 알아야 하기 때문이며, 그렇게 함으로써 인류의 문화 또는 문명 발전에 진정한 공헌을 할 수 있다고 생각하기 때문이다.

또한 주목할 점은 반 리센은 학문의 발전에 있어 대학의 공동체성이 매우 중요함을 강조한다는 것이다. 가령, 학부 학생들은 지도 교수의 학문적 가르침 못지않게 인격 및 영적 영향을 많이 받기 때문에 세속 대학에서는 기독 학생들이 자칫 신앙을 잃어버릴 수도 있음을 경고한다. 요컨대 그는 대학의 정체성을 다음과 같이 정리한다.

1) 대학은 학문을 연마하는 곳이다.
2) 이 훈련은 배우는 공동체에서 수행되어야 한다.
3) 대학에서 훈련하는 대상은 학생들이다.
4) 탐구 및 리서치는 이러한 훈련을 지원하고 추진하기 위함이다.
5) 학생들의 지성을 훈련시키는 목적은 학문의 도구들을 마스터할 현명한 교양인(a wise man or woman of culture)을 배출하기 위함이다.
6) 이를 목적으로 하는 학문에 대한 접근은 보편적인 동시에 특수해야 한다.
7) 대학의 외적 목적은 전문 직업을 위한 훈련과 함께 사회에서 일반적 리더십을 발휘할 훈련을 쌓는 것이다.
8) 대학에서의 학업은 방향성이 있다. 이것은 대학, 학부 또는 개교수에 의해 주로 결정된다.

2. 대학의 세속화 과정

　학문과 신앙의 통합을 추구하는 기독교 대학의 형성 및 발전을 논하기 위해서는 기존 대학들에 대한 올바른 인식과 함께 세속화된 원인도 철저히 분석해야 한다는 것이 반 리센의 생각이다. 따라서 그는 기존 대학들의 세속화 과정을 역사적으로 심도 있게 진단한다. 서양 역사에서 10세기까지의 학문활동은 여러 가지 불안정한 상황으로 수도원 등지에서 주로 고대 그리스 철학자들이나 교부들의 문헌을 재해석하는 것에 집중하였다. 따라서 학문의 발전에 새롭고 독창적인 공헌을 하기는 어려웠다. 하지만 11세기부터 새로운 변화가 일어났는데 이때 학문의 시작인 지적 호기심이 부활하면서 학자들에게 학생들이 몰려들어 정식 대학들이 설립되었고 대부분 기독교적 배경에서 세워졌다. 당시 대학에서 공부하는 목적은 주로 교양을 갖춘 문화인이 되기에 필요한 백과사전적인 지식을 습득하기 위함이었다. 그래서 가장 중요한 과목들은 문법, 논리학 및 수사학을 뜻하는 삼학(三學, trivium) 및 기하학, 산술학, 천문학 및 음악을 포함하는 사과(四科, quadrivium)였으며, 그후에 신학과 철학을 공부할 수 있었다. 이런 상황에서 대학이란 학자들과 학생들의 자유로운 공동체로서 교회나 국가가 어떤 간섭도 하지 않는 일종의 길드 조직이었다.

　이 대학들이 발전하면서 외부 지원이 필요하게 되었다. 처음에는 주로 지역의 영주나 황제로부터 지원이 오면서 대학이 서서히 국가의 간섭 하에 놓이게 되었다(가령, 교수 임용에 정부가 관여하게 되었다.). 한편 교회도 그 산하에 있는 대학의 모든 행정 및 교육을 통제하기 시작하여 대학의 독립적인 주권은 침해를 받게 되었다. 반 리센은 여기서 카이퍼의 영역 주권 이론을 인용하면서 교회나 정부가 결코 대학의 정책에 간섭하거나 주권을 침해해서는 안 된다고 강조한다. 즉 교회, 정부 및 대학은 절대 주권자이신 하나님으로부터 자기 영역에 주권을 위임받았으므로 그 범위 내에 머물러야지 그 경계를 넘어 다른 영역에 간섭해서는 안 된다는 것이다. 그럴 경우 여러 문제들이 발생했는데, 교회가 지동설을 주장한 갈릴레오를 억압함으로 진정한 학문의 발달을 저해했던 것을 예로 들 수 있다.

반 리센은 대학을 교회와 국가 다음으로 중세부터 서양에 나타난 제3의 기관으로 보면서 현실에 대한 관심과 호기심으로 학문적 탐구를 통해 교회로부터 독립하여 올바른 지식을 얻고자 하는 대학의 등장을 긍정적 의미의 '세속화(secularization)'라고 부른다. 즉 대학이 교회로부터 점차 독립하게 되었다는 뜻이다. 하지만 그는 이러한 대학의 세속화는 종교적 함의를 띠면서 점진적으로 교회의 경쟁자로 등장하게 되었다고 본다. 즉 교회로부터 독립하면서 학문을 신앙으로부터 분리하려는 경향을 가지게 되었다는 것이다. 반 리센은 이런 상황을 도여베르트가 중세의 사상과 문화를 지배한 종교적 근본 동인이라고 말했던 자연 및 초자연(은총)이라고 하는 이분법적 구도로 설명한다. 즉 이 세상을 은총의 영역과 자연 영역으로 나누어 교회는 전자를 지배하는 반면 국가와 대학은 후자에 관여한다고 보는 것이다. 자연의 세계는 자연법에 의해 자율적으로 지배되며 여기에는 인간의 이성이 주된 역할을 한다. 이 영역은 타락의 영향을 받지 않았기 때문에 예수 그리스도의 구속도 필요 없으며, 따라서 이 영역은 교회, 신앙 및 은총과는 아무런 상관이 없다는 것이다. 하지만 대학이 이러한 자율성을 갖게 된 것이 결국 학문의 세속화를 낳게 되었고, 바로 이것이 현대 대학의 위기라고 반 리센은 진단한다.

중세 시대에 자연과 초자연 또는 이성과 신앙의 조화를 통해 균형을 이루고자 한 대표적인 학자는 토마스 아퀴나스(Thomas Aquinas, 1225-1274)다. 그는 양자가 각기 자율성을 가지고 있으며 전자는 후자로 나아가는 디딤돌 역할을 한다고 봄으로써 양자 간의 타협을 시도했는데 이는 기독교 세계관과 그리스 철학, 특히 아리스토텔레스(Aristoteles, BC 384-322)의 사상을 종합하고자 했던 것이다. 이렇게 함으로써 교회는 이성과 대학의 자율성을 인정하는 듯하면서 실제로는 세속적인 일들과 지적인 영역에도 간섭할 수 있다고 생각했던 것이다. 그러나 이렇게 자연 영역에 자율성을 인정한 것은 결국 대학이 세속화되는 근거를 제공했으며 나아가 자연과 초자연을 종합하려고 시도함으로써 대학이 결국 교회와 정부로부터 독립되지 못하고 종속되는 오류를 범했다고 반 리센은 지적한다.

여기서 우리는 토마스가 자연과 은총을 종합하려고 시도한 중세에 대학이 본격적으로 시작되었다는 사실을 다시금 주목할 필요가 있다. 왜냐하면 이때부터 사람들은 영원에 대한 관심 외에 이 세상에 대해서도 관심을 가지게 되어 이것을 문화 또한 자연의 영역으로 보고 고대 그리스 사상에 대해 새롭게 연구하면서 이를 '르네상스(Renaissance)'로 불렀기 때문이다. 결국 르네상스는 대학의 세속화를 가속화했다고 반 리센은 본다. 즉 인본주의적 세계관이 대학에 침투하게 되었고, 대학의 목적은 이제 고대 그리스 고전을 통해 이성의 자율성을 믿는 세계관에 입각하여 독립성과 존엄성을 갖춘 문화인을 배출하는 것으로 변한 것이다. 이와 동시에 시간이 흐르면서 사람들은 차세보다 현세의 삶에 더 많은 관심을 가지게 되어 인본주의자들이 그리스도인들을 이기게 되었고, 교양 있고 학문을 연구한 엘리트들은 더욱 교회와 멀어지게 되어 대학도 세속화되었다고 반 리센은 주장한다.

그후 대학의 영향력은 더욱 증가하여 19세기에 와서는 교회의 간섭에서 완전히 벗어나 지성적 리더십을 발휘하기 시작하면서 현대 문명의 발전에 결정적인 공헌을 하게 되었다. 그러나 반 리센은 이러한 대학의 공헌에 대해서는 양면성이 있음을 고려해야 한다고 말한다. 즉 긍정적인 면으로는 대학은 인간의 복지 증진, 민주주의의 발전 등에 공헌했지만, 부정적인 면으로는 프랑스 혁명처럼 신앙을 부정하며 교회를 대적할 뿐만 아니라 오히려 억압하게 되었다는 것이다. 그 결과, 현대의 세속적 대학들은 무신론과 허무주의의 산실인 동시에 그 희생물이 되었다고 그는 진단하는데 그 이유는 지식의 권력화와 문명화된 인간의 개인적 권력에 기인한다고 보기 때문이다. 이것은 도여베르트가 지적한 근대 서구 사상 및 문명의 종교적 근본 동인인 자연-자유 동인과 일맥상통하는 지적이라고 할 수 있다. 즉 과학 및 기술이 발전하면 인간의 자유가 더 보장되고 확대될 것으로 기대했으나 오히려 인간의 정신활동도 자연과학적 인과율에 의해 제한되면서 인격적 자유가 설 땅이 사라져 버렸다는 것이다. 대학도 현대의 모든 문제들을 학문의 힘으로 해결할 수 있을 것으로 믿었으나 오히려 그 희생물이 되고 말았고, 따라서 현대인들의 기대를 배신했다는 말이다. 나아가 반 리센은 자연과학의 괄목할 만한 발전이 결국 인문/사회과학도 지배하게 되어 각 학문의 고유한 영역이 인정되지 못하고 다양한 환원주의를 낳게 되었으며, 결국 대학의 목표인 학생들의 학문적 훈련을 통한 교양 있는 문화인 배출도 실패했다고 본다. 그 결과, 서구는 20세기에 들어와 더이상 발전하지 못하고 1, 2차 세계대전 및 경제 대공황과 같은 결정적 위기를 맞게 되었다는 것이다.

이에 대해 반 리센은 종교개혁자들이 이렇게 세속화되어 가던 대학들을 개혁하기 위해 노력했음을 상기시키면서 독일의 라이프치히(Leipzig)대학, 예나(Jena)대학, 하이델베르그(Heidelberg)대학, 쾨닉스베르그(Koenigsberg)대학, 스위스의 바젤(Basel)대학, 제네바(Geneva)대학 및 네덜란드의 레이든(Leiden)

대학 등을 그 예로 든다. 하지만 이러한 대학들이 시대사조를 거슬러 간다는 것은 결코 쉽지 않았다. 왜냐하면 성경으로 돌아간다는 것은 새로운 신학 및 철학을 동시에 요구했기 때문이다. 따라서 고전 분야에도 중립적이고 자율적인 학문관을 배격하는 새로운 접근이 필요했고, 개혁주의자들은 처음에는 인문주의자들과 힘을 합쳐 가톨릭의 스콜라주의를 배격했으나 인문주의자들의 종교적 동인을 알고 난 이후부터는 이들의 사상도 비판하지 않을 수 없었다. 하지만 반 리센은 이 가운데도 아리스토텔레스의 영향만큼은 계속해서 남아 있었다고 본다. 그 한 예로 레이든대학교의 경우를 자세히 설명하고 있다. 네덜란드에서 최초로 세워진 레이든대학교는 스페인 필립 2세의 학정에 대해 80년 동안 계속된 독립전쟁이 승리로 끝난 후 시민들의 요청을 받아들인 윌리엄 1세에 의해 1574년에 칼빈주의적 개혁 정신을 따르는 대학으로 설립되었다. 이 대학은 당시 네덜란드 개혁교회가 필요로 하던 목회자들을 양성할 뿐만 아니라 정부에 필요한 공무원 인재들을 양성하는 것도 염두에 두었다. 카이퍼는 그의 유명한 연설 "칼빈주의"에서 이 사실이야말로 개혁주의적 그리스도인들이 결코 학문을 무시하지 않고 신앙과 통합해야 함을 잘 보여 주는 역사적 증거라고 이야기한다.

하지만 레이든대학은 그 이후 정체성을 제대로 보존하지 못하였는데 반 리센은 그 이유를 다음과 같이 세 가지로 설명한다.

우선 당시 그리스도인들이 학문의 개혁에 대한 필요성을 제대로 알지 못했다. 당시 개혁교회는 목회자 양성에만 관심이 있었지 그 신학부 안에서 가르쳐지는 아리스토텔레스의 철학에 대해서는 무관심했던 것이다. 또한 대학을 세우기는 했으나 자격을 갖춘 교수들을 구하기가 쉽지 않았고 지원하는 학생들도 별로 없어 결국 신학부는 실패작으로 끝나고 말았다. 나아가 신학부는 칼빈주의 교리를 수호하는 학자들과 반대하는 항론파 학자들 및 학생들 간에 치열한 논쟁의 장이 되기도 했는데 이러한 논쟁은 도르트 총회(Synod of Dort, 1618-1619)를 통해 겨우 마무리되었다.

둘째로 이 대학은 개혁주의적일 뿐만 아니라 국립대학으로 설립되었지만 당시 네덜란드 국민의 10%만 개혁교회에 속해 있었다. 따라서 중요한 인사권에 국가가 개입하게 되어 진정한 개혁주의적 인재들을 등용하기가 어려웠다. 그 결과, 교회와 학생들 그리고 국가가 임명한 이사들과 교수들 간에 긴장과 갈등이 끊이지 않았다. 신학생들이 입학하면서 서명했던 맹세들도 다른 학부생들과의 마찰로 인하여 폐기되었으며, 개혁주의자들과 자유주의 신학자들 간에도 치열한 분쟁이 지속되다가 결국 후자가 승리하게 되었는데 이는 국가가 이들과 점점 타협하였기 때문이다.

마지막으로 대학이 자신의 영역 주권에 대해 충분히 이해하고 지키지 못했다. 대학의 주도권을 잡기 위해 교회와 정부 간에 충돌이 빈발했다. 이는 결국 대학이 추구해야 할 본연의 사명 추구 및 건강한 발전에 걸림돌이 된 것이다.

반 리센은 이러한 논의들을 종합하여 현대의 세속화된 대학들을 진단한 결과, 세 가지 면에서 변질되었다고 예리하게 지적한다. 먼저 배움의 공동체가 하나의 조직으로 대체되었고, 학문에 대한 일반적인 접근이 전문화(specialization)로 대체되었으며 나아가 학문의 자유로운 특성이 실용적인 지식 또는 정보를 학생들에게 주입하는 교육시스템으로 대체되었다는 것이다.

그는 이것은 무엇보다 현대 과학과 사회 발전의 산물이라고 분석한다. 즉 지나친 전문화에 대한 강조로 인해 대학에서 보편적 학문성이 위협받는다는 것이다. 특히 지난 2세기 동안 과학기술의 발달로 학문의 세분화가 가속화되었고, 이것이 현대 사회에 가장 결정적인 힘을 가지고 있어 대학은 이제 교회보다 더 영향력이 크다고 주장한다. 그 결과, 현대인들은 신앙적 설명보다 과학적 설명이 더 객관적이라고 생각하게 되었고, 대학은 오히려 진정한 독립성을 상실했다고 반 리센은 진단한다. 즉 사회나 정부가 규정하는 방식대로 움직이는 대학이 되고 말았으며, 대학과 학문 세계에도 진리가 실제적 가치에 의해 결정되는 실용주의(pragmatism)가 지배하게 되었다고 비판한다.

나아가 그는 전체적으로 향상된 시민들의 생활 수준 또한 대학의 정원이 증가하게 된 요인이었다고 지적한다. 즉 대학을 졸업해야만 좀더 좋은 직장에서 보다 큰 영향력을 미치며 풍요하고도 안락한 삶을 살 수 있다고 하는 의식이 보편화되었다는 것이다. 따라서 대학 교육은 대중화되었고, 모든 사람들은 어떤 대가를 치르더라도 대학 졸업장을 갖기 원하며, 따라서 대학은 결국 사회가 요구하는 전문인들 및 행정 인력들을 대량 생산하는 하나의 공장이 되고 말았다고 본다. 이러한 지적들은 한국의 대학 상황에도 매우 타당한 지적으로 우리가 깊이 반성해야 할 부분이라고 말할 수 있다.

요컨대, 반 리센은 전문화, 사회에 대한 실용적 관계 그리고 대중 교육이 현대 대학의 변화 및 세속화에 가장 큰 영향을 준 요인으로 본다. 그 결과, 대학의 공동체성이 상실되었고, 학문의 일반성은 무시되기 시작했으며, 학문의 자유는 시간 낭비로 간주되었다는 것이다. 따라서 대학은 더이상 교양 있는 남녀를 학문적으로 훈련시키는 곳이 아니며 대학의 이러한 변질은 불가피한데 이는 결국 물질주의적 세계관의 산물이라고 본다. 즉 표면적으로 잘 나타나지는 않지만 이러한 현상의 기저에는 신앙적 뿌리, 즉 물질적이며 결정론적 세계관 및 운명론적 대학관이 깔려 있다는 것이다.

따라서 반 리센은 현대를 영적 해체가 일어나고 있는 위기의 시대로 분석하면서 현대의 대학이 기독교 대학의 이상과는 정반대의 모습을 띠고 있고, 이 두 종류의 대학의 기저에는 화해할 수 없는 영적 대립이 존재한다고 주장한다. 물론 한국의 기독교 대학들의 세속화되는 과정이 이와 반드시 일치한다고 볼 수는 없겠지만 서구 상황에서 볼 때 반 리센의 지적은 매우 설득력이 있다고 본다.

그렇다면 그는 올바른 기독교 대학을 회복하기 위해 어떻게 해야 한다고 보는가?

3. 반 리센의 기독교 대학관

반 리센은 기독교 대학을 논의함에 있어 무엇보다 그 기초가 매우 중요함을 강조한다. 그 이유는 이것이 대학의 출발점이요, 학문의 동기를 부여하는 동시에 그 방향을 결정하기 때문이다. 즉 그는 대학의 기초란 개별 학문 및 전체 학문의 성격 및 의미를 규정하는 원리들이며 가르침과 배움 그리고 나아가 문화와 지혜의 내용까지 결정한다고 그는 말한다.

나아가 주목할 것은 그가 진정한 기독교 대학이란 원칙적으로 신앙공동체여야 한다고 주장하는 점이다. 즉 기독교 대학은 단순히 지식을 전달하는 기관이 아니라 교직원과 학생들이 사랑으로 하나된 유기체를 이루어야 한다는 것이다. 물론 이것을 반대하는 사람들은 이것이 편견이며 학문의 객관성과 중립성을 포기하고 교리적이며 독단적으로 만드는 것이라고 비판할 것이다. 반 리센 또한 기독교 대학에서의 학문활동이 본질적으로 자유로워야 함을 충분히 인정한다. 따라서 학자들은 전통에 대해 비판적일 수 있으며 기존 학설을 의심해 볼 수 있고 자신만의 학문 방법을 자유롭게 선택할 수 있다. 바로 이러한 의미에서 반 리쎈은 대학이란 학문을 교육하는 곳이 아니라 훈련하는 곳이라고 정의하기 원하는 것이다. 그럼에도 불구하고 그는 자유주의적(liberal)이고 인본주의적인 대학에 대해서는 분명히 반대하면서 자유주의적이라는 말의 의미가 조금씩 변천되어 왔음을 밝힌다. 즉 중세 시대에는 지식의 가치를 보장하려는 시도를 의미하는 단어였으나 근대에 와서는 학문과 대학이 종교와 기타 어떤 세계관에 대해서도 중립성을 가짐을 의미하게 되었다는 것이다. 하지만 결국 이러한 자유주의는 결국 방향성을 잃게 되어 허무주의를 낳을 수밖에 없다고 그는 비판한다. 따라서 인본주의적이고 자유주의적 대학과 교리적이며 독단적으로 보이는 대학 간의 논쟁은 사실 잘못된 것이다. 왜냐하면 자유롭고 중립적이라고 하는 주장 또한 궁극적으로 종교적이기 때문이다.

　여기서 확실한 것은 대학이 분명 어떤 이념이나 원리들에 의해 인도함을 받는다는 사실이다. 그렇다면 현대 인본주의 및 자유주의적 대학들의 기초를 형성하는 원리들이 무엇인가? 그것은 결국 과학과 대학에서 종교적 자율성을 가지고 있다고 보는 인간에 대한 확신이다. 인간의 자율성에 대한 믿음은 역사적으로 볼 때 다양한 형태로 나타났음을 반 리쎈은 지적한다. 가령, 데까르트(R. Descartes, 1596-1650)는 이것을 이성의 내적인 빛 또는 생득 관념(innate ideas) 그리고 방법적 회의라고 말했고, 흄(D. Hume, 1711-1776)은 인상들(impressions)의 확실한 기초라고 표현했으며, 훗설(E. Husserl, 1859-1938)은 환원적 방법으로, 딜타이(W. Dilthey, 1833-1911)는 역사적 방법, 논리실증주의에서는 검증의 원리, 선험 영역이란 동의어 반복이라는 말로 나타냈다는 것이다. 이렇게 학문에 대한 인간의 자율성을 신봉하는 세계관에 의해 자유주의적인 대학이 발생하였고, 이러한 과학적 탐구에 의해 발견된 법칙들을 진리로 받아들이게 되었다고 그는 분석한다. 그 결과, 보편타당한 진리에 대한 이념이 대학을 이끌고 가는 종교적 기본 동인이 되었고, 현대에는 교회보다 더 큰 영향력을 발휘하고 있다는 것이다.

하지만 반 리센은 이러한 관점은 성경적이 아니라 배교적 신앙의 열매이며 현대 대학과 학문을 지배하는 시대정신이라고 날카롭게 비판한다. 그 결과, 현대 사조는 점점 혼돈과 마비의 증세를 보이고 있다고 지적한다. 근대를 강력하게 이끌어오던 진보에 대한 확신도 흔들리기 시작했으며 따라서 과거에 가지고 있던 자존감도 상실하고 말았다고 본다. 현대의 대학은 과거처럼 전체적인 진리를 알 수 있다는 확신은 갖고 있지 않지만 최소한 부분적 진리는 발견할 수 있으며 그 진리는 힘이 된다는 것, 즉 학문의 자율성에 대한 믿음은 불변하다는 것이다. 따라서 종교로부터 독립한 학문만이 진정한 지식을 제공할 수 있으며 이 지식은 모든 사람들이 받아들여야 한다는 것이다. 그는 바로 여기에 자유주의적인 대학과 기독교 대학 간의 결정적 차이가 있다고 본다. 즉 둘 다 참되고 보편적인 지식을 가르친다고 주장하지만 전자는 자신이 또 다른 종교적 전제 위에 서 있다는 사실을 깨닫지 못하고 있다는 것이다.

반 리센은 앞서 언급한 시대정신에 비추어볼 때 기독교 대학은 자유주의적 대학을 신봉하는 사람들의 관점에서 보면 매우 비정상적이며 마치 나룻배로 나이아가라 폭포를 거슬러 올라가려고 시도하는 것처럼 어리석은 일처럼 보일 수 있음을 인정한다. 하지만 "땅과 그 안에 가득 찬 것이 모두 다 주님의 것, 온 누리와 그 안에 살고 있는 모든 것도 주님의 것(시 24:1)"이며 "먹든지 마시든지 무슨 일을 하든지 모든 것을 하나님의 영광을 위하여 하라(고전 10:31)"는 말씀에 기초하여 기독교 대학을 세워야 한다고 주장한다. 이런 기독교 대학이 가능하기 위해서는 무엇보다 성경에 그 기초를 놓아야 하며 나아가 우리의 삶 전체가 종교적임을 인정해야 한다고 반 리센은 강조한다. 즉 우리는 전적으로 하나님께 의존하는 존재이며 하나님은 우리의 모든 학문의 기원이신 동시에 주관자이시고 나아가 완성하시는 분이므로 학문과 대학의 모든 인간적 자율성은 결코 인정할 수 없다는 것이다. 따라서 기독교 대학이 가능하려면 교수와 직원 및 학생들이 그리스도 안에서 하나님과 언약적 교제를 나누어야 하며, 그렇게 할 때 진정 배움의 신앙 공동체가 가능하다고 반 리쎈은 강조한다. 왜냐하면 앞에서 밝힌 것처럼 이러한 공동체성이야말로 대학의 전제인데 인본주의적 대학에서는 이것을 유지하는 것이 거의 불가능하기 때문이다.

나아가 진정한 기독교적 자유란 그리스도 안에서 자유로운 동시에 그분에게 온전히 헌신함으로 인간의 자율성과 같은 우상으로부터 자유함을 의미한다. 이 자유는 우리로 하여금 창조의 종교적 의미에 대해 응답할 수 있게 해주며 학문이 자랄 수 있는 환경을 조성하여 학업에 올바른 관점을 제공하고 신앙과 학문이 대학과 함께 진정한 위치를 차지하는 동시에 창조와 통합될 수 있도록 해준다는 것이다. 이것이야말로 반 리쎈이 학문과 신앙의 통합 그리고 기독교 대학의 정체성을 종합적으로 요약한 가장 중요한 대목이라고 말할 수 있다. 반 리쎈은 결국 기독교 대학은 지성, 영성, 인성적 교양을 갖춘 인격자를 배양하는 곳인데 참된 지혜와 지식은 그리스도 안에 감추어져 있으며(골 2:3) 따라서 하나님의 형상을 회복하는 것이야말로 진정한 교양이라고 강조한다(골 3:10). 이러한 기독교 대학의 비밀은 하나님의 말씀인 성경이며, 하나님께서는 이 성경을 통해 대학 공동체에 말씀하시고 그 말씀에 청종하는 사람들에게 성령으로 역사하시며 인도하신다.

나아가 앞서 언급한 바와 같이 반 리쎈은 카이퍼에 전적으로 동의하면서 기독교 대학과 인본주의적인 대학 간에는 근본적이고도 영적인 대립이 있음을 다시금 강조한다. '영적 대립'이란 카이퍼가 하나님의 나라와 사탄의 나라

간에 화해할 수 없는 관계를 묘사하기 위해 만들어낸 용어로 이것은 기독교 대학이 만드는 것이 아니라 인본주의적 대학으로 인해 생겨나는 것이며 이것을 그는 하나의 영적전쟁으로 묘사하면서 이 과정에 여러 가지 어려움들이 발생할 수 있다고 말한다. 먼저 기존의 익숙한 길을 버리고 새로운 길을 선택한다는 것은 언제나 쉽지 않다. 즉 대부분의 대학들이 자유주의적인데 기독교 대학을 시도하는 것 자체가 쉬운 일이 아니라는 것이다. 둘째로 기독교 대학 및 학문을 한다는 것에 대해 기독 학자들 간에도 찬반 논란이 있다. 왜냐하면 기독 학자들도 무의식적으로 인본주의적 동인에 영향을 받는 경우가 있기 때문이다. 나아가 이러한 영적 대립이 구체적 삶의 현장에서는 혼합된 형태로 나타나 분별하기가 쉽지 않다.

그러면서 반 리센은 카이퍼의 일반은총론은 인정하지만 비기독인들의 단편적 진리는 인정할 수 있다는 의견에는 동의하지 않는다. 왜냐하면 진리란 전체적으로 보아야 하기 때문이며, 교회에 의해 중세의 종합적 시도로 설립된 대학들이 결국 현대 인본주의에 의해 정복되었고, 그 결과, 허무주의에 귀착하고 말았으며, 학문 공동체, 학문의 보편성, 지혜와 문화의 관점에 위기를 낳았다고 보기 때문이다. 따라서 기독교 대학을 설립하는 것은 오히려 이런 점에서 대단한 이점을 가지고 있다고 그는 주장한다.

나아가 반 리센은 다른 두 종류의 영적 대립이 존재한다고 말한다. 먼저 그리스도인들 내에도 기독교 대학에 대해 찬반 양론이 있을 수 있는데 이 양자 간의 대립을 그는 '제2의 대립'이라고 부른다. 여기서 반대하는 동기도 깊이 살펴보면 앞서 말한 대로 무의식적으로 인간의 '자율성'을 신봉하기 때문이라고 그는 진단한다. 또한 한 그리스도인의 마음에도 하나님을 향하는 마음과 세상을 향하는 마음 간에 대립이 있을 수 있는데 반 리센은 이것을 '제3

의 대립'이라고 한다. 이와 함께 그는 그리스도인들이 자칫 빠질 수 있는 이원론적 사고방식에 대해 경고한다. 즉 가정, 국가, 교육, 결혼 등은 일반 영역에, 종교는 신앙 영역에 속한다고 생각하면서 전자의 경우에는 신앙의 유무가 별로 중요하지 않다고 생각하는 오류이다. 하지만 이것은 중세적 접근 방식이며 자연의 자율성을 인정하는 것이 된다. 그 대신 반 리센은 창조에서 하나님의 주권과 선하신 의지를 강조하는 동시에 모든 형태의 인간적 자율성은 배제한다. 그러면서 기독교 대학의 한 구체적인 예로 1880년에 카이퍼가 설립한 암스테르담의 자유대학교에 대해 설명한다. 먼저 그 배경을 보면 불란서 혁명 이후 네덜란드의 대학들은 완전히 정부의 통제 하에 들어가 재정, 인사 등 모든 면에서 독립성을 상실했지만 헌법이 개정되면서 새로운 대학교를 설립할 수 있는 가능성이 열렸다. 그러나 아직 재정적인 부분이 공평하지 못해 처음에는 개혁교회 및 개인들의 후원에 의존했는데 나중에 카이퍼가 수상이 되면서 다른 국립 대학교들과의 차별을 없애고 모든 면에서 공평하게 지원하는 법안이 1905년에 통과되었다.

당시의 시대정신으로는 꽁뜨(A Comte, 1798-1857)에 의해 대표되는 인본주의적 실증주의가 대학을 지배하고 있었다. 이 사상에 의하면 고대 사회는 신앙 또는 신화가 중심적 역할을 했다가 형이상학 및 사변의 시대로 발전한 후 근대 사회는 실증적인 사실 및 과학의 힘으로 현실을 통제할 수 있다고 믿는 시대가 되었다는 것이다. 또한 진화에 대한 믿음이 더해지면서 종교는 하나의 허구로 간주되었고 과학을 통해 인류는 더욱 진보할 수 있다는 확신을 갖게 되었다. 이러한 인본주의는 정치적 자유주의를 낳아 개인은 사회에서 절대적 자유를 가져야 하며 국가는 중립적인 위치에서 모든 사람을 공평하게 대우해야 한다고 주장했다. 이러한 중립적 태도가 대학에도 들어와 모든 학문도 중립적이어야 한다는 생각이 팽배하게 되어 국가가 대학을 통제하면서 대학 및 학문도 동일하게 자율적이고 중립적이어야 한다고 생각하게 된 것이다. 하지만 반 리센은 이러한 관점 자체가 치우친 생각이며 전혀 중립적이지 않다고 분명하게 비판한다. 즉 이 정치적 자유주의 또한 인간의 절대 자유를 믿는 것도 하나의 종교적 전제이며 따라서 인간 이성의 자율성 및 과학적 진리의 우월성에 대한 신앙이 과학과 대학의 중립성을 가능케 하는 기반이었다는 것이다.

당시에 이 사실을 명확하게 통찰하는 사람은 그리 많지 않았다. 그 결과 1876년에 법이 개정되면서 레이든대학교의 신학부는 종교학부로 바뀌게 되었고, 개혁주의적 원칙을 견지하던 빌더다이크(W. Bilderdijk, 1756-1831), 다 코스타(I. da Costa, 1798-1860) 및 흐룬 반 프린스터러(G. Groen van Prinsterer, 1801-1876) 등은 더이상 교수로 임명되지 않았다. 이 사실을 분명히 보았던 카이퍼는 1880년 자유대학교를 설립하여 학문과 신앙이 통합된 진정한 기독교 대학으로 세속화된 학문의 영역과 대학을 올바로 개혁하려 했다. 그는 모든 학문과 삶의 영역에 하나님의 주권이 실현되어야 함을 강조했다. 그렇게 하기 위해서는 모든 학문 및 삶의 분야가 그리스도의 빛과 성령의 조명을 받아야 함을 강조했다. 자유대학교 개교 연설에서 그는 이러한 사상을 담은 유명한 영역 주권 이론을 천명하였고, 이것이야말로 진정 자유로운 기독교 대학의 기초가 됨을 강조했다. 즉 대학은 결코 교회나 국가의 간섭을 받아서는 안 되며 독립적이고도 자체적인 원리에 의해 학문활동을 해야 한다는 것이다. 그 결과 자유주의화된 네덜란드의 개혁교회를 개혁하기 위해 카이퍼가 주도한 애통(Doleantie)이라고 하는 교회의 분열도 불가피했으나 그럼에도 불구하고 레이든대학이 겪어야 했던 세속화는 막을 수 있었다고 반 리센은 본다.

4. 암스테르담 자유대학교의 변화 및 한국 상황에 대한 적용

카이퍼가 분명한 기독교 대학의 비전을 가지고 설립했고, 도여베르트와 볼렌호븐이 이를 더욱 기독교 철학적으로 발전시켰으며, 반 리센도 이들을 계승하는 동시에 나름대로 학문적으로 기여했던 암스테르담의 자유대학교도 1980년대에 들어와 변하기 시작했다. 즉 정부의 재정 지원을 받아 운영하기 시작하면서 그 원래적 비전과 이념을 서서히 상실하여 기독교 대학의 정체성이 상당히 수정되었다. 기독교 대학의 사명에 대해 모든 교수들이 서명해야 교수직에 임명되었으나 그러한 조항마저 선택 사항이 되었고, 급기야 모슬렘을 포함한 모든 종류의 학생들에게 문호가 개방되고 대형화되면서 기독교적 공동체성이 점차적으로 상실되었고, 심지어 최근에는 이슬람의 이맘까지도 연구원으로 임명되는 등 반 리센이 염려했던 세속화의 길을 걷고 있다. 즉 국가의 지원 및 간섭, 교수진들의 학문과 신앙을 통합하려는 노력의 감소 그리고 다양한 배경을 가진 학생들이 들어오면서 자유대학교는 기독교 대학의 정체성을 이상적으로는 유지하려 하지만 현실적으로는 괴리감을 느끼지 않을 수 없는 상황이 된 것이다. 반 리센도 은퇴 후 이러한 현상을 보았을 것이지만 아쉽게도 이 부분에 대해 그가 남긴 학술적인 저술은 찾아볼 수 없다. 이 부분은 그의 한계라고 지적해야 할 것이다.

한국의 많은 기독교 대학들도 이와 같이 세속화되고 있는 경우들이 적지 않다. 그 원인은 여러 가지가 있을 수 있으나 앞에서 언급한 가장 중요한 가치들, 즉 학문과 신앙의 통합 및 기독교 대학의 정체성과 비전을 구체적인 운영 과정에서 지키려고 하는 노력이 여러 가지 현실적 장벽들에 부딪히면서 타협되었기 때문으로 분석된다. 결국 이러한 문제점들을 해결하기 위해서는 보다 근본적인 출발점으로 다시 돌아가 철저히 반성하고 학문과 신앙을 통합함으로 새롭게 개혁해 나가는 방법밖에는 없을 것이다.

IV. 결론

왜 전 세계에 많은 기독교 대학들이 세워졌지만 대부분 시간이 지나며 그 정체성을 상실하고 있는가? 그 정체성을 잃지 않기 위해 지켜야 할 가장 중요한 핵심 가치는 무엇인가? 본고는 이 주제에 대해 깊이 연구했던 네덜란드의 기독교 철학자 반 리센의 학문과 신앙 그리고 기독교 대학에 관한 관점을 고찰했다. 그는 카이퍼와 볼렌호븐 그리고 도여베르트의 사상을 이어받은 동시에 좀더 발전시켰다고 말할 수 있다. 학문과 신앙과의 관계도 이들이 발전시킨 사상에 근거를 두어 학문이 신앙과 무관할 수 없음을 설득력 있게 보여 주었으며 나아가 통합되어야 함을 주장하였다.

기독교 대학에 대한 반 리센의 기본 사상은 카이퍼의 영역 주권론이 그 근간을 이룬다. 인간의 자율성에 기반을 둔 대학은 세속화될 수밖에 없지만 기독교 대학은 학문과 신앙 그리고 전체적인 삶이 통합된 유기적 공동체로서 진리를 탐구하고 학생들을 훈련시켜 세상의 빛과 소금이 되는 하나님의 나라에 필요한 인재들을 양성하는 것이 매우 중요한 사명임을 그는 강조한다. 이를 위해서는 결국 하나님 앞에서 우리가 받은 소명과 그에 대한 온전한 순종이 가장 중요하다고 본다. 왜냐하면 기독교 대학의 궁극적인 성패는 각 그리스도인의 중심에 달려 있기 때문이다. 그는 기독교 대학이 세속화되는 것은 지극히 작은 분야에서 시작될 수 있다고 본다. 따라서 기독교 대학이 세상과 타협해서도 안 되지만 세상으로부터 고립되는 것 또한 위험하다. 또한 기독 지성인은 엘리트 의식을 가지지 않도록 조심해야 한다고 말한다. 반대로 기독교 대학이기에 받을 수 있는 어떤 종류의 비판이나 심지어 경멸도 능히 감내할 수 있는 준비가 되어 있어야 할 것이다.

결론적으로 기독 학자는 하나의 '순례자'임을 지적한 반 리셴의 통찰에 필자는 동의한다. 기독 학자들은 상황이 아무리 어려워도 학문활동에서 믿음으로 그리스도를 따라가야 한다. 앞서 가신 그분을 바라보며 자기를 부인하고 학문의 주인이신 그리스도를 철저히 섬기면서 자기에게 주어진 십자가를 지고 거칠고도 좁은 길을 묵묵히 갈 수 있어야 할 것이다. 이미 임한, 그러나 아직 완성되지 않은 하나님 나라에 대한 종말론적 긴장을 풀지 않고 학문활동에 진지하게 임할 때 기독교 대학은 성공할 수 있을 것이다.

따라서 반 리셴도 강조했듯이 기독교 대학이 성공하기 위해서는 하나님의 말씀에 붙잡힌 바 되어야 한다. 기독교 대학과 학문의 미래는 이 일을 시작하시고 이루시며 완성하실 분인, 만유의 주재가 되시는 주님에게 달려 있다. 그러므로 우리는 그분을 온전히 신뢰하면서 그 말씀 앞에 엎드려야 한다(전 12:13). 이러한 반 리셴의 사상은 사도 바울이 밝힌 다음과 같은 비전을 구체화한 것으로 보인다. "우리 모두가 하나님의 아들을 믿는 일과 아는 일에 하나가 되고 온전한 사람이 되어서 그리스도의 충만하심의 경지에까지 다다르게 됩니다(엡 4:13)." 즉 기독 학자들의 신앙과 학문 그리고 삶이 온전히 하나 되어 학생들에게 본을 보일 때 그 진정성(authenticity)과 신뢰성(integrity)을 인정받게 될 것이다.

이제 정부의 간섭, 지나치게 많은 대학들 간의 경쟁 및 생존을 위한 노력들, 대학의 경영을 위한 상업주의적 대형화로 인한 공동체성 상실 및 인본주의적 학문관과의 타협 등으로 점점 더 세속화되는 한국의 많은 기독교 대학들도 다시금 반 리셴의 선지자적이며 학자적인 외침에 경청해야 한다. 그리고 지속적이면서도 새로운 개혁을 통해 그 기독교적 정체성을 회복하여 본래적 사명을 충실하게 감당해 나가야 할 것이다.

[참고문헌]

최용준. "아브라함 카이퍼의 교회관". 「신앙과 학문」 17/2 (2012), 229-254.

_____. "디르크 볼렌호븐의 생애와 사상". 「기독교 철학」, 2008, Nr. 6. 105-131.

_____. "헤르만 도여베르트: 변혁적 철학으로서의 기독교 철학의 성격을 확립한 철학자". 손봉호 외. 「하나님을 사랑한 철학자 9인」, 서울: IVP, 2005.

Blokhuis, P. e.a. (red.). *Wetenschap, Wijsheid, Filosoferen. Opstellen aangeboden aan Hendrik van Riessen bij zijn afscheid als hoogleraar in de wijsbegeerte aan de Vrije Universiteit te Amsterdam*, Assen: Van Gorcum, 1981.

Dooyeweerd, Herman. *In the Twilight of Western Thought: Studies in the Pretended Autonomy of Philosophical Thought.* Nutley, NJ: The Craig Press, 1980.

_____. *A New Critique of Theoretical Thought.* Philadelphia: The Presbyterian and Reformed Publishing Company. 1953-58

_____. *Reformatie en Scholastiek in de Wijsbegeerte.* Franeker: T. Wever, 1949.

_____. *Wijsbegeerte der Wetsidee.* Amsterdam: H. J. Paris, 1935-36.

Kuyper, Abraham. *Lectures on Calvinism.* Grand Rapids, MI: Eerdmans, 1931.

_____. *Souvereiniteit in eigen kring.* Amterdam: Kruyt, 1880.

Lewis, R. Harry. *Excellence without a soul: How a Great University Forgot Education.* New York, NY: Public Affairs, 2006.

Van Riessen, Hendrik. *The University and its basis: Studies in Christian Higher Education, number 1.* The ACHEA Press, 1997. Revised and edited by Keith Sewell for The Association for Christian Higher Education in Australia, Inc.

_____. *Hoe is wetenschap mogelijk?* afscheidscollege Vrije Universiteit, 1981.

_____. *Wat is filosoferen?* afscheidscollege Technische Hogeschool Delft, Delftse Universitaire Pers, 1974.

_____. *De maatschappij der toekomst.* Franeker: T. Wever, 1973.

_____. *Wijsbegeerte.* Kampen: J. H. Kok, 1970.

_____. *Mondigheid en de machten.* Amsterdam: Buijten & Schipper-heijn, 1967.

_____. *The Society of the Future.* Philadlphia: P&R, 1957.

_____. *ilosofie en Techniek.* Kampen: J. H. Kok, 1949.

홈페이지 자료

Http://www.freewebs.com/vanriessen/index.htm

문화에 대한 기독교적 반성[1]

I. 서론 : 문제의 제기

문화는 전형적으로 인간적인 현상이다. 식물이나 동물세계에는 문화가 없다. 오직 인간만이 문화를 창조하고 발전시킬 수 있는 능력을 가지고 있다. 그러나 인간의 삶은 문화의 영향을 받기도 한다. 우리는 어떤 특정한 문화권 내에 태어나 그 문화의 영향을 받으며 성장하고, 동시에 타문화와의 접촉을 통해 문화의 변동을 경험하기도 하고, 우리 자신의 창조적 능력에 의해 우리의 고유 문화를 변경시킬 수도 있다. 요컨대, 인간의 삶은 문화에 의해 특징지어진다고 할 수 있다.

그렇다면 문화란 도대체 무엇인가? 광범위하게 말한다면 문화란 인간활동의 총체요, 그 활동의 산물들을 포함하는 것이라고 정의할 수 있을 것이다. 문화란 하나의 삶의 방식이요, 주위 환경과의 상호작용을 통해 발전된 라이프 스타일이라고 말할 수 있다. 다른 말로 한다면, 문화란 자연 및 사회 환경

---

1 본고는 1993년 「목회와 신학」 12월호에 실렸던 것을 다시 다듬은 것이다.

에 대한 인간의 반응으로 형성된다고 볼 수 있다. 따라서 문화는 정적인 것이 아니라 '동적'인 역사적 과정이며, 이 과정은 인간의 삶을 보다 향상시키고, 풍요롭게 하기 위한 것이라고 할 수 있다.

　문화가 발전되는 방식은 다양하다. 그러므로 문화에는 다양성이 있다. 서양문화는 동양문화와 다르다. 그리고 동양문화 내에서도 한국문화는 일본문화와 같지 않다. 더 나아가 한국문화 자체도 역사적으로 많은 변천을 겪었으며, 현대 한국문화 내에도 청소년 문화 등과 같은 다양한 하부문화(subculture)가 있다. 이런 점에서 어떤 학자들은 문화적 다양성 내지 상이성이 '문화적 상대주의'를 의미한다고 주장한다. 다시 말해서, 문화의 다양성이란 결국 각 문화가 서로 상대적임을 암시할 수밖에 없다는 것이다. 즉 어떤 한 특정한 문화가 다른 모든 문화들을 평가할 수 있는 기준이 될 수는 없다는 것이며, 한 문화의 규범체계나 가치체계가 타문화의 그것들을 판단할 수 있는 객관적인 기준이 될 수 없다는 것이다. 한 문화의 규범들은 그 문화 내에서만 적용되며, 문화가 시대적으로나 장소적으로 변할수록 그 규범체계도 변한다는 것이다. 그러나 과연 문화의 다양성을 문화 상대주의와 동일시할 수 있을 것인가?

　문화 상대주의와 밀접하게 관련된 또 하나의 문제는 문화의 발전에 관한 것으로서, '원시'문화와 '현대'문화의 관계가 어떠한가 하는 것이다. 전통적인 입장은 '원시'문화가 '현대'문화보다 열등하다고 생각해 왔는데 이것은 단지 전자를 후자의 기준에서 보았기 때문이었다. 그러나 이러한 견해는 최근 일련의 문화인류학적 연구에 의해 각 '원시'문화의 가치체계, 행위 유형 및 사회체제가 현대사회 못지않게 복잡하다고 하는 강력한 비판을 받았다. 우리가 우리 입장에서 볼 때 열등하다고 느껴지는 문화가 그 문화 안에 있는 사람들에게는 전혀 그렇게 느껴지지 않을 수도 있는 것이다. 그러므로 우리는 어떤 문화도 과소평가하거나 무시해서는 안 되며, 우리의 기준으로 타문화를 쉽게 원시적 혹은 저급한 문화라고 간주해서는 안 된다는 것이다. 그렇다면 우리는 문화의 '발전'을 어떻게 이해해야 할 것인가?

이상의 논의는 다시금 다음과 같은 문제를 제기한다: 즉 왜 서양문화가 일반적으로 물질적인 풍요, 과학 기술적 진보 및 군사력에 있어 세계를 지배한다고 여겨지는가 하는 것이다. 무엇이 현대 서양문화를 동양 및 '원시'문화와 다르게 만들었는가? 이러한 차이를 설명할 만한 깊은 동인(motive)이 현대 서양문화에 있는가? 한 문화가 가지고 있는 세계관이 그 문화의 발전에 어느 정도로 영향을 미치는가? 한 문화를 구성하는 사람들이 가지고 있는 종교적 확신이 그 문화의 개현(disclosure)에 어느 정도로 형성력을 가지고 있는가? 예를 들어, 서구 사회에서 기독교와 인본주의(humanism) 양자 모두가 서양문화의 발전에 중요한 역할을 하였음은 주지의 사실이다. 그렇다면 이 두 요소가 현대에서 서양문화를 지배적인 문화로 만들었다고 할 수 있는가?

만일 기독교가 서양문화의 발전에 중요한 역할을 하였다면 서양문화를 기독교 문화라고 간주할 수 있는가? 반드시 그렇지는 않다. 왜냐하면 바로 위에서 언급한 바와 같이 인본주의 문화 역시 서양문화의 발전에 적지 않은 영향을 끼쳤기 때문이다. 그렇다면 기독교 문화란 무엇인가? 문화와 기독교의 관계는 무엇인가? 기독교의 세계관을 구성하는 네 가지 요소, 즉 창조, 타락, 구속 그리고 최후의 완성과 문화는 어떤 관련이 있는가?

만약 한 문화가 그 문화의 종교적 세계관에 많은 영향을 받는다면, 기독교적 세계관의 영향을 받은 문화는 필연적으로 다른 세계관을 가진 문화와 갈등 또는 긴장관계에 서게 될 것이다. 그 양자 간의 충돌 또는 대면(confrontation)은 불가피하다. 그렇다면 이러한 긴장관계는 어떻게 해결될 수 있는가? 본고에서는 이러한 문제들을 기독교적 세계관의 입장에서 다루어보고자 한다.

II. 문화의 개념

위에서 필자는 문화를 '인간활동의 총체 및 그 활동의 산물이며, 주위 환경과의 상호작용을 통해 발전된 삶의 양식 또는 라이프 스타일 그리고 인간의 삶을 향상시키고 풍요롭게 만들기 위한 역사적이고 동적인 과정'이라고 잠정적인 정의를 내려보았다. 원래 문화라는 단어는 라틴어 "cultus" 및 "cultura"라는 명사와 "colo" 또는 "colere"라는 동사에서 나왔는데 어원적으로 '경작하다, 돌보다, 장식하다, 거주하다, 예배하다' 등의 의미를 지니고 있다.

화란의 저명한 철학자였던 반 퍼슨(C.A. van Peursen) 교수는 그의 여러 저작들을 통해 문화에 대한 통찰력 있는 관점들을 제시하고 있어 간략히 소개하고자 한다.

먼저 그는 문화의 개념을 크게 두 가지, 즉 광의의 개념과 협의의 개념으로 나누고 있다. 협의의 개념은 문화를 단지 인간의 정신적 산물로만 이해한다. 따라서 먹고, 자고, 걷고, 자전거를 타는 등의 육체적인 활동은 문화의 영역이 아니라고 본다. 문화란 예술, 철학, 과학, 윤리, 정치 및 종교와 같은 영적이고 정신적인 것만을 의미한다고 생각하는 것이다. 그러나 이러한 관점은 쉽게 엘리트적 문화우월주의에 빠져 다른 문화들을 무시하기 쉽다. 예를 들면 희랍인들이 자신들의 문화 이외의 것은 모두 야만적이라고 생각한 것이나 동양의 중화 사상(Sinocentrism) 등이 이에 속한다. 그러나 최근의 문화 개념은 보다 광의의 개념을 선호하고 있는데 이는 위에서 언급한 바와 같이 보다 많은 소위 '원시'문화와의 접촉을 통한 연구결과이다. 이 관점은 전통적인 '문화인'/'야만인'의 도식을 과감히 깨뜨리고 '원시' 문화 내에도 풍부한 인간의 문화 활동이 있음을 인정하는 입장이다.

반 퍼슨 교수는 이러한 광범위한 문화 이해를 바탕으로 문화는 한마디로 '자연에 대한 개발(transforming nature)'이라고 설명한다. 즉 인간은 동물과는 달리 자연을 객관화하고 연구대상으로 삼아 이를 변화, 발전시킨다는 것이다. 따라서 문화발전과정은 한마디로 자연을 정복하는 과정이라고 말할 수 있다고 본다. 물론 이 견해는 자연과 무관한 인간의 정신적 문화활동-예술, 철학 등-을 간과한다는 점에서 약점이 있다.

문화의 다양성과 관련해 그는 문화를 하나의 현실에 대한 '관점(perspective)'으로 이해한다. 각 문화는 하나의 안경과 같고, 인간은 그것을 통해 자신의 환경을 이해하고 경험한다는 것이다. 에스키모의 눈(snow)에 대한 관점과 이해는 서울 사람들의 그것과는 다르다는 말이다. 여기서 관점이란 다른 말로 '세계관'이라고 할 수도 있을 것이다. 이러한 관점 또는 세계관은 부단히 변화한다. 그래서 그는 문화가 명사가 아니라 '복수형의 동사'라고 표현한다. 즉 문화란 단지 박물관의 전시품들처럼 화석화된 것이 아니라 여러 계층의 사람들에 의한 협동적 활동이라는 말이다. 이러한 문화의 동적인 변화 과정을 그는 '개현과정(the process of opening)'이라고 부른다. 자연에 잠재된 것들이 인간의 유익을 위해 개발되므로 그는 문화를 '세계의 개현(wereldontsluiting: opening up of the world)'이라고도 한다.

또한 그는 이러한 문화의 변화 및 개현과정을 인간이 부단히 변화하는 주위 환경에 대해 적응하기 위한 하나의 '전략(strategy)'이라고 이해한다. 그리고 이러한 전략은 궁극적으로 삶의 의미에 대한 탐구까지도 포함한다. 이와 관련하여 반 퍼슨 교수는 문화를 하나의 '학습과정(learning process)'으로 본다. 예를 들면, 예술 영역에서 인간은 새로운 형태의 표현을 위해 끊임없이 노력하고 종교의 영역에서는 여러 가지 상징들과 의례를 통해 신적 존재와의 접촉을 시도하며, 기술의 경우도 새로운 도전과 요구에 맞춰 부단히 개발된다는 것이다.

또한 그는 인간의 전략과 변화하는 상황 간의 계속적인 상호작용을 강조하기 위해 문화를 하나의 '오픈 시스템'으로 설명한다. 즉 그것은 주위 상황과는 구별되지만 동시에 그것과 연속적인 상호작용을 갖는 구조를 뜻한다. 이는 인간의 문화가 반성, 토론이 가능하며, 필요 시 변경, 발전 또는 심지어 파괴도 가능하다는 의미일 것이다.

그리고 반 퍼슨 교수는 인간의 문화활동에 대한 역할에 있어 동물의 제한성과 비교해 인간의 자유 및 책임성을 강조한다. 자연세계는 닫혀져 있으나 인간의 문화세계는 항상 열려 있다. 문화의 창조 및 발전을 통해 인간은 역사를 만들어 나간다. 이런 의미에서 인간은 본질적으로 가능성의 존재라고 말할 수 있다. 이러한 가능성은 긍정적으로 실현될 수도 있고 부정적으로 나타날 수도 있는데 인간은 자유롭게 선택할 수 있으나 그 결과에 대해서는 책임을 져야 한다는 것이다.

마지막으로 문화의 인간적인 성격과 관련하여, 반 퍼슨 교수는 문화에는 '신적 영역(the zone of the divine)'이 있다고 말한다. 문화를 통해 인간은 절대자 또는 무한자를 추구함으로 인간의 문화활동에는 '초월' 내지 '영원'에 대한 관심이 있다고 볼 수 있다. 즉 문화의 궁극적 관심은 종교적이라는 말이다. 여기서 반 퍼슨 교수는 문화의 애매성(ambiguity)을 언급하는데 이는 타락한 인간이 신적 존재를 추구하나 영적인 눈이 어두워 기껏해야 '알지 못하는 신'밖에 모른다는 것이다.

화란의 기독교 철학자 도여베르트(H. Dooyeweerd)는 문화를 크게 두 가지 관점에서 보았는데, 하나는 개별적이고 구체적인 현상으로(예 : 정치 문화, 과학 문명, 예술 문화, 교회 문화 등), 다른 하나는 현실의 한 국면 내지는 양상(modal aspect)으로 본 것이다. 특히 후자에서 그는 문화적 양상을 역사적 양상과 동일시하면서 그 핵심적 요소는 '형성력(formative power)'이라고 설명한다. 즉 문화란 주어진 재료를 사용하여 인간이 자유로운 통제 및 형성을 통해 산출하는 모든 활동이라는 것이다. 여기서 도여베르트는 문화적 활동이 창조 규범을 따라 행해야 할 하나의 '사명(task, Aufgabe)'임을 강조한다. 문화적 대리인(agent)으로서 인간은 규범적 원리, 즉 하나님의 영광과 이웃사랑을 위한 문화 활동을 해야 한다는 것이다.

문화의 개념을 고찰함에 있어서 마지막으로 언급해야 할 점은 문화의 '응답성(responsive character)'이다. 즉 문화란 발전을 위한 규범적 원리를 제정해 주신 하나님께 대한 인간의 반응이라는 말이다. 인간의 세계관 및 삶 전체가 사실은 하나님을 향한 하나의 응답이라고 할 수 있다. 그래서 화란 자유대학교의 철학 교수였던 헤르쯔마(H. Geertsema) 박사는 인간 됨의 의미를 'homo respondens(응답적 존재)'라고 말한 바 있다.[2]

Ⅲ. 문화 상대주의 및 민족 중심주의

서론에서 살펴본 바와 같이 문화의 다양성은 "문화 상대주의 및 민족 중심

---

2 최용준, 『응답하는 인간』 서울: SFC, 2008 참조.

주의(ethnocentrism)를 어떻게 이해해야 하는가?"라는 질문을 제기한다. 전통적으로는 보편주의적 입장, 즉 상이한 문화의 배경에는 문화 상호간의 비교, 평가 및 상호작용을 가능하게 하는 공통적인 보편성이 기저에 깔려 있다고 보는 입장이 우세했다. 반 퍼슨 교수는 보편주의적 입장이 그동안 서구 사상의 주류를 이루었으며 종종 그것은 계몽주의에 의해 발전된 합리성 및 진보이념과 밀접하게 관련되면서 민족 중심주의 그리고 특히 19세기 후반기에 문화진화론(cultural evolutionism : 인간의 역사는 긴 발전과정 안에 포함되어 있다는 주장)의 영향을 받아 유럽 중심주의(eurocentrism)의 성격을 띠어 왔다고 분석한다. 그 예로 그는 헤겔(Georg Wilhelm Friedrich Hegel), 마르크스(Karl Heinrich Marx) 등에 의해 주장된 변증법적 철학, 하버마스(Jurgen Habermas)의 비판 이론, 꽁뜨(Auguste Comte)의 실증주의, 파슨즈(Talcott Parsons)의 기능주의 사회 이론 그리고 포퍼(Karl Raimund Popper)의 비판적 합리주의 등을 들고 있다.

그러나 앞에서 본 바와 같이 최근의 문화인류학자들에 의한 '원시'문화의 재발견으로 말미암아 '다원주의적' 입장, 즉 문화의 다양성을 더욱 인정하는 견해가 지배적이 되었다. '원시' 문화도 현대문화 못지않게 그 나름대로 복잡한 가치체계, 행동유형 그리고 사회질서 유지를 위한 제도를 가지고 있다는 것이다. 이러한 입장은 문화의 발전 또는 진보에 대한 전통적 이해에 의문을 제기하게 되었고, 그동안 원시문화를 열등한 것으로 간주해 온 보편주의적 입장에 강력한 도전이 되었다.

그러나 다른 한편 우리가 문화 상대주의를 수용할 경우, 이것은 쉽게 '윤리적 상대주의'로 빠질 위험이 있다. 왜냐하면 각 문화는 그 나름의 규범과 가치체계를 가지기 때문이다. 문화적 다양성은 현상에 대한 기술이지만 문화적 상대주의는 가치판단, 즉 각 문화는 상대적이며, 또 그렇게 인정되어야 한다는 주장을 의미한다. 예를 들어, 어떤 문화는 식인종의 문화(cannibalism)이고 다른 문화는 그렇지 않다고 말하는 것은 단지 문화적 차이를 서술하는 것이다. 그러나 문화 상대주의는 한걸음 더 나아가 식인 문화 자체를 그 문화 내에서는 허용해야 한다는 것이다. 이러한 문화 상대주의는 그 설득력을 잃고 있다. 각 문화 나름의 가치기준과 규범을 존중할 경우, 문화 간의 비교 및 평가가 방법론적으로 불가능해질 뿐만 아니라 문화 간의 커뮤니케이션이나 협력도 불가능해지므로 실제적으로도 수용할 수 없는 입장이기 때문이다. 따라서 문제는 결국 각 문화의 특수성을 인정하면서도 어떻게 문화 상대주의에 빠지지 않을 수 있는가 하는 점이다.

그렇다면 문화의 보편적 본질을 파악할 기준을 각 문화현상 내에서 발견할 수 있는가? 여기에 대해서는 우리가 문화의 보편성을 찾으려면 각 문화의 특수성에서 출발해야 한다고 주장한 훗설(E. Husserl)에 공감이 간다. 문화의 보편성은 진공상태에 있는 것이 아니라 주어진 각 문화 내에 있기 때문이다. 『그리스도와 문화』를 쓴 리차드 니버(Richard H. Niebuhr)도 같은 의견을 가지고 있다. 이것은 성경과 문화와의 관계를 살펴보면 더 잘 이해할 수 있다. 즉 보편적 메시지를 담고 있는 성경도 특수한 문화권 내에서 특정한 언어로 쓰여졌다. 그러나 이 보편적 메시지는 지금까지 계속되어 온 성경 번역 선교를 통해 다양한 문화권으로 침투하여 그 문화를 변혁시키고 있다. 이것은 항상 아랍어로 읽어야만 하는 코란과는 대조를 이룬다.

하나님께서는 인간에게 말씀하실 때 특정한 방법으로 특정한 사람들에게 말씀하셨다. 하지만 역설적으로 이 특수성 안에 하나님의 무소부재하심과 전능하신 활동이 암시되어 있다. 하나님의 말씀은 그 특수성 안에 매이지 않는다. 그분은 절대적으로 자유하고 초월적이다. 하나님께서 자신을 계시하실 때에도 자신의 전체를 드러내시지는 않는다. 특정한 시간과 공간 내에서 가장 적절하게 계시하신다. 예를 들어, 소돔과 고모라에 대해서는 심판주로, 모세에게는 불타는 가시덤불로, 여호수아에게는 싸우는 전사(Warrior)로, 다윗에게는 선한 목자로, 솔로몬에게는 왕 중 왕으로, 엘리야에게는 세미한 음성 가운데, 호세아에게는 이스라엘의 남편으로, 탕자에게는 자비로운 아버지로 나타나신다. 이런 의미에서 중국의 신학자 장시종(Zhang Shi Chong) 교수는 "일반계시는 각 문화의 특수성으로 구성되며, 특별계시는 기독교 복음의 일반적이고 보편적인 성격을 지닌다."라고 말했다.

요컨대 문화 상대주의와 문화 보편주의 그리고 이와 연결된 민족 중심주의 간의 딜레마를 극복하는 길은 각 문화의 특수성 및 그 안에 있는 보편적 구조(예 : 다스림, 정복, 땅에 충만함, 노동함, 돌봄 등)를 동시에 인정하는 것이다. 각 문화는 이 공통적이고 보편적인 구조를 그 특정한 상황 내에 구현(positivization)한 것이라고 볼 수 있기 때문이다.

IV. 문화의 발전

원시문화에서 현대문화로의 발전에 관해서는 이미 원시문화에 대한 새로운 인식이 있음을 언급했다. 각 민족이 아무리 원시적으로 보일지라도 그 나름의 복잡한 문화체계를 가지고 있다면 현대문화와의 차이점은 어떻게 설명해야 할 것인가 하는 것이다. 이 문제에 대해서는 비록 약점이 없지는 않지만 도여베르트의 '문화 개현 이론'이 기독교적인 깊은 통찰력을 보여 주고 있다. 그에 의하면 '개현과정'이라는 일반적으로 닫혀진 상태에서 열려진 상태로 발전해 나가는 것을 의미한다. 모든 시간내적 실재(temporal reality)는 이 과정 안에 있으며, 인간은 소위 '문화명령'을 받아 창조세계 내의 모든 잠재력을 개현시켜야 할 소명을 받았다. 이러한 개현과정은 개체 구조 및 양상 구조 모두에 일어난다. 개체 구조의 개현이란 개별적인 사물의 발전을 의미하는 것으로 식물의 성장이나 아기가 자라 어른이 되는 것 또는 한 사회가 점점 분화되고 전문화되는 구조로 발전하는 것 등을 예로 들 수 있다. 양상 구조의 개현이란 각각의 양상 또는 국면(도여베르트는 실재의 다양성을 15개의 양상-수적, 공간적, 운동적, 물리적, 생물적, 감각(심리)적, 분석(논리)적, 역사(문화)적, 언어적, 사회적, 경제적, 미적, 법적, 윤리적 그리고 신앙적-으로 나누고 있다.)이 상호간의 영역 보편성(각 양상이 다른 양상을 회기 또는 예기하는 성질)에 의해 그 의미가 심화되고 개현되는 것을 뜻하는데, 예를 들면, 공의로 재판하는 경우에도 윤리적 측면을 고려하여 '정상참작'을 하게 된다. 여기서 도여베르트가 특히 강조하는 점은 '규범적'인 양상(역사-문화적 양상에서 신앙적 양상까지)의 개현과정이다. 그는 역사-문화적 양상 이후의 모든 양상은 '규범적'이라고 부르는데, 그것은 그 법칙적인 면이 인격적인 인간에 의해 실현(positivize)되어야 하고, 따라서 위반될 수도 있다는 의미이다. 다시 말하면 각 규범적 양상마다 법칙면이 있는데 이것은 하나의 '규제적(regulative)' 원리로 주어졌고 인간의 형성(formation)은 '구성적(constitutive)' 역할을 한다는 말이다. 이것은 규범적 양상의 개현은 인간에게 주어진 하나의 사명(task)이라는 의미와 같다. 규범적 원리에 대한 인간의 실증화(positivization)는 결국 역사적 양상으로 일어나므로 도여베르트는 이 양상을 문화적 개현의 기초적 양상으로 부른다.

이러한 개현과정을 두 가지 관점에서 분석할 수 있는데 하나는 시간의 '선험적(transcendental)' 방향이고, 또 하나는 시간의 '기초적(foundational)' 방향이다. 도여베르트는 시간이야말로 실재의 다양성을 보여 주는 15가지 양상을 연결(cohere)해 주는 것이라고 보는데, 전자는 신앙적 양상에서 그 앞의 양상 쪽으로 나아가는 것을 말하며, 후자는 그 반대방향을 말한다. 전자의 관점에서 보면 앞쪽의 양상들이 뒤에 오는 양상들에 의해 그 예기적 모멘트가 개현되는데 이렇게 되면 결국 마지막 양상인 신앙적 양상 자체도 개현되어야 한다. 따라서 개현과정은 궁극적으로 신앙적 양상에 의해 인도되며 이 양상에서 개현은 시간의 경계를 넘어 의미(시간내적 실재의 의존성, 피조성 및 비충족성을 강조하기 위한 도여베르트의 용어)의 총체성(meaning totality) 및 만유의 근원(Origin)을 지향하게 된다는 것이다. 그리고 시간의 기초적 방향으로 본다면, 한 양상의 개현은 그 이전 양상의 개현을 전제로 한다고 볼 수 있다. 요컨대, 규범적 개현과정에 있어 역사적 양상은 '기초적' 기능을, 신앙적 양상은 '인도적' 기능을 한다고 말할 수 있다. 여기서 도여베르트는 바로 이 신앙적 양상은 '종교적 기본 동인(religious ground motive)'에 의해 개현될 수도 있고 폐쇄될 수도 있다고 말한다. 결국 문화의 발전 또는 개현 방향을 궁극적으로 결정하는 것은 종교적인 기본 동인이라는 것이다. 만약 신앙적 양상이 참 하나님을 향하여 열려 있다면 문화의 개현은 조화롭고 바람직한 방향으로 나아가지만, 그렇지 않을 경우에는 배교적 방향, 즉 피조물의 어떤 것을 절대화하여 우상으로 섬기게 되어, 결국 부조화와 배율(antinomy)이 일어날 수밖에 없다는 것이다. 예를 들어 도여베르트는 서구 근대사회의 종교적 기본 동인을 '자연-자유'로 분석하는데, 자연과학 및 기술의 발전으로 인간은 모든 현상을 통제하고 다스릴 수 있다고 생각했으나 이것은 결국, 다른 이상(ideal), 즉 인간의 무한한 자율적 자유를 강조하는 인격(personality) 이상을 위협하게 되었다고 주장한다.

문화의 발전에 있어서의 판단 규범, 즉 한 문화가 다른 문화보다 더욱 발전했다는 것을 구분짓는 기준에 대해 도여베르트는 두 가지를 언급하는데, 하나는 역사적인 연속성이고, 또 하나는 통합화(integration), 다변화(differentiation) 및 개인화(individualization)이다. 역사적 연속성이란 문화의 발전에 있어서는 보수적인 입장과 진보적인 입장의 충돌이 불가피한데, 역사의 형성자들은 과거의 전통을 무조건 무시할 것이 아니라 역사적인 연속성을 존중해야 한다는 것이다. 불란서 혁명에 대한 그의 비판적 입장이 그 예가 될 것이다. 두 번째의 규범은 세 가지 요소를 포함하는데 통합화란 역사적으로 많은 변천을 거치면서도 사회 전체는 상호간에 조화로운 통합성을 유지해야 한다는 것이며, 다변화 또는 분화과정이란·미분화된 제도적 공동체들이 서서히 분리, 독립하게 되는 것을 말하고, 개인화란 개인이 과거의 여러 제한에서 벗어나 법인, 기업체, 협회 등에 자발적으로 참여하게 됨을 뜻한다. 요컨대 역사적-문화적 발전이란 하나님께서 창조하신 피조계의 부요함을 드러내기 위해 시간내적 실체들의 모든 양상이 충분히 개현되어지는 과정을 말한다.

그러나 여기에서 단지 인류의 문명이 계속 발전, 진보해 나갈 것이라는 낙관적인 견해만을 취하는 것은 비현실적이며, 또 그렇다고 해서 스펭글러(Oswald Spengler)와 같이 비관주의에 빠져서도 안 된다. 적어도 그리스도인은 '종말론적 관점', 즉 하나님의 나라와 이 세상의 나라가 계속 긴장관계 속에서 영적인 전투를 하고 있으며, 궁극적으로는 그리스도 안에서 최후의 승리가 있음을 기억해야 할 것이다. 따라서 기독교적 문화관을 한마디로 말한다면 '낙관적 비관주의' 내지는 '비관적 낙관주의'라 할 수 있을 것이다. 비관적이라 함은 이 세상의 문화에 대한 태도를 의미하고, 낙관적이란 하나님의 나라가 궁극적으로 승리할 것이라는 하나님의 신실하신 약속을 신뢰함에 근거한다.

V. 문화의 종교적 근원성

현대는 일반적으로 서양의 물질문명이 지배한다고 볼 수 있다. 물론 동양의 문화를 무시할 수 없으나, 아시아 각국이 소위 산업화, 공업화, 도시화를 경험하면서 그 문화도 서양의 영향을 받고 있음은 부인할 수 없는 사실이다. 대부분의 제3세계에서 일어나고 있는 경제개발 및 근대화 계획은 실질적으로 '서구화'를 의미하는 경우가 대부분이다. 그렇다면 무엇이 서양문화를 그렇게 타문화와 다르게 만들었는가? 이 서양문화의 기저에는 어떤 기본적 동인이 있는가? 왜 동양문화는 과학 및 기술을 발전시키지 못했는가?

서양문화는 여러 가지 면에서 동양의 문화와 많이 다르다. 물론 세계의 문화를 동서양 두 가지로 나누는 것은 무리가 없지 않다. 그 중간 형태나 혼합된 형태의 문화도 있을 수 있다. 그러나 크게 동서양 두 가지로 나누어 볼 때, 먼저 동양문화의 특성을 간략하게 요약한다면 다음과 같다.

첫째로 동양문화는 중국을 중심으로 한 대륙문명으로서 농경사회가 대부분인 '정적'인 사회였다고 볼 수 있다. 농경사회의 동양인은 자연에 대해 적극적으로 반응하기보다는 소극적으로 적응하게 되어, 인간이 자연을 이용, 개발한다는 생각보다는 자연과 '조화'를 이루는 것을 이상으로 삼았다. 신관도 자연을 초월한 창조주를 믿기보다는 자연의 힘이나 '도' 그 자체를 신으로 섬겼다. 둘째로 이러한 조화적이고 유기적인 자연관은 과학이나 기술을 '이론적'으로 발전시키기보다는 '실천적'인 관점에서만 발전시켜, 종이, 화약, 인쇄술 등을 서양보다 먼저 발명했으나 이론적 뒷받침이 없어 근대문명을 발전시키는 데 실패하고 말았다. 인간관계도 갈등이나 투쟁보다는 조화로운 관계를 중시하는 윤리가 강조되었다. 셋째로, 매년 반복되는 농경문화는 결국 '순환적'

시간관 및 역사관을 낳게 되었고, 이는 미래지향적이라기보다는 '과거지향적'인 세계관을 산출했다. 같은 것이 반복된다면 최초의 것이 가장 이상적이라고 보았기 때문이다. 특히 유교에서는 주전 3,000년 주나라 시대를 가장 황금시대라고 생각했다. 이러한 사고방식은 결국 새 것에 대해 부정적으로 생각했고, 따라서 과학적 발명이나 새로운 이론의 창출을 억압하는 결과를 낳은 것이다. 전도서의 말씀처럼 "해 아래 새 것이 없다"는 인식은 새로운 변화나 도전 및 발전을 두려워하게 되었고, 따라서 진보란 가능한 한 과거의 이상시대로 돌아가는 것이라고 생각했다.

반면에 서양문화는 지중해를 중심으로 한 해양문명으로서 농사보다는 목축 및 해양 진출을 일찍부터 추진한 '동적'인 사회였다. 파르메니데스(Parmenides)를 비롯한 그리스 철학 사상에서 볼 수 있듯이 우주에는 하나의 질서(로고스)가 있다고 보면서, 자연을 주체인 인간으로부터 객관화시키고, 그것을 존재론적, 이론적으로 사고하여, 그 안에 내재한 법칙들을 밝힘으로써 자연환경을 이용, 정복해 나가기 시작했다. 이러한 태도를 한마디로 '합리성'이라고 말할 수 있다. 즉 실재에 대한 보편타당한 법칙을 탐구함으로써 현실의 난관을 극복하고, 보다 편리한 생활을 영위하기 위해 노력한 것이다. 또한 기독교의 영향으로 자연을 하나의 신적 존재라기보다는 인간이 창조주로부터 위임받아 개발해야 할 영역으로 이해하여 보다 적극적이고 능동적인 자연관을 가지게 되었고, 따라서 자연과의 '조화'보다는 '개인'의 독창성이 더 강조되었다. 이러한 세계관은 자연히 학문의 발전과 기술의 축적을 낳아, 콜럼부스의 신대륙 발견 등의 지리상의 발견, 항해술의 발전, 산업혁명, 식민지 개척 등으로 서구 열강들은 전 세계를 지배하게 된 것이다.

그러나 이러한 미래지향적, 합리적 진보신앙은 양차 세계대전 이후 현대에 와서 급격한 위기를 겪게 된다. 소위 계몽주의의 이성에 대한 절대적 신뢰를 포기한 '포스트모더니즘'의 출현이 그 징후이다.

도여베르트는 이러한 서양문화의 뿌리를 크게 네 가지의 종교적 근본 동인으로 매우 통찰력 있게 분석한다. 그는 근본 동인이란 삶의 궁극적인 의미를 부여하고 문화의 방향을 제시한다는 의미에서 근본적으로 종교적이라고 본다. 종교야말로 인간의 삶과 역사의 동력(driving force)이요, 인간 존재의 깊은 뿌리인 마음 및 그 결과적인 모든 기능을 인도하는 것이라고 생각한다. 또한 이 근본 동인은 단지 개인적인 차원에 머물지 않고 공동체의 집단의식까지도 인도하는 동력이다. 따라서 이것은 서구의 문화 및 역사의 패턴을 이해 및 해석하는 열쇠라고 볼 수 있다. 도여베르트는 그리스 문화의 기본 동인을 '질료'와 '형상'으로, 기독교의 기본 동인을 '창조, 타락, 구속'으로(이후 기독교적 세계관을 말할 때는 주로 이 세 가지를 의미하게 되었다.), 중세 스콜라 시대의 기본 동인을 '자연'과 '은혜'로 그리고 근대 서양문화의 근본 동인은 '자연'과 '자유'로 분석한다. 여기서 기독교적 동인을 제외한 다른 세 가지는 궁극적으로 이원론적이며, 따라서 각 동인 내의 양 극단은 서로 화해될 수 없는 종교적인 변증법적 긴장관계에 있으며, 그 자체 내에 자기파멸적 배율(antinomy)을 가지고 있다고 본다. 따라서 진정한 문화의 개현은 기독교적 동인에 의해 문화활동이 이루어질 때만 가능하다고 본 것이다. 그러면 이것은 구체적으로 어떤 내용을 가지는가?

VI. 문화와 기독교 신앙

기독교적 문화 이해는 먼저 '창조신앙'에서 출발한다. 성경을 보면 문화활동은 인간에 대한 하나님의 명령으로 시작된다. 하나님의 형상으로 창조된 인간은 땅에 충만하여 정복하고 모든 생물을 다스리는 사명을 받았다(창 1:26, 28). 이것을 아브라함 카이퍼는 '문화명령'이라고 불렀는데 그 이후 보편적인 단어로 쓰이게 되었다. 하나님께서는 인간을 에덴동산에 두시면서 그것을 다스리며 지키게 하셨다(창 2:15). 인간은 문화적 대리인으로서 하나님의 주권 하에 이 명령에 응답하여 피조세계를 다스리게 되었다. 인간은 영광과 존귀로 관 씌움을 입고 피조계의 지배자가 된 것이다(시 8:5-8). 요컨대, 인간의 문화는 인간이 창조주의 형상을 따라 지음받았으며, 하나님의 청지기로 그의 왕권에 참여함을 보여 주는 역사적 표현이라고 할 수 있다. 이러한 문화활동을 통해 인간은 피조계의 모든 잠재적 가능성을 개발하고 결실하여 창조의 부요함을 드러냄으로써 하나님께 영광을 돌리고, 이웃을 섬기도록 부름을 받은 것이다. 따라서 창조는 정적인 것이 아니라 동적인 형성과정이다. 여기서 중요한 요소는 이 형성과정이 어떤 '방향'으로 진행되는가 하는 것이다. 인간은 자유의지를 가진 인격체이기 때문에 이 '형성력'을 긍정적으로 사용할 수도 있고 부정적으로 사용할 수도 있다. 그러나 그 결과에 대해서는 책임을 져야 한다. 이와 관련해 언급해야 할 것은 하나님의 창조질서에는 크게 두 가지의 법이 있다는 것이다. 즉 우리가 범할 수 없는 '자연법(natural law)'과 위반 가능한 '규범(norm)'이 그것이다. 문화의 형성력이란 중력의 법칙 등과 같은 자연법에 종속되는 것이 아니라 규범, 즉 책임적 존재로서의 인간이 마땅히 순종해야 할 법에 종속되어 있다는 것이다.

둘째로 '타락'에 의한 문화의 영향을 고려해야 한다. 타락은 인간 존재의 뿌리가 하나님으로부터 단절된 배교를 의미한다. 뿌리가 잘려진 나무는 곧 말라버리듯 생명의 근원에서 멀어진 인간은 영적인 죽음을 당할 수밖에 없게 되었다. 인류의 시조인 아담의 타락은 전 피조계에 영향을 미쳐 땅도 저주를 받게 되었다. 그리하여 이 배교적 동인이 역사-문화적 개현을 잘못된 방향으로 인도하게 되었다. 그러나 여기서 중요한 것은 타락 후에도 창조 구조는 불변하다는 것이다. 매춘은 분명히 죄악이나 그것이 성의 본래적 아름다움과 선함 자체를 파괴할 수는 없는 것이다. 이 구조(structure)와 방향(direction)의 구분은 기독교적 문화관을 이해하는 가장 중요한 열쇠 중 하나이다. 타락의 결과, 인간의 문화활동은 죄의 지배를 받아 각 영역에 부조화, 갈등 및 배율을 낳게 되었다.

그러나 예수 그리스도의 구속과 성령의 교통하심으로 말미암아 인간은 하나님과의 교제를 회복하게 되었고, 따라서 문화활동도 죄의 영향에서 벗어날 수 있게 되었다. 그러나 세속화 된 문화의 완전한 개혁 내지 변혁이 그리스도의 재림 전까지는 이루어지지 않는다. 새로운 피조물이 된 그리스도인 안에도 옛 사람의 세력이 남아 있어 이 두 세력 간의 '종말론적 긴장관계'는 불가피하다. 성도 안에 내주하시고 역사하시는 성령의 도우심으로 문화 변혁은 하나의 '집단적 성화' 과정으로 나타난다.

하나님의 나라가 완성될 때 그리스도인의 문화활동도 완전히 변혁되어 그 본래적 목적을 실현할 것이다. 그러나 그것이 어떻게 구체적으로 나타날지는 정확히 알 수 없다. 성경은 그것에 대해 환상적인 스케치만 보여 주기 때문이다. 사도 요한은 하늘에서 새 예루살렘이 내려오는 비전을 보았다(계 21:2). 인류에게 주어졌던 그러나 타락의 장소가 되어버린 최초의 낙원 '에덴동산'은 이제 하나님이 자기 백성과 함께하시는 '거룩한 도시'로 변화되었다(계 21:3). 하나님의 영광이 비춰고 어린 양이 그 등불이 되어 만국이 그 빛 가운데로 다니고 땅의 왕들이 자기 영광을 가지고 그리로 들어갈 것이며 사람들이 만국의 영광과 존귀를 가지고 들어갈 것이다(계 21:24-26).

VII. 세속문화의 변혁

기독교적 세계관의 영향을 받은 문화활동은 그렇지 않은 이 세상의 문화와 불가피하게 갈등 또는 긴장관계를 가지게 된다. 하나님의 나라와 이 세상의 나라 간의 영적이며 종말론적 투쟁이 문화활동 내에도 당연히 나타나기 때문이다. 여기서 하나님 나라의 시민이 된 그리스도인들은 죄의 권세 아래에 있는 세속문화를 변혁해야 할 사명을 받았다. 성령을 받은 신령한 그리스도인은 영적인 분별력이 있기 때문에(고전 2:10-16) 이것으로 세속문화 내에 있는 배교적 동인을 예리하게 지적, 비판하여야 한다.

그러나 이것이 쉬운 일은 아니다. 왜냐하면 기독교적 문화라고 해서 무조건 완벽한 것이 아니며, 비기독교적 문화라고 해서 모두 배척해야 하는 것은 아니기 때문이다. 이것은 종말론적 긴장관계에 있는 그리스도인의 실존적 상황 및 하나님의 '보편은총'을 기억하면 납득이 간다. 하나님의 나라와 이 세상의 나라 간에는 분명한 영적인 대립(antithesis)이 있지만, 현실적인 문화활동 내에 이 원리를 분명한 선으로 그어 구분하기는 쉽지 않다는 것이다. 믿지 않는 사람들의 문화활동 중에도 비록 그 방향은 잘못되었지만 매우 훌륭하고 통찰력 있는 문화적 산물이 많이 있고, 그리스도인의 문화적 노력도 아주 잘못된 경우가 없지 않다는 것이나. 르네상스나 계몽주의는 분명히 인본주의적 문화 운동이었으나 긍정적인 열매들(자연과학 및 기술의 발전 등)도 많이 맺었음을 부인할 수 없다. 반면에 19세기에 서구 열강들이 식민정책과 선교를 병행한 것은 명백한 실수임을 볼 수 있다. 이것은 결국 그리스도인으로 하여금 보다 신중하고 겸손하게 그 문화적 사명을 감당할 것을 요구한다.

기독교적 문화 변혁은 하나님의 말씀에 기초하되 '열린 마음'으로 감당해 나가야 할 것이다. 세속문화도 그 방향은 다르나 문화활동의 근본 구조는 창조원리에 기초해 있기 때문에 그리스도인들은 그 구조 자체를 인정하면서 그 방향을 비판, 변혁할 수 있다.

우리 한국의 전통문화도 이러한 입장에서 변혁적으로 수용, 계승할 수 있을 것이다. 가령, 국악이 전통적으로는 기독교와 전혀 관계가 없었지만 그 음악적 구조를 그대로 존중하면서 그 내용 및 의미를 기독교적으로 변화시켰을 때 그것이 주는 감동은 놀라운 것이었다. 이와 마찬가지로 우리의 전통 건축양식을 살리면서 그것을 이용하여 예배당을 건축한다면 이것 또한 훌륭한 문화의 변혁이 아닐까? 현재 개신교의 교회당이 대부분 서양식을 모방한 것은 한 번 반성해 보아야 할 일이다. 기타 미술이나 다른 모든 학문 및 문화 영역도 아브라함 카이퍼가 말한 것처럼 왕 되신 그리스도께 복종시켜야 할 책임과 사명이 그리스도인에게 있는 것이다(고후 10:5).

VIII. 결론

현대문화는 다원성을 그 특징으로 한다. 다양한 종류의 문화들이 각 민족, 국가, 지형, 언어 등의 구분을 따라 생성, 변화, 발전하고 있다. 현대의 사회적, 문화적 다원화 그 자체를 기독교적 입장에서 배척할 필요는 전혀 없다. 오히려 창조원리의 풍요한 실현으로 환영해야 할 것이다. 그러나 모든 문화를 무분별하게 인정, 수용하는 것 또한 잘못된 것이다. 왜냐하면 각 문화 내에는 가치체계, 세계관 그리고 신앙적 표현이 나타나기 때문이다. 사회문화적 다원주의와 신앙적 다원주의는 구분되어야 한다. 신앙적 다원주의는 결국 종교의 상대주의를 낳고 그것은 결국 인식론적 회의주의를 초래할 뿐 아니라 복음의 근본 내용을 희석하기 때문이다. 그러므로 복잡하고 다원화 된 현대문화 속에서 하나님의 주권과 그리스도의 왕 되심을 고백하는 그리스도인들은 더욱더 치밀한 영적 분별력을 가지고 세속문화 모든 영역의 변혁을 위해 노력해야 한다.

화란의 예를 몇 가지 드는 것으로 이 글을 마무리하고자 한다. 화란은 19세기 말부터 흐룬 반 프린스터러 (Groen van Prinsterer)와 그의 후계자 카이퍼를 통해 기독교 정당인 반혁명당(ARP)을 조직하여 그리스도인들이 정치 영역에서 하나님의 뜻을 이루도록 노력해 왔다. 이 정당이 나중에 천주교 정당 및 기독교 역사연맹 (CHU)과 연합하여 현재의 기독교민주당(CDA)으로 확대되자 이를 반대한 몇몇 다른 군소 기독교정당들(GVP,

·· 흐룬 반 프린스터러

RPF 등)도 생겨났다. 여러 사회단체들도 기독교인들이 단결하여 결성되었는데, 예를 들면 기독교 농민조합, 기독교 노동조합 등이 있다. 이들은 기독교적 관점에서 자신들의 사명을 다하고자 노력하고 있다. 또한 화란의 한 개혁교단(Vrijgemaakt)은 기독교학교를 운영하여, 교회, 가정, 학교가 삼위일체를 이루어 후손들에게 신앙을 계승하고 기독교적 인재를 키워 현재 유일하게 숫자가 감소하지 않고 성장하고 있다. 화란의 방송 체제 또한 아주 특이하다. 한마디로 다원주의 사회의 전형을 보여 준다. 즉 세 개의 공영 TV 방송 채널 및 다섯 개의 라디오 방송 채널을 놓고 여러 방송회사들이 자유경쟁을 통해 자신들의 시간을 확보한다. 각 회사들은 나름대로의 세계관과 방송철학을 가지고 시청자들에게 호소, 회원을 확보하는데 그 회원 수에 비례하여 정부로부터 방송시간을 배정받게 된다. 물론 그중에는 기독교적 방송회사들도 있는데, 그중 가장 복음적인 방송국(EO : Evangelische Omroep)이 대대적인 캠페인을 통해 B급에서 A급으로 승격, 훨씬 더 많은 방송시간을 확보하게 되었다. 그것은 많은 사람들이 점점 교회를 떠나는 세속화 된 화란사회 내에 보기 드문 신선한 충격이었다.

선교 2세기를 맞이한 한국 교회도 이제는 질적인 변혁을 위해 노력하고 있는데 이것은 기독교 문화 건설로 나타나야 한다. 정치 영역도 더이상 그리스도인이 소극적 내지 무관심하게 방치할 것이 아니라 구체적인 연구, 활동 및 참여를 통해 기독교 정당을 조직하는 데까지 나아갈 비전을 가져야 한다. 여러 사회단체, 기업 내의 그리스도인들도 '신우회' 정도의 활동에서 벗어나 보다 조직적인 단체를 결성하여 한국 사회에 실질적인 영향을 끼칠 수 있어야 한다. 수많은 미션스쿨들이 기독교적 정체성(identity)을 상실한 현 상태에서 다시금 기독교적 교육을 실시할 수 있는 개혁 운동이 일어나야 할 것이다. 또한 대중문화를 좌우하는 TV/Radio 매체 및 기타 언론매체를 통해 한국문화를 변혁하고 하나님 나라를 건설해 나가는 것이야말로 그리스도인이 세상의 빛과 소금이 되어야 한다는 개인적 사명과 더불어 이 시대에 가장 필요한 일 중 하나라고 생각된다.

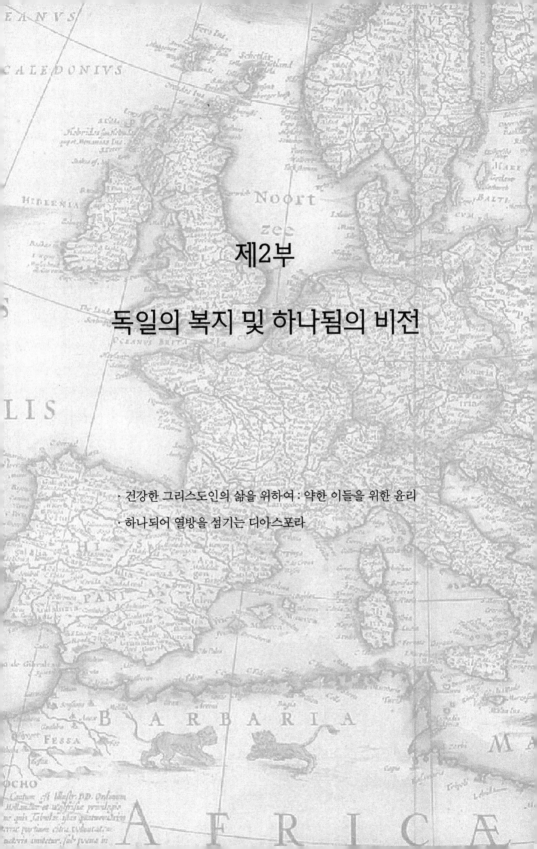

제2부

독일의 복지 및 하나됨의 비전

· 건강한 그리스도인의 삶을 위하여 : 약한 이들을 위한 윤리

· 하나되어 열방을 섬기는 디아스포라

건강한 그리스도인의 삶을 위하여
: 약한 이들을 위한 윤리

Ⅰ. 고아와 입양[1] : 참된 경건의 훈련

필자가 네덜란드에 살 때 제일 먼저 사귄 화란인 중에 한국 이름으로 반문수(Piet van Münster)라는 분이 있었다. 이분의 가정은 매우 특이하다. 왜냐하면 부인은 초등학교 교사를 하다가 얼마 전에 은퇴했는데 제일 먼저 한국 딸을 한 명 입양했고, 그 다음에는 필리핀 아들을 또 한 명 입양하고, 마지막으로 자기 아들을 한 명 낳았기 때문이다. 그야말로 세계화 된 가정이다.

더욱 놀라운 것은 외국의 아이들을 두 명이나 입양한 것에 대해 필자가 존경한다고 이야기하자 이들은 전혀 대수롭게 여기지 않으면서, '누가 키워도 키워야 하는데 우리가 키운 것일 뿐'이라고 말하는 것이다. 아무리 그리스도인이지만 한국인인 필자로서는 도저히 이해할 수 없는, 참된 겸손과 사랑을 느꼈다.

---

1 본고는 2001년 3월 6일(화) 기독신문에 발표했던 것을 약간 다듬은 것이다.

당시 화란에는 한국 교민이 700여 명 정도밖에 되지 않았다. 그러나 화란에 사는 입양아는 3,000명이 넘었다. 이들은 '아리랑'이라는 단체를 만들어 매우 다양하고도 활발한 활동을 펼치고 있었다. 70년대 초반에 유럽으로 진출한 한국 기업의 직원들은 처음에 입양아들을 한국의 이미지에 먹칠하는 존재로 여기며 매우 부정적인 시각을 가지고 있었다. 그러나 이제는 오히려 이들이 한국과 화란을 연결하는 매우 중요한 외교적 역할까지 담당하고 있고, 오히려 한국 기업이 입양아들을 선호할 정도로 이들에 대한 인식이 급격히 변하고 있다.

전 세계적에 있는 한국인 입양아는 20만 명으로 추산한다. 미국과 캐나다뿐만 아니라 유럽에는 각국별(화란, 독일, 벨기에, 덴마크, 스웨덴, 프랑스, 스위스 등)로 입양아들의 모임이 있고, 그 모임들은 각기 인터넷의 홈페이지를 통해 서로 교제하며 정보를 교환한다. 또한 전 세계의 한국 입양아들을 묶어 주는 홈페이지도 볼 수 있다.

고아와 입양, 이 주제는 상호 밀접하게 연결되어 있다. 성경에서 가장 가난하고 소외된 대표적인 계층은 고아와 과부 그리고 나그네이다. 이들은 생활력이 없고, 따라서 사회적으로 약자이다. 그런데 하나님께서는 이 사람들을 '편애하실 정도로' 사랑하신다고 말씀하시면서 특별히 이 계층들에게 관심을 베풀 것을 명령하신다. 가령, 출애굽기 22장에는 다음과 같은 말씀이 있다. "너희는 너희에게 몸붙여 사는 나그네를 학대하거나 억압해서는 안 된다. 너희도 이집트 땅에서 몸붙여 살던 나그네였다. 너희는 과부나 고아를 괴롭히면 안 된다. 너희가 그들을 괴롭혀서, 그들이 나에게 부르짖으면, 나는 반드시 그들의 부르짖음을 들어 주겠다. 나는 분노를 터뜨려서, 너희를 칼로 죽이겠다. 그렇게 되면, 너희 아내는 과부가 될 것이며, 너희 자식들은 고아가 될 것이다(출 22:21-24)." 또한 신명기 24장에서 하나님께서는 이스라엘 백성들에게 추수 때 고아와 과부와 나그네가 먹을 수 있도록 곡식단을 남겨 두라고 하셨다. 뿐만 아니라 고아와 과부를 위한 구제의 십일조도 말씀하셨다(신 14:28-29). 시편 68:5은 하나님을 "고아의 아버지, 과부를 돕는 재판관, 거룩한 곳에 계신 분"이라고 한다.

하지만 요즈음 과부들은 구약시대만큼 약자 계층이 아닐 수도 있다. 남편으로부터 유산을 물려받은 경우, 생활이 어렵지 않을 수 있기 때문이다. 또한 나그네라고 해서 현대 시대에 반드시 약자인 것만은 아니다. 이민자들이 더 열심히 일해서 잘사는 경우를 많이 볼 수 있기 때문이다. 그러나 고아는 동서고금을 막론하고 아직도 가장 약하고 소외되기 쉬운 계층이다. 고아들은 전적으로 타인에게 의존적이기 때문이다. 물질적으로, 정신적으로 다른 사람의 도움과 사랑이 없이는 도저히 생존할 수 없는 약자들이다. 이 고아들을 돌볼 수 있는 가장 바람직한 방법은 고아원에서 수용하는 것이 아니라 입양 또는 포스터 케어(forster care)를 통해 정상적인 가정에서 자라나도록 하는 것이다.

그런데 한국은 아직도 해외 입양아 수출 1위라는 오명을 벗지 못하고 있다. 왜 국내 입양이 잘 되지 않을까? 그것은 한국인의 '혈연 중심 가정관' 때문이라고 생각한다. 내 핏줄이 아니면 키울 수 없다고 생각하기 때문이다. 이는 유교적인 농경 사회의 배경으로 인해 생긴 편견에 불과하다. 유교 사회에서 서자들은 철저히 소외되었고 설움을 당했다. 더구나 입양하는 경우도 대부분 입양자를 위한 것이기보다는 입양하는 부모를 위한 것이었다. 즉 자식이 없는 부모가 자기 입장에서 아이를 입양해 오는 것이다. 그래서 아이의 형편과는 관계없이 부모의 필요에 의한 입양을 했기 때문에 실패하는 경우도 많다고 한다. 심지어 어떤 입양아는 다시 고아원으로 되돌려 보내어지는 소위 '파양'

도 심심찮게 일어난다. 이것은 생명을 슈퍼마켓이 물건 정도로 생각하는 심각한 인명 경시 현상이다. 바로 이러한 사고방식 때문에 한쪽에서는 많은 고아들이 아직도 외국으로 입양되고 있고, 또 다른 한쪽에서는 불임 부부들이 자신의 아이를 낳기 위해 모든 방법을 다 동원하고 있는 것이다.

그러나 성경적 가정관은 '언약 중심적'이다. 남자와 여자가 부모를 떠나 독립하여 사랑하며 서로 헌신하기로 서약한 후 하나가 되어 작은 천국을 이루어 가는 것이다. 우리에게 주신 자녀는 친자녀이든 양자녀이든 부모의 소유가 아니라 하나님께서 잠시 맡기신 귀한 선물이다. 자녀들은 가정을 통해 하나님의 사랑을 배우고, 심리적 안정을 얻으며 사회에 기여할 수 있는 인격체로 성장하게 된다. 그러므로 먼저 혈연 중심적 가정관을 극복하고 언약 중심적 가정관을 확립하는 일이 우선되어야 할 것이다.

고아와 입양에 대한 생각을 정리하던 중 인터넷을 통해 한국에서 이 분야에 헌신한 귀한 두 가정을 만났다. 한 가정은 널리 알려져 있는 홀트 씨 내외분이고, 다른 한 가정은 최근에 알려지기 시작한 황수섭 목사님 가정이다.

그동안 세계 각국 고아 수십만 명의 '마음의 고향' 역할을 해온 세계 최대 아동 입양기관 홀트아동복지재단의 설립자 해리 홀트 및 버다 홀트 씨 내외분은 한국전쟁 직후인 1955년 한국의 혼혈 고아들에 대한 다큐멘터리를 본 것이 계기가 되어 고아 입양을 시작하였다고 한다. 당시 목재사업으로 큰 돈을 벌었으나 심장마비로 죽을 뻔한 고비를 넘긴 후 여생을 하나님께 보답하겠다는 남편의 결심과 아내의 헌신으로 오늘의 열매를 맺었던 것이다.

홀트아동복지재단은 2001년까지 1만 8,000여 명의 한국 고아들을 국내에 입양시켰고, 7만여 명을 해외에 입양시켰으며, 이제는 국제적인 규모의 홀트아동국제복지재단으로 발전하였다. 입양아 중 상당수가 미국과 유럽을 비롯한 각국에서 잘 성장하여 건강한 사회의 일원으로서 열심히 살아가고 있다. 이 홀트 씨 내외분은 이미 소천하셨으나 자기들이 태어난 조국인 미국에 묻히지 않고 오히려 그들이 섬기고 헌신했던 한국 땅에 뼈를 묻었다. 그리고 그들의 딸이 이 귀한 사명을 이어받아 한국의 고아들을 계속해서 섬기고 있다. 이러한 홀트 가정의 기독교적인 사랑과 헌신적 삶은 아무리 칭찬해도 모자랄 것이다.

두 번째로는 고신대학교 의대 교목이신 황수섭 목사님이다. 황 목사님은 지금 성년이 된 '아름'이와 '다운'이라는 두 딸의 아버지이다. 그런데 어느날, 사모님께서 아직도 입양되지 않은 남자 쌍둥이에 대한 텔레비전 프로그램을 보고 마음에 걸리셨다. 결국 이를 놓고 기도하기 시작했고, 온 가족의 기도와 동의로 이 두 생명을 추가로 입양했다. 이름은 '대한'이와 '민국'이. 이제 황 목사님께서는 '아름다운 대한민국'의 아버지로 입양아 부모들을 위한 모임을 주관하며 아직도 입양에 대해 편견을 가지고 있는 사람들에게 입양 캠페인을 벌이고 계신다. 늦은 나이에 두 아들을 키우시는 것이 쉽지는 않지만 오히려 이 가정에는 주님의 축복이 넘치고 있음을 보게 된다.

그리스도인들은 사실 예수 그리스도로 인해 하나님의 자녀로 입양된 자들이다. 로마서 8:15에 "여러분은 또 다시 두려움에 빠뜨리는 노예의 영을 받은 것이 아니라, 자녀로 삼으시는 영을 받았습니다. 그래서 우리는 그 영으로 하나님을 '아바, 아버지'라고 부릅니다."라고 하신다. 우리가 먼저 하나님께 입양되어 사랑의 빚진 자가 되었기에 그 사랑으로 버려진 자녀들을 입양하는 것은 하나님의 뜻을 이루는 귀한 일일 것이다. 그래서 이 입양아들을 성경에 나타난 최초의 입양아인 모세처럼 하나님의 위대한 종으로 키워낸다면 그가 민족의 장래를 책임질 뿐만 아니라 사랑의 빚을 갚으며 사회를 더욱 밝게 만들 것이다.

벨기에로 입양된 김명수 형제가 그 대표적인 예이다. 이 형제는 믿음의 가정에서 자라나 현재 YFC 소속으로 루마니아의 청소년들과 장애인들에게 복음을 전하는 선교사가 되었다. 그러므로 우리는 또한 입양아 선교에도 관심을 가지고 기도해야 할 것이다. 이들이 신앙적으로 바로 서기만 한다면 주님께서 귀하게 쓰실 수 있는 엄청난 인적 자원이 될 것이기 때문이다.

그러나 고아를 입양하는 일은 그리 쉬운 일이 아니다. 이것은 단순히 일회적으로 또는 정기적으로 가난한 자들을 물질적으로나 사회적으로 돕는 것과는 매우 다른 차원이기 때문이다. 이 일은 나와 내 가족의 인생 전체를 걸어야 하기 때문에 많은 시간과 헌신이 필요하다. 그 결과에 대해서도 장담할 수 없다. 자신과 그 가족이 그 아이에게 보일 반응에 대해서, 입양한 아이의 인생에 대해서도 자신할 수 없다. 결국 이것은 믿음과 결단의 문제이다. 하나님만 전적으로 의지할 뿐이다.

"하늘에 계신 내 아버지의 뜻을 행하는 사람이 곧 내 형제요 자매요 어머니다(마 12:50)."라는 주님의 말씀을 기억하면서, 우리 그리스도인들이 궁극적으로 이 고아를 돕는 일에 앞장서야 할 것이다. 기독교의 윤리는 근본적으로 사랑의 윤리요, 이 사랑은 약한 자를 섬기는 희생으로 나타나기 때문이다. 지극히 작은 소자에게 물 한 그릇 주는 것까지도 주님께서 기억하시고 상 주신다면 고아를 입양하여 키우는 일은 얼마나 그 상급이 크겠는가?

또한 이 일은 경건에도 큰 유익이 된다. "하나님 아버지께서 보시기에 깨끗하고 흠이 없는 경건은, 어려움을 겪고 있는 고아들과 과부들을 돌보아 주고, 자기를 지켜 세속에 물들지 않게 하는 것입니다(약 1:27)."

II. 장애인[2] : 약하고 부족한 지체가 더욱 존귀하다

필자가 독일 쾰른에서 사역하고 있을 때의 일이다. 한국의 한 농아인 자매가 쾰른 교도소에 수감되어 있다는 사실을 알게 되었다. 이 자매는 장애인이기 때문에 겪어야 하는 고통을 매우 단적으로 보여 준다. 농아로 태어나 어려서부터 많은 어려움을 당했지만 그래도 서울 농아학교에서 교육을 잘 받아 한글을 잘 쓰는 편이었다.

교도소에서 사역하는 독일 여자 목사님으로부터 연락을 받고 특별 면회가 허락되어 수많은 철문들을 통과한 후 사무실에서 자매를 만나게 되었다. 그녀가 쓰는 표현들을 완전히 이해할 수는 없었지만 그녀의 사정을 간추리면 다음과 같다.

이 자매는 한국에서 IMF사태로 생활이 어려워지자 독일의 어느 큰 도시에 거주하는 한국인의 소개로 독일에 왔다. 그러면서 그분의 요청에 의해 여러 곳에서 일도 하고 주요 도시의 중심가에서 열쇠고리 등을 판매했다. 그녀가 장애인이기 때문에 사람들이 동정심을 가지고 물건을 사 줄 것으로 생각한 것이다. 그러나 결국 쾰른에서 불법 영업 행위로 경찰에 체포되었고, 유럽 체류 기간이 이미 만료되어 재판을 기다리고 있었던 것이다. 설상가상으로 그 자매는 당시 임신 19주째였는데 아빠가 누군지도 모르는 상태였다. 이 자매의 말에 의하면 다른 농아인 자매들도 한국에서 몇 명이 왔으며 함께 가두판매를 했다는 것이다.

다행히 필자가 잘 아는 독일 변호사를 통해 국선 독일 변호사를 소개하였고, 그 변호사와 독일 수화 통역인이 그녀와 대화를 나누었으나 결국 공식 재

---

2 본고는 2001년 03월 14일(수) 기독신문에 발표했던 글을 약간 다듬은 것이다.

판을 받아 한국으로 강제 송환되었다. 필자는 자매를 방문하면서 성경과 기타 신앙서적들을 전달해 주었고, 위로하며 기도해 주었다. 자매의 마음에 믿음이 싹트는 것 같았고, 처음보다는 마음이 매우 안정되어 한국에 가서도 필자가 섬기고 있는 장애인 선교단체(세계밀알연합회 유럽밀알선교단)를 통해 서울의 어느 교회 장애인 사역자 목사님과 연결시켜 주었다. 낳게 될 아기는 홀트 아동복지회를 통해 입양하라고 충고해 주었고 그녀도 입양을 원했다.

통계에 의하면 세계 각국의 장애인 수는 그 인구의 약 10-15% 내외라고 한다. 선천적으로 장애를 가지고 태어난 경우도 있지만 요즈음은 여러 가지 질병과 사고로 인한 후천적인 장애가 훨씬 더 많아 장애인들 중 약 90%가 후천성 장애인이라고 한다. 한 나라가 선진국이냐 후진국이냐를 결정하는 척도에는 여러 가지가 있겠지만 가장 중요한 것 중 하나는 장애인들과 같은 사회적인 약자들에게 얼마나 많은 관심과 사랑을 보이고 복지시설을 해 놓았느냐는 것이다. 적어도 이러한 점에서 한국은 아직도 선진국이라고 말하기가 어렵다고 생각한다. 단적인 예로 한국의 그리스도인은 전체 인구의 약 25%라고 하지만 장애인으로서의 그리스도인은 장애 인구 전체의 5%밖에 되지 않는다. 장애인들에 대한 선교가 얼마나 중요한지를 쉽게 알 수 있다.

성경에 보면 하나님께서는 장애인들에게 각별한 관심과 사랑을 보이셨고, 예수님께서도 이 땅에 계실 때 특별히 소외된 장애인들에게 깊은 관심과 사랑을 보이셨던 것을 찾아볼 수 있다. 모세오경에 보면 레위기 19장에서 하나님의 거룩한 백성이 준수해야 할 사회적인 규범들을 제시하면서 14절에 "듣지 못하는 사람을 저주해서는 안 된다. 눈이 먼 사람 앞에 걸려 넘어질 것을 놓아서는 안 된다. 너는 하나님 두려운 줄을 알아야 한다. 나는 주다."라고 하시면서 장애인들을 보호할 것을 말씀하셨다. 신명기 27:18에도 "'눈이 먼 사람에게 길을 잘못 인도하는 자는 저주를 받는다' 하면, 모든 백성은 '아멘' 하여라." 하고 말씀한다. 나아가 이사야 선지자는 종말론적인 관점에서 주님의 날이 임하면 시각장애인의 눈이 밝을 것이며 청각장애인의 귀가 열릴 것이고 지체장애인은 사슴같이 뛸 것이며 언어장애인의 혀는 노래할 것을 예언하고 있다(사 35:5-6). 예레미야 선지자도 장차 남은 주님의 백성들이 돌아올 때 그들 중에는 장애인들이 함께 할것을 예언했다(렘 31:8).

그러므로 예수님께서도 공생애를 시작하실 때 이사야 61:2의 말씀을 인용하시면서 "주의 영이 내게 내리셨다. 주께서 내게 기름을 부으셔서, 가난한 사람들에게 기쁜 소식을 전하게 하셨다. 주께서 나를 보내셔서, 포로 된 사람들에게 자유를, 눈먼 사람들에게 다시 보게 함을 선포하고, 억눌린 사람들을 풀어 주고, 주의 은혜의 해를 선포하게 하심이라."고 선포하셨다. 또한 실제로 우리가 사복음서를 읽어보면 주님께서 사역하신 내용이 모두 이 말씀을 실행하신 것임을 볼 수 있다. 그러므로 예수님께서 장애인들에게 행하신 사역 그 자체가 바로 그분이 메시아이심을 증거하는 것이다.

하나님께서는 장애인들을 사랑하실 뿐만 아니라 그들을 귀하게 사용하신다. 우리는 인간적으로 볼 때 희망이 없던 장애인들이 예수님을 만나 변화를 받고 하나님의 그릇으로 크게 쓰임받은 경우를 볼 수 있다. 보지도 듣지도 말하지도 못했지만 많은 사람에게 용기를 준 헬렌 켈러(Helen Adams Keller), 시각장애인이지만 『실락원』이라는 불후의 명작을 남긴 영국의 존 밀턴(John Milton), 보지 못하지만 우리가 즐겨 애창하는 주옥 같은 찬송가를 수없이 작사했던 크로스비(Fanny Jane Crosby) 여사, 미국의 한 장애 여성으로 귀하게 쓰임받고 있는 조니 에릭슨 타다(Joni Eareckson Tada) 여사가 있고, 우리나라에도 송명희 자매, 밀알선교단을 이끌고 있는 이재서 박사 등이 있다.

필자가 1990년대 초기 네덜란드에 온 지 얼마 안 되어 성탄절 특집방송으로 기획된 요스티 밴드(Josti Band) 공연을 보면서 깊은 감동을 받았다. 본 오케스트라는 170명의 정신지체장애인들로 구성되어 있다. 그러나 각종 장애에도 불구하고 그들이 할 수 있는 악기들이 하나씩 있다. 어떤 사람은 트라이앵글만 치고, 어떤 사람은 음표별로 색깔을 붙여 키보드를 친다. 한 사람씩 따로 보면 참으로 보잘것없지만 전체적으로는 오묘한 조화를 이루며 훌륭한 심포니를 만들어낸다. 본 오케스트라는 1966년에 발족하여 지금까지 화란 국내뿐만 아니라 불란서, 독일 및 스위스까지 순회 연주를 할 정도로 유명하다. 연주에 쓰이는 각종 악기들은 기존의 것들을 장애인들의 특성에 맞게 개조하였고, 자체적으로 개발한 것도 있다.

또한 화란에서 공부하던 한 장애인 목사님 댁은 장애인을 위한 시설이 완벽하게 되어 있어서 이층으로 올라가는 계단에 전동식 엘리베이터가 계단을 따라 움직이며 집의 현관문도 스위치만 누르면 자동으로 열린다. 이러한 시설을 사용하는 전기는 계량기가 별도로 설치되어 그 비용을 시에서 전적으로 부담한다. 그리고 목사님께서 타실 수 있는 스쿠퍼(배터리로 가는 전동차)와 휠체어도 시청으로부터 무료로 받았다. 한 외국인 장애인들을 위한 세심한 배려를 엿볼 수 있는 부분이다.

· · 보델슈빙 목사 기념 우표

독일 최대의 사회 복지 타운인 '벧엘(창세기 28장에 나오는 지명으로 '하나님의 집'이라는 뜻)'은 빌레펠트라는 도시에 있다. 1872년에 보델슈빙(Friedrich von Bodelschwingh, 1877-1946) 목사님이 간질환자들과 정신적, 영적인 질병 및 장애를 가진 환자들을 치료하고 수용하기 위해 시작된 시설이 오늘날 독일이 자랑하는 최대 규모의 복지타운으로 성장하게 된 것이다. 특히 간질병 치료에 대한 전문적인 기술이 축적되어 세계적으로도 유명하다. 그 외에도 마약 중독자들과 정신지체장애인들이 증세별로 구분되어 수용되어 있다. 거주할 집이 없는 사람들, 노인들, 치명적인 질병으로 죽음을 앞둔 환자들도 치료와 간호를 받고 있고 재가장애인으로 통원 치료를 받는 분들도 있다.

또한 현재 미국, 동구권 그리고 아프리카의 탄자니아 등 세계의 다른 여러 나라들과 국제적인 교류도 활발하다. 이 벧엘 안에는 학교, 병원, 장애인 수용 시설, 주택 등이 종합적으로 완벽하게 갖추어져 있다. 장애인과 정상인이 함께 통합적으로 살아가는 이상적인 복지타운인 것이다. 삶, 직업, 여가생활 등이 모두 이곳 안에서 이루어진다. 장애인과 이들을 헌신적으로 섬기는 이 시대의 선한 사마리아인들이 함께 그리스도의 사랑을 나누며 살아가는 '벧엘'은 진정 하나님이 계신 집이요, 작은 천국처럼 보였다.

누가복음 14장을 보면 예수님께서 종말론적인 잔치, 즉 우리가 하나님 나라에 들어갈 때 누릴 어린 양 혼인잔치에 대하여 비유로 말씀하시면서 우리가 구제하거나 잔치를 베풀 때 어떤 대가를 바라거나 값싼 동정을 베풀지 말고 가장 갚을 것이 없는 가장 가난한 자들과 장애인들을 초대할 것을 말씀하신다. 그들은 갚을 것이 없기 때문에 그것이 우리에게 복이 되어 우리가 부활할 때에 주님께서 갚아 주실 것이기 때문이다.

특별히 21절의 (우리말 성경에는 분명히 나타나지 않지만) 주인이 '이르되'라는 단어는 '명령하다'는 뜻이다. 그러므로 장애인을 섬기는 사역은 그리스도인들의 마땅한 의무요 사명인 것이다. 주님께서는 말씀하신다. 빨리 나가서 가난한 자들과 장애인들을 도와주고 그들을 주님께로 데려오라고. 교회는 장애인들이 스스로 교회에 나오도록 기다리고 있어서는 안 된다. 교회는 그들을 찾아가 복음을 전해야 할 사명이 있다. 장애인을 섬기는 것은 바로 주님을 섬기는 것이기 때문이다.

사도 바울도 고린도전서 12:22-27에서 약하고 부족한 지체가 더욱 존귀함을 강조하면서 하나님께서 그리스도의 몸을 고르게 하여 여러 지체가 서로 같이하여 돌아보아 한 지체가 고통을 받으면 모든 지체도 함께 고통을 받고 한 지체가 영광을 얻으면 모든 지체도 함께 즐거워한다고 강조한다.

하나님 나라, 즉 하나님께서 통치하시는 나라에는 더이상 이러한 장애가 있지 않고 영원한 축복만이 있을 것이다. 그러므로 우리도 이러한 장애인들에게 복음을 전하고 그들을 섬기는 사역을 계속해 나가야 한다. 이것을 통해 하나님 나라의 복된 소식이 전파되며 하나님 나라가 임하게 될 것이다.

장애인 선교는 사실 교회의 가장 중요한 사명인 선교와 구제를 동시에 할 수 있는 가장 이상적인 선교 전략이다. 왜냐하면 그들은 대부분 가장 가난할 뿐 아니라 가장 복음을 듣지 못한 소외된 약자 계층이기 때문이다.

III. 노인[3] : 센 머리 앞에 일어서라

필자가 독일에서 쾰른 한빛교회를 섬길 때에는 독일 교회당 건물을 세 군데 빌려서 사용했다. 그 가운데 한 교회는 일명 '양로원교회'라고 불린다. 쾰른 시립양로원 안에 위치해 있기 때문이다. 이 양로원은 한때 유럽 최대라고 불릴 정도의 규모를 가지고 있었다.

---

3 본고는 2001년 3월 21일(수) 기독신문에 발표했던 글을 약간 다듬은 것이다.

바로 이곳에서 한국 간호사들이 오래전부터 근무해 오고 있다. 이분들 중에 그리스도인들이 이 양로원교회에 모여 새벽기도, 성경공부, 제자훈련을 하고 있는데, 처음에는 독일 노인들 중 경건한 분들이 새벽기도를 해왔으나 거의 돌아가셨고 이제는 한빛교회 성도들이 그 새벽기도를 이어가고 있다. 요즈음은 사립양로원도 많이 생겼으나 아직도 이 시립양로원에 계시는 노인들은 가정 형편에 따라 다양한 혜택을 받고 있다.

한국도 1960년 이후 의학의 발달, 국민소득 수준의 향상, 보건위생환경의 개선 등으로 평균 수명이 연장되면서 노령 인구가 크게 증가하였다. 1960년에 52.4세였던 평균 수명은 1988년에는 66.1세에 이르렀고, 65세 이상 노인 인구도 1960년의 82만 5,000명에서 1993년에는 236만 명, 2000년에는 317만 명으로 전체 인구의 6.8%에 도달했으며, 2001년부터는 7%를 초과하여 본격적인 고령화 사회로 진입할 것으로 예상되고 있다. 나아가 2020년에는 노인 인구가 전체 인구의 13%, 2032년에는 20%를 넘어 초고령 사회에 진입할 것으로 예상된다.

이와 같은 노인 인구의 증가는 여러 가지 문제를 낳고 있다. 첫째로 부양의 문제이다. 한국은 전통적으로 노인 부양의 책임이 가족과 자녀, 특히 장남에게 있는 것으로 간주되어 노인이 가족과 함께 살아왔으나, 도시화 및 핵가족화로 말미암아 노인 부양은 심각한 위기를 맞고 있다. 인구 조사에 의하면 3세대 이상 가구는 1960년의 경우 전체 가구의 3분의 1이었으나 1980년대로 접어들면서 반감되었다. 한국노인문제연구소가 1994년에 실시한 조사에 의하면, 노인 혼자 또는 부부끼리만 사는 비율이 52.3%로 1970년대 초의 7.0%에 비하여 7배 이상 증가하였으며, 특히 전체 노인 중 41.0%는 자녀가 있음에도 함께 살지 않는 것으로 나타났다. 특히 농촌에서는 젊은이들의 이농 현상

심화로 65.8%의 노인이 자녀들과 따로 살고 있어서 노인들의 건강 악화에 따르는 보호 문제가 심각해지고 있다.

두 번째 문제는 고독이다. 옛날에는 노인들이 동네의 지도자였다. 왜냐하면 그때는 문명이 발달이 빠르지 않아 그들의 경륜이 돋보였고 따라서 젊은 이들의 선생이 되기에 충분했기 때문이다. 그런데 오늘날에는 사정이 달라졌다. 오늘날 과학시대에는 문명의 발전이 너무 빠르기 때문에 노인들이 따라갈 수가 없다. 그러므로 노인들은 더욱 소외되고 있다. 또한 노인 인구 변동을 보면 남자 노인에 비하여 여자 노인이 훨씬 더 많다. 노인 인구의 남녀 구성비는 1993년의 경우 60세 이상 노인의 남녀 비율이 약 5 대 9이고, 이는 고령화되면 될수록 격차가 더욱 심해져서 부부가 해로하지 못하고 고독한 생활을 하게 된다.

세 번째로 경제적 능력이 없는 노인들이 증가하여 빈곤한 노인들의 생계 유지가 심각한 문제로 대두되고 있다. 특히 이러한 문제는 도시에서 더 심각할 것으로 생각하기 쉽지만 실제로는 농촌의 저소득층 노인이 더 큰 문제가 되고 있다.

이러한 노인 문제의 해결을 위해서는 우선 국가적인 차원에서 노인 복지정책이 수립되어야 한다. 노인 복지정책은 우선적으로 노인들의 문제, 즉 빈곤, 건강, 고독에 대한 요구를 충족시켜 주는 것이 가장 바람직할 것이다. 따라서 소득 보장을 위한 정년 연장, 연금제도와 건강을 위한 의료보호제도 등을 개발하고 여가 선용 및 고독의 문제를 해결하기 위한 지역 단위의 경로당, 노인대학 등 다양한 프로그램을 개발해야 할 것이다. 그리하여 복지사회의 기본 이념이라 할 수 있는 최저 생활과 기회 균등이 노인들에게도 구현되어야 한다. 독일이나 화란의 경우, 노인의 건강 유지와 생활 안정을 위한 의료보험 및 연금제도가 국가에 의해 보장되고 있다.

그러나 인간은 빵만으로는 살 수 없다. 단순한 육체적 생존만이 생활의 전부는 아니다. 노인도 사회적 존재이므로 사회적 활동과 욕구 충족을 가능하게 함으로써 가정이나 지역 사회에서 정상적인 대인관계를 유지하게 하여야 한다. 그들도 삶에 대한 만족과 보람을 느끼며, 사회의 일원으로서 일정한 역할을 담당해야 할 권리와 의무를 지니고 있다. 나아가 노인들은 죽음을 앞두고 있기 때문에 누구보다도 영적인 욕구가 강하다. 그러므로 이들의 영적인 필요도 채워 줄 수 있는 교회의 경로사역도 보다 효과적으로 개발되어야 할 것이다.

성경을 보면 하나님께서는 노인들에게 각별한 관심과 사랑을 보이셨다. "백발이 성성한 어른이 들어오면 일어서고, 나이 든 어른을 보면 그를 공경하여라. 너희의 하나님을 두려워하여라. 나는 주다(레 19:32)." 그러나 이 말씀대로 순종하는 사람은 많지 않은 것 같다. 가령, 한국의 버스나 지하철에 경로석을 지정하여 놓았지만 이것이 잘 운용되지 않는다고 한다. 그 자리에 처음 앉을 때에는 노인들이 올라오면 일어나야겠다고 생각하지만 일단 앉으면 일어나기 싫어진다. 그래서 노인들이 올라와도 모른 척 또는 자는 척하며 고개를 숙이기도 한다. 그럴 때는 노인들도 미안해서 그 앞에 서 있을 수 없게 된다. 그런 제도가 없어도 스스로 자리를 양보하고 노인들을 섬겨야 할 텐데 안타까운 일이 아닐 수 없다. 노인을 공경하는 것은 하나님의 명령이다. 따라서 노인에 대한 부정적 태도를 갖는 노인차별주의(Ageism)는 단호히 배격되어야 할 것이다.

또한 잠언 16:31에 "백발은 영화로운 면류관이니, 의로운 길을 걸어야 그것을 얻는다."라고 하였다. 물론, 노인들도 새로운 의식을 가져야 한다. 비참하다는 생각을 버리고 주 안에서 힘을 얻고 허무감을 극복해야 한다. 쓸모없게 되었다는 생각을 버리고 주 안에서 얼마든지 귀하게 쓰일 수 있다는 자신감을 가져야 한다. 75세에 부름 받은 아브라함이나 80세에 이스라엘 백성들을 애굽에서 건져낸 모세 그리고 85세의 고령에도 불구하고 험한 산지 헤브론을 달라고 했던 갈렙을 본받아야 한다. 또한 성전에서 기도하며 주의 구속을 사모하다가 아기 예수를 영접했던 시므온 할아버지와 안나 할머니처럼 하나님의 나라에는 노인들도 다 쓰임받을 수 있다. 요엘은 성령을 받으면 노인들도 새 힘을 얻고 새로운 비전을 갖게 된다고 예언했다. 노인들은 하늘나라를 향한 소망과 새로운 의식 그리고 용기를 갖고 살아가야 한다.

또한 성경에는 과부를 보호하라는 말씀이 자주 나타난다(신 10:18; 14:29; 24:17 등). 구약시대의 과부는 고아와 나그네와 더불어 가장 연약하며 착취당하고 이용당하기 쉬운 사람들로서(예를 들면, 룻기의 나오미) 오늘날의 과부와는 달리 늙고 생활 대책이 없는 독신자들이다. 신약시대에도 60세가 넘은 과부만을 과부 명부에 올리는 경우를 볼 수 있다(딤전 5:9). 그러므로 노인 독신자들을 위한 교회의 사역은 하나님의 명령에 근거한 사역이다.

우리는 노인의 시기를 단순히 쇠약해지고 무력해져서 죽음의 길로 걸어가는 내리막길이 아니라 오히려 인생이 계속적으로 성숙되는 계절로 보아야 한다. 인생의 모든 시기는 교육을 필요로 한다. 노년도 예외가 될 수 없다. 그런데 교회 교육 현장을 살펴보면 아예 노년부가 없거나 유명무실한 경우가 대부분이다. 어린이 교육이 중요한 만큼 노인 교육도 중요하다. 교회 내에는 노인들이 교육을 받을 수 있는 노년부가 설치되어야 하며 교회 교육의 결실을 거두는 부서로 운영되어야 할 것이다.

또한 노인 교육에 장애가 되는 요소를 제거해야 한다. 가령, 노인들을 위해서 보청기, 큰 활자로 인쇄된 서적, 휠체어 등을 준비해야 하며, 노인들도 쉽게 출입하고 사용할 수 있는 교회 건물이 되어야 할 것이다.

　노인 공경의 열매는 곧 우리에게 돌아온다. 노인을 멸시하고 천대하면 곧 우리들도 멸시와 천대를 받을 것이다. 우리가 노인을 공경할 때 후세들도 노인을 공경할 것이다. 이 일에 우리 기독교인들이 먼저 앞장서야 할 것이다.

　노인에 대한 존경은 신앙의 일부분이다. 노인 공경 문화를 실천해야 한다. 가정에서도 노인을 높이고 젊은이들과 어린이들에게 노인 공경하는 법을 가르쳐야 한다. 필자가 섬기는 교회에서는 매년 5월에 '효도잔치'를 개최한다. 교회에 나오시는 노인뿐만 아니라 쾰른 지역에 거주하는 교민 중 60세가 넘은 어르신들을 초대하여 함께 예배를 드리고 예배가 끝나면 교회에서 정성껏 준비한 음식과 선물 그리고 다채로운 행사로 노인들을 기쁘게 해드린다. 이것은 교회가 지역 사회를 섬기는 하나의 예가 될 것이다.

　한국의 경우 춘천에 있는 어느 교회는 노인선교에 관심을 두고 사회봉사 위원회를 구성해 효도관광을 주선하고, 봄과 가을에 정기적인 노인위로잔치를 베풀며, 거동이 불편한 노인들에게 의족을 지급하고 보일러를 설치하여 지역사회에 큰 호응을 얻고 있다고 한다. 또한 매월 마지막 목요일을 '재가노인 봉사의 날'로 정하여, 80명 분의 도시락을 노인들에게 나눠 주며, 매월 마지막 오후예배를 마친 후 각 기관별 혹은 가정 단위로 독거노인이 거주하는 10가정을 방문해 청소와 식사 준비를 해주고 말동무가 되어 주기도 한다. 또한 효과적인 노인목회를 위해 노인들이 생활할 수 있는 주거공간인 '노인복지타운'을 계획하고 있다고 한다. 이러한 노인복지타운은 4,000-5,000평 정도의 대지에 원룸형 아파트 형식으로 예배실과 체육시설, 텃밭 등으로 지어질 공동체마을인데, 이 복지타운을 바탕으로 교회 내 노인뿐만 아니라 지역 노인을 대상으로 복지사업을 펼쳐 나갈 예정이라고 한다.

또한 정읍의 어느 교회도 노인이 많은 지역적 특성을 고려하여 교회 자체적으로 경로대학을 운영하면서 매주 목요일 영어, 한글, 서예, 성경, 컴퓨터 등을 가르쳐 지역사회로부터 큰 호응을 얻고 있다. 또한 경로대학과 함께 경로식당과 이·미용실을 운영하고 있는데 경로식당은 주 5회 지역 독거노인과 영세노인을 위해 차량을 운행, 교회에서 식사를 제공하고, 이·미용실은 지역사회와 연계하여 자원봉사자들이 운영하고 있다. 또한 인근 한의원과 병원, 목욕탕과도 제휴하여 지역노인이 경로대학증만 가져가면 반액할인이나 1,000원만 받는 혜택을 제공하기도 한다.

이러한 노인목회는 교회의 사회봉사 및 선교라는 목회자의 인식전환이 필요하며 재정과 봉사인력 확보를 위해 성도의 참여가 무엇보다 중요하다. 또한 교단 차원의 노인 관련 목회정보 제공도 필요할 것이다.

하나되어 열방을 섬기는 디아스포라[1]

Ⅰ. 문제의 제기

21세기는 글로벌 시대인 동시에 디아스포라의 시대이기도 하다. 모임과 흩어짐이 동시적으로 일어난다. 많은 민족들이 여러 가지 이유로 조국을 떠나 다른 나라에 흩어져 살고 있다. 그중 하나가 바로 한민족이라고 할 수 있다.

한민족 이민의 역사를 보면 그리 순탄한 과정은 아님을 알 수 있다. 멕시코에 노예로 끌려가기도 했고, 중앙아시아로 강제로 이주당하기도 했으며, 1960년대부터는 독일 취업 이민이 생겨났고, 1970년대부터 보다 나은 삶을 위한 미국, 캐나다, 호주 등지로의 자력 이민도 시작되었다. 그후 한국의 경제가 성장하면서 주재 상사 직원들, 개인 사업, 유학 등 다양한 부류의 한국인들이 전 세계로 퍼져 나가기 시작하여 지금은 인구 대비로 볼 때 유대인 다음으로 많은 디아스포라 한국인들이 있다고 한다.

---

1 본고는 2011년 「목회와 신학」 8월호에 실렸던 것을 다시 다듬은 것이다.

또 한 가지 괄목할 만한 사실은 한국인들의 국제 결혼이 급증하고 있다는 사실이다. 최근 신문 기사에 의하면 새로 결혼하는 여덟 쌍 중 한 쌍은 국제 결혼을 하고 있다고 한다. 그만큼 한국인들의 국제화가 급속도로 증가하고 있다는 하나의 증거라고 볼 수 있다.

그런데 놀라운 것은 이 한국인들이 어디를 가든 교회를 세운다는 것이다. 일본인들은 어디에 가든 먼저 비지니스를 하고, 중국인들은 먼저 식당을 하지만 한국인들은 언제나 교회 중심으로 생활한다. 이 한인 교회들을 통해 해외 한인들이 신앙을 가지게 되는 경우가 많은 것은 매우 고무적인 현상이다.

하지만 동시에 이 한인 디아스포라 교회의 한계도 있다. 특히 1세의 경우, '한인'이라는 울타리를 넘지 못한 채 '게토' 교회로 남다가 결국 여러 가지 문제들로 '분열' 등 어려움을 겪고 있는 것 또한 사실이다. 이와 동시에 2세와 3세들도 분명한 정체성을 갖지 못한 채 풍성한 잠재력에도 불구하고 그 재능을 충분히 살리지 못하는 경우도 많다.

동시에 한국 사회도 더욱 다인종, 다문화 사회로 변하고 있다. 중국, 베트남 등지의 여성들과의 국제 결혼, 외국인 노동자들의 급속한 유입 등이 그 증거이다. 하지만 한국 교회는 이러한 시대 변화에 적합한 다인종, 다문화 사역을 적극적으로 펼치지 못하고 있다. 한국 교회는 대부분 한인들만을 대상으로 하며 외국인들을 위해서는 기껏해야 영어 예배나 일어 예배 또는 중국어 예배를 따로 드리는 정도이다. 여러 민족들이 함께 주님을 경배하는 교회를 찾기란 쉽지 않다. 이러한 점에서 한국 내의 한인 교회 역시 또 하나의 게토를 형성하고 있는 것이 아닌가 생각된다. 이와 동시에 한국 교회의 가장 치명적인 약점인 교단 및 교파의 분열은 한국 교회의 성장을 가로막고 있는 아킬

레스건이 되고 있다.[2]

이러한 상황을 어떻게 바로 이해하고 앞으로 하나님 나라의 비전을 어떻게 바로 제시할 것인가 하는 문제 의식이 이 글을 쓰게 된 동기이다.

II. 성경적 근거

먼저 하나님의 계획 및 성경적 근거를 살펴보지 않을 수 없다. 성경에 나타난 하나님의 구원 계획을 자세히 연구해 보면 분명한 모델과 해답을 찾을 수 있다. 하나님은 먼저 아브라함을 택하시고 최초의 디아스포라가 되게 하시면서 그를 축복의 근원으로 세우신다. 그리고 그를 통해 열방이 복을 받을 것이라고 말씀하셨다.

여기서 우리는 열방을 섬기기 위해 먼저 아브라함을 디아스포라로 부르시는 하나님을 보게 된다. 이것을 반대로 생각하면 그가 고향이라고 하는 안전 지대(comfort zone)에 머물러 있었더라면 축복의 근원이 되기 어려웠을 것이라고 말할 수도 있을 것이다. 그렇다고 해서 반드시 한인 디아스포라만 열방을 섬겨야 한다고 적용할 수는 없다. 아브라함의 떠남은 물리적인 면도 있겠지만 오히려 영적인 떠남, 삶의 방향과 가치의 전환을 의미한다고 보아야 한다. 즉 세상의 우상들을 본받지 않고 주 하나님의 언약 백성으로 살겠다고 결단할 때 하나님께서 축복의 근원으로 삼으시겠다고 약속하신 것이다. 하나님께서 아브라함을 복의 근원으로 삼으신 것은 결국 그의 신앙을 따르는 모든 사람을 축복하신다는 의미이고, 따라서 우리도 아브라함과 같은 삶을 살 때 이 땅에

---

2 이 부분에 대해서는 졸저 『하나됨의 비전』 (서울: IVP, 2006) 제1장 참조.

서 모든 민족들의 축복의 통로로 사용된다는 의미일 것이다.

비록 아브라함은 진정한 축복의 통로가 되기 위해 수많은 연단의 과정을 거쳤지만 마침내 그는 약속대로 믿음의 조상이 되었고, 그의 후손으로 오신 예수 그리스도를 통해 열방이 구원의 축복을 얻게 된다. 그러므로 누구든지 예수를 그리스도로 믿고 영접한 후 아브라함과 같은 순종과 인내의 신앙생활을 하면 열방을 섬기는 축복의 삶을 살 수 있다.

그것을 가장 먼저 구체적으로 보여 준 인물은 요셉일 것이다. 본의 아니게 어린 나이에 노예로 애굽에 끌려가 온갖 어려움을 다 겪었지만 믿음을 잃지 않고 온전히 주님만 의지하며 연단받은 후에 마침내 애굽의 총리가 되어 자신의 가족들뿐만 아니라 애굽을 포함한 주변의 많은 민족을 살리고 섬기는 디아스포라의 사명을 훌륭히 감당했다.

시편과 선지서에도 이러한 부분에 대해 분명한 언급이 나온다. 시편 2:8을 보면 "내게 구하라 내가 열방을 유업으로 주리니 네 소유가 땅 끝까지 이르리로다."라고 말씀한다. 예수 그리스도를 통해 열방이 주님께 돌아올 것을 예언하는 것이다. 그 외에도 시편 24:1; 33:8; 46:10 그리고 여러 선지자들이 동일한 비전을 보여 준다(사 9:1-2; 66:18-19; 렘 22:3; 겔 47:21-23).

그후 바벨론 포로시대에는 다니엘을 들지 않을 수 없다. 요셉과 같이 어린 나이에도 뜻을 정하고 하나님을 온전히 섬겼고, 여러 왕조를 거치면서 다양한 박해와 위협 가운데서도 자신의 신앙적 정체성을 잃지 않았고, 오히려 이방의 왕들과 신하들로부터 인정받아 열방을 섬기는 디아스포라로 하늘의 별과 같이 빛나는 삶을 살았음을 볼 수 있다.

아브라함, 요셉, 다니엘 이 세 인물의 역할은 메시아로 오신 예수 그리스도의 사역에 의해 더욱 분명히 나타난다. 신약시대에는 예수 그리스도께서 만민의 구세주로 오셔서 구속 사역을 성취하시고 승천하심으로 모든 열방들이 하나되어 하나님 나라의 백성이 될 수 있는 축복에 참여할 수 있게 되었다. 예수님께서는 이것을 이미 요한복음 11:52에서 미리 암시하셨고 요한복음 17:21에서 간절히 기도하셨음을 보게 된다.[3] 그후 성령을 보내 주셔서 마침내 제자들로 하여금 언어와 인종의 장벽을 넘어 땅끝까지 복음의 증인이 되게 하신다.

사실 오순절의 성령 강림은 복음의 축복이 디아스포라를 통해 흘러갈 것을 매우 분명하게 보여 준 사건이라고 말할 수 있다. 예루살렘에 모여들었던 사람들을 보면 그야말로 전형적인 디아스포라들이었는데 120명의 제자들이 그들을 향해 각각 태어난 곳의 방언으로 복음을 전한다. 베드로의 설교를 살펴보아도 이 사실을 더욱 분명히 알 수 있다. 사도행전 2:38-39에 보면 "너희가 회개하여 각각 예수 그리스도의 이름으로 세례를 받고 죄 사함을 받으라 그리하면 성령의 선물을 받으리니 이 약속은 너희와 너희 자녀와 모든 먼 데 사람 곧 주 우리 하나님이 얼마든지 부르시는 자들에게 하신 것이라."라고 말씀한다. 복음의 축복이 대를 이어 후손들에게 그리고 땅 끝까지 이를 것을 증거한 것이다. 이 말씀을 듣고 삼천 명이 회개하고 주님께 돌아왔다. 그들 중에는 예루살렘에 살고 있는 사람들도 있었겠지만 여러 나라에서 온 디아스포라도 있었을 것이다.

베드로와 요한이 성전 미문에 앉아 구걸하던 장애인을 고친 이후 다시 설교한 내용을 보면 이 진리는 더욱 분명해진다. 사도행전 3:25-26에 보면 "너희는 선지자들의 자손이요 또 하나님이 너희 조상과 더불어 세우신 언약의 자손이라 아브라함에게 이르시기를 땅 위의 모든 족속이 너의 씨로 말미암아 복을 받으리라 하셨으니 하나님이 그 종을 세워 복 주시려고 너희에게 먼저 보

---

3 같은 책 제3장 참조.

내사 너희로 하여금 돌이켜 각각 그 악함을 버리게 하셨느니라."라고 말씀한다. 즉 열방을 향한 축복이 되기 위해 아브라함을 부르신 하나님께서 하늘나라를 떠나 이 땅에 오신 가장 궁극적인 디아스포라 예수 그리스도를 통해 모든 민족들이 구원의 축복을 받게 될 것을 증거하면서 이제 그 축복을 받으라고 권면하는 것이다.

나아가 성령께서는 빌립 집사를 통해 사마리아와 아프리카에 복음이 증거되게 하셨고, 사도 베드로도 처음에는 잘 이해하지 못했으나 세 번이나 반복된 환상과 고넬료 가정 방문을 통해 마침내 이방인들에게 구원의 문이 열렸음을 깨닫게 된다. 특별히 이 베드로가 본 환상과 고넬료 가정 방문 사건을 그의 선교적 마인드에 일어난 하나의 패러다임 쉬프트(Paradigm Shift)라고 부르고 싶다. 그리하여 개인뿐만 아니라 흩어진 주님의 백성들이 복음의 증인이 되면서 디아스포라 교회들이 세워지고, 그 교회들을 통해 열방이 복음의 축복을 받게 되는 것을 분명히 알게 된다.

그리하여 안디옥 교회, 빌립보 교회, 에베소 교회를 비롯한 대부분의 초대교회들을 보면 '단일민족교회'가 아니라 '유대인과 이방인이 하나된 교회'였다. 그러한 디아스포라 교회들이 시대적 사명을 감당했을 때 열방을 섬기는 축복의 통로가 되었던 것이다. 사도 바울은 각 교회에 편지를 쓸 때마다 바로 이러한 점을 강조하면서 하나됨을 힘써 지키라고 권면하는 것을 볼 수 있다.

먼저 안디옥 교회는 핍박을 받아 흩어진 성도들이 예루살렘에서 안디옥까지 가서 복음을 전하여 설립된 교회였다. 그 교회의 지도자들을 보면 구브로 출신 바나바와 같은 정통 유대인, 길리기아 다소 출신의 바울과 같은 학자 디아스포라 유대인, 아마도 흑인으로 아프리카 출신인 것으로 보이는 니게르라고도 하는 시므온, 또한 북아프리카의 구레네 출신인 루기오 그리고 정치적 영향력이 있어 보이는 마나엔 등 매우 다양한 배경을 가진 디아스포라의 집합체인 것을 분명히 볼 수 있다. 이 교회가 성령의 충만을 받고 선교 역량을 최대화함으로 당시 소아시아에 복음을 전하는 선두 주자로 귀하게 쓰임받았던, '열방을 섬기는 디아스포라'였음을 알 수 있다.

유럽에 세워진 최초의 교회였던 빌립보 교회 또한 같은 맥락에서 이해할 수 있다. 가장 먼저 복음을 받아들였던 루디아는 사실 아시아의 두아디라 출신인 디아스포라로서 상류층 여성이었으며, 바울과 실라를 감옥에 가두었던 백부장은 로마 사람으로 중류층이라고 볼 수 있고, 귀신들렸다 나은 여종은 헬라인이거나 다른 나라에서 수입된 노예 출신인 하류층으로 볼 수 있을 것이다. 이렇게 다양한 배경의 사람들이 그리스도 안에서 하나되어 다시금 바울 사도의 복음 사역에 귀한 후원 교회가 되어 열방을 섬기는 디아스포라 교회가 되었던 것이다.

에베소 교회 또한 유대인들과 이방인들이 하나되어 그 지역에서 복음의 빛을 발했던 교회였다. 그 교회를 섬긴 디모데 그리고 그곳에서 말년을 보냈던 사도 요한과 예수님의 어머니 마리아 역시 디아스포라였음을 보게 된다. 그 외 대부분의 초대교회들은 다양한 디아스포라 교회로서 복음의 축복을 나누어 주는 통로로 쓰임받았다.

마지막으로 이러한 비전은 요한 계시록의 말씀을 통해 어떻게 완성되는지를 볼 수 있다. [4] 즉 하나님의 보좌 앞에서 구원받은 모든 디아스포라들이 함께 하나되어 찬양과 영광을 돌린다(계 7:9-10).

---

4 같은 책 제9장 참조.

III. 적용

필자는 이 구속사의 마지막 때에 한인 디아스포라 교회가 바로 이 '열방을 섬기는 디아스포라'의 바톤을 이어받았다고 생각한다. 수많은 고난에도 굴하지 않고 전 세계에 흩어져 주님의 교회를 세우며 미국 다음으로 많은 선교사들을 파송하는 한국 교회를 향하신 하나님의 분명한 계획이 있다. 그럼에도 불구하고 한인 디아스포라 교회들은 '게토 의식'에서 좀처럼 벗어나지 못하고 있는 것 같다. 한국 교회의 신학 역시 아직도 '서양 신학'을 수입하여 소화하는 데 급급하며, 한국 교회의 출판계 역시 해외의 책들을 번역하는 것이 주종을 이루고 있다. 그러므로 한인 디아스포라 교회는 무엇보다도 이러한 '게토 멘탈리티(Ghetto mentality)'를 분명히 극복할 때 진정 열방을 섬기는 축복의 근원이 될 수 있다고 확신한다.

보다 구체적인 대안들을 세 가지 제시해 보겠다.

첫 번째로 **'다민족 또는 다문화교회'의 비전**이다. 필자가 독일 쾰른에서 사역을 시작했을 때, 하나님께서는 교단, 교파가 다른 네 교회를 하나로 통합시켜 주셨다.[5] 그리고 한인들만이 아닌 독일, 중국, 몽골, 스웨덴 등 다양한 성도들을 섬길 수 있도록 인도하셨다. 그리하여 주보를 한글, 독어, 한자 및 영어를 병기하게 되었고, 예배시간에 성경본문을 다양한 언어(독어, 중국어, 한글, 스웨덴어 등)로 봉독하게 하셨다. 그리고 한인이 아니신 분들이 소외감 느끼지 않도록 소그룹 사역 등을 통해 최대한 배려하였다.

현재 필자가 섬기는 교회는 시무장로 네 분 중 두 분은 한인이시지만 다른 두 분은 벨지움 분이시다. 그래서 회의를 할 때 그리고 이메일을 사용할 때 공

---

5 같은 책 제5장 참조.

· · 여러 언어로 성경을 봉독하는 연합예배   · · 국제 Opendoors J.Companje 목사의 설교와 기도

식 언어는 영/한어이다. 그 외에도 예배는 영어, 불어, 화란어로 동시 통역되어 화란 성도들, 불어권 벨지움 성도들, 프랑스에서 오신 분들, 중국 청년들, 태국에서 오신 여성, 코소보 난민 가정, 방글라데시 가정 등 다양한 성도들을 섬기도록 인도하고 계신다.

물론 미국, 캐나다, 스웨덴, 체코 등지에서 이미 활발한 다민족 교회 사역이 이루어지고 있지만 한인 디아스포라 교회가 주도권을 가지고 하는 경우는 아직 많지 않을 것 같다. 하나님의 나라는 무지개와 같이 다양한 민족들로 구성되어 있는 'Colorful Kingdom'이므로 한인 디아스포라 교회가 분열과 게토 멘탈리티를 극복하여 열방을 섬길 때 진정 축복의 통로가 될 것이다.[6]

둘째는 **'다양한 협력 사역'**이다. 쾰른에서 사역할 때 주님께서는 독일 교회들 및 여러 외국인 교회들과 다양한 협력 사역을 펼치도록 인도해 주셨다. 특히 매년 9월 중순에 일본 교회와 연합으로 드려진 성찬예배는 진정 주님 안에서 두 민족이 화해하고 하나될 수 있음을 체험하는 귀한 시간이었다.

---

6 이 주제에 관해서는 Elizabeth Conde-Frazier, S. Steve Kang, Gary A. Parrett 공저, *A Many colored Kingdom: Multicultural Dynamics for Spiritual Formation* (Grand Rapids: Baker, 2004) 참조.

벨지움에서도 여러 교회 지도자들과 만나면서 협력 사역을 진행하고 있으며 특히 우리 교회 예배당을 영어/불어권 교회 성도들에게 임대하면서 섬기고 있다. 여기에는 벨지움, 영국, 독일, 아프리카 등 다양한 성도들이 출석하는데, 일 년에 한 번 정도 연합예배를 드림으로 주님 안에서 한가족임을 체험하며 함께 협력하고 있다. 이 교회는 원래 미국 교회(East Brussels Church of God) 소속으로 예배당이 없어 찾고 찾다가 우리 교회까지 왔을 때 기꺼이 예배당을 제공한 것이다. 지난 성령강림주일(2007년 5월 27일)에는 연합예배를 드려 더욱 큰 하나님의 은혜를 체험하였으며 부족하나마 여러 민족들을 섬길 수 있는 축복의 통로가 됨을 감사드렸다.

마지막으로 **현지에 뿌리박은 위대한 신앙적 리더들을 배출하는 것**이다. 이제는 독일과 벨지움에도 2세들 중 의사, 변호사, MBA, 목회자 등 다양한 인재들이 나타나고 있다. 앞으로 이들에게 현지에서 요셉과 다니엘처럼 위대한 신앙의 인물로 멋있게 쓰임받는 비전을 심어 주어야 할 것이다.

구체적인 독일 교회의 예를 하나들고 싶다. 독일의 복음주의 주간지 *Idea Spektrum* 2007년 3월 21일자에는 독일의 호르스트 쾰러(Horst Köhler) 대통령이 남미의 파라과이를 방문한 기사가 나온다. 그런데 그 방문의 이유를 살펴보면 놀랍고 감동적이다.

종교개혁 이후 독일에 있던 메노나이트 교도들이 신앙의 자유를 찾아 멀고 먼 남미의 파라과이로 이주했다. 그리고 거기서 정착하여 삶의 뿌리를 내리고 현지 사회에서 빛과 소금의 삶을 살았다. 파라과이의 니카노르 두아르테 프루토스(Nicanor Duarte Frutos) 대통령과의 만찬에서 독일 대통령은 이 메노나이트 후손들이 그 땅에서 축복의 근원이 된 점을 언급했다. 지금도 그들은 파라과이의 어려운 상황에서 도피하려 하지 않고 오히려 그 땅을 회복하기 위해 노력하고 있다. 파라과이 대통령은 가톨릭 신자이지만 부인은 그 나라의 수도인 아순시온에 있는 한 메노나이트 교회의 성도이다. 프루토스 대통령은 독일계 메노나이트 후손들 중 세 명을 그의 내각에 지명했다. 즉 재정부 장관(Ernst Ferdinand Bergen), 재정부 차관(Andreas Neufeld) 그리고 대통령 자문(Carlos Walde)인데 이 세 사람은 파라과이가 짊어지고 있는 국가의 채무 중 치명적인 부분을 변제받는 데 결정적인 공헌을 했다.

나아가 이 메노나이트 후손들은 사회적 책임을 감당하여 현지 지역 중 차코(Chaco)에 있는 원주민들과 원만한 협력관계를 이루어가고 있다. 파라과이에 사는 6백여만 명의 인구 중 독일계 메노나이트 후손들은 약 3만 5천 명이다. 하지만 이들이 파라과이의 주요한 산업을 장악하고 있는데, 유가공산업은 전체의 80%를 점유하고 있다고 한다. 파라과이는 사실 국민의 94%가 가톨릭이며 개신교도들은 4%에 불과하다.

나는 이 기사를 읽으며 이것이 바로 열방을 섬기는 디아스포라의 멋진 예가 된다는 확신을 가지게 되었다.

동시에 2세들을 선교 자원화, 선교 동력화할 때 놀라운 열매를 맺을 수 있을 것이다. 주일학교 및 청소년 시기부터 선교에 대한 비전을 심어 주고 단기 선교와 같은 훈련 프로그램을 통해 동기 부여를 한다면 이들은 다양한 전문 직업인으로 성령께서 귀하게 쓰실 수 있는 그릇들이 될 것이다.

한인 디아스포라가 주님께서 심으신 곳에서 온전히 선교 동력화되어 열방을 섬기는 선교의 전진 기지요, 축복의 통로로 쓰임받아 하나님께 영광을 돌리게 되기를 간절히 소원한다.

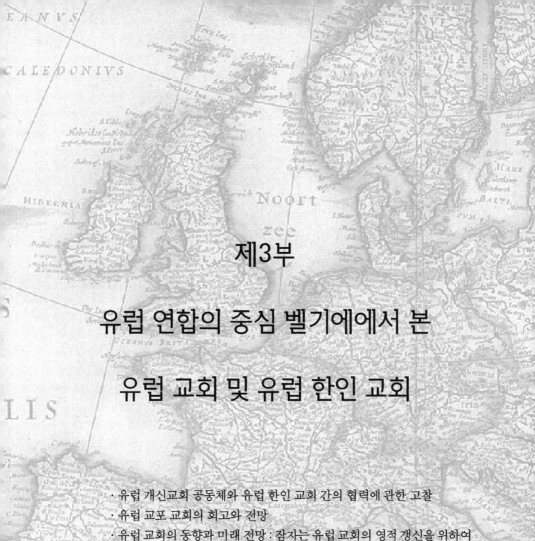

제3부

유럽 연합의 중심 벨기에에서 본

유럽 교회 및 유럽 한인 교회

· 유럽 개신교회 공동체와 유럽 한인 교회 간의 협력에 관한 고찰
· 유럽 교포 교회의 회고와 전망
· 유럽 교회의 동향과 미래 전망 : 잠자는 유럽 교회의 영적 갱신을 위하여

유럽 개신교회 공동체와
유럽 한인 교회 간의 협력에 관한 고찰[1]
(Community of Protestant Churches in Europe : CPCE)

2차 세계대전 이후 유럽의 개신교회 지도자들은 연합을 위해 노력하며 대
화를 지속해 왔다. 그 열매로 1973년 3월 스위스의 작은 마을 로이엔베르그에
는 매우 중요한 모임이 개최되었다. 그들은 그동안 수많은 교파로 분열된 유
럽 개신교회의 하나됨을 회복하는 것에 대해 진지하게 의논하였고, 그 결과로
'로이엔베르그 휄로우십(Leuenberg Fellowship)'이 탄생했다. 이들은 함께 '로이
엔베르그 협정(Leuenberger Konkordie/Leuenberg Agreement)'이라고 하는 공동
문서를 작성하였다.[2] 그후 이 문서는 계속 다듬어져 1994년 5월 3일에서 10일
까지 비엔나에서 열린 총회에서 만장일치(기권 1표)로 채택되었다. 이 모임에

---

1 본고는 2009년 4월 파리에서 개최된 유로비전포럼에서 발표한 글을 다시 다듬은 것이다.
2 Die Kirche Jesu Christi: Der reformatorische Beitrag zum ökumnischen Dialog über die kirchliche
Einheit, Im Auftrag des Exekutivausschusses für die Leuenberger Kirchengemeinschaft(Gemeinschaft
reformatorischer Kirchen in Europa)/ The Church of Jesus Christ: The Contribution of the Reforma-
tion towards Ecumenical Dialogue on Church Unity, By order of the Executive Committee for the
Leuenberg Church Fellowship, Leuenberger Texte Heft 1, (Frankfurt am Main: Verlag Otto Lembeck,
1995). 보다 자세한 내용은 웹사이트 www.leuenberg.eu 참조.

는 유럽 전역과 5개의 남미 교단을 포함한 90개의 루터교회, 개혁교회 그리고 연합교회 대표들이 참가하였다.

　이 모임은 가톨릭 교회의 제2바티칸 공의회에 필적하는 개신교회 대표자들의 모임이라고 말할 수 있으며, 2003년 10월 31일 이후부터는 "유럽 개신교회 공동체(The Community of Protestant Churches in Europe : CPCE)"라고 불리게 된다. 본 협정은 450년간 지속되어 왔던 루터교회와 개혁교회의 분열을 회복한 역사적 문서로서 복음에 대한 공동 이해에 기초하여 서로 강단을 교류하고 성찬을 함께 나누며 나아가 복음을 증거하는 사명 및 신학적 사역에 상호 협력하고 있다. 이 협정은 교회의 통일성(*The unity of the church*)에 관해 다음과 같이 설명하고 있다:

　　성도들의 공동체로서 교회의 통일性은 그 근원을 예수 그리스도 안에서 화해의 능력으로 그리고 성령으로 말미암아 피조계를 완성하시는 삼위일체 하나님의 통일성에 뿌리박고 있다. 종교개혁의 이해에 따르면 이러한 통일성은 따라서 교회들 자체적인 행동으로 성취되는 이상이 아니라 하나님의 역사하심으로 그리스도인들과 교회들에 주어지는 것이다. 그러므로 교회들은 조직의 역사적 형태와 모습들의 다양함을 지니면서도 교회들 간의 살아 있는 교제의 기초로서 하나님의 이러한 선물을 가시적 방법으로 증거해야 할 책임을 가지고 있다.[3]

3　졸저 『하나됨의 비전』 (서울: IVP, 2006), 92. 영어 원문은 다음과 같다:
　"The unity of the church as the community of saints is rooted in the unity of its origin, i.e. in the unity of the triune God who in the power of the reconciliation in Jesus Christ consummates the creation through the Holy Spirit. According to the understanding of the Reformation this unity is therefore not an ideal still to be achieved by the churches' own activity, but it has been given to Christians and to the churches as the work of God. Thus the churches are faced with the task to witness in visible

나아가 교회의 통일성에 가장 중요한 요소로 '말씀(word)'과 '성례(sacrament)'를 언급하면서 *종교개혁의 근본적인 확신(fundamental conviction of the Reformation)*을 재확인하였다.[4] 또한 진정한 교회의 표식들(the marks of the true church: *una sancta catholica et apostolica ecclesia*, 즉 통일성, 거룩성, 보편성 및 사도성)이 존재하고 교리적 합의가 이루어진다면 상호 교제를 위한 구체적 조치가 취해져야 한다고 선언했다.[5] 이러한 합의가 완전히 이루어지지 않은 경우에도 장애 요소들을 제거하기 위해 노력해야 한다고 주장하면서 이는 특히 가톨릭 교회, 정교회 그리고 기타 개신교회들에게 적용되어야 한다고 명시하고 있다. 그러면서 개교회 차원에서 교제를 나누기 위한 구체적 방법들과 글로벌한 차원에서의 접근 방법을 제시하면서 이것은 결코 인간이 할 수 있는 일이 아니라 성령의 역사이므로 인내하면서 감당해야 함(롬 5:3-5)을 역설하고 있다.[6]

현재 이 협정에 서명한 교회는 104개 교회로 이들은 서로 협력하면서 "예수 그리스도의 교회(The Church of Jesus Christ)"라고 하는 중요한 교회적 문서를 1994년에 발표하는 등 유럽 차원에서 한 목소리를 내고 있다. 회원 교회들을 보면 전형적인 개신교회들외에도 종교개혁 이전부터 존재했던 이태리의 발데시안 교회와 체코의 형제교회, 나아가 남미에서 유럽으로 이주해 온 다섯 교회도 포함되어 있다(가령, Evangelical Methodist Church of Argentina, Reformed Church of Argentina). 그리고 일곱 개의 감리교회는 "교회 교제의 공동 선언(Joint Declaration of Church Fellowship)"으로, 다섯 개의 스칸디나비안 루터 교

---

ways to this gift of God as the foundation for living fellowship among the churches in the diversity of their historical shapes and forms of organization."
4 같은 책, 119.
5 같은 책, 122.
6 같은 책, 126-127.

회는 이 협정에 서명하지는 않았지만 참여하고 있다가 최근에 덴마크 루터교회와 노르웨이 교회가 서명했다.

본 공동체는 신학적이며 교리적 대화를 통해 유럽 개신교회들의 일치와 협력을 증진시키고 있으며, 전쟁, 자유, 교회와 국가 등 중요한 영적·사회적 이슈들에 대해 개신교회의 입장을 대변하고 있다. 매 6년마다 한 번씩 전체 모임이 개최되며 여기서 미래의 사역, 새로운 신학적 대화의 주제들이 설정되고 새로운 실행위원회가 선출된다. 실행위원회는 1987년부터 2007년까지 본부 사무실을 베를린에 두다가 2007년 이후부터 비엔나로 옮겼다.

본 공동체는 이와 동시에 자신의 한계도 충분히 인식하면서 화해된 다양성 속에서 예수 그리스도의 보편적 교회의 일치를 지향하고 있다. 따라서 세계교회 협의회(World Council of Churches), 유럽교회협의회(the Conference of European Churches), 루터란세계협회(the Lutheran World Federation), 세계개혁교회연맹(the World Alliance of Reformed Churches) 그리고 성공회(the Anglican churches)와 침례교유럽연맹(the European Baptist Federation)과도 협력하고 있다.

현재 유럽의 대부분 개신교회는 이 공동체의 회원이며 상호 강단 교류 및 다양한 협력 사역을 하고 있고 인터넷 사이트(www.leuenberg.eu)를 통해 교회 간 소통 및 정보 네트웍도 구축하고 있다.

유럽의 한인 교회는 이제 40년이 넘는 역사를 가지고 있다. 하지만 아직도 개교회 내지 교단 중심에서 벗어나지 못하고 있는 것이 현실이다. 그 이유에는 여러 가지가 있겠지만 다른 대륙과는 달리 이민자가 적고 단기 체류하는 한인이 많기 때문에 교회의 규모가 크지 않은 것도 그 중요한 이유들 중 하나가 될 것이다.

하지만 유럽의 한인 디아스포라 교회들도 1세대가 지나가면서 2세들이 등장함과 동시에 이제 새로운 국면을 맞이하고 있다. 즉 이들이 유럽에 점진적으로 뿌리를 내리면서 직·간접적으로 유럽의 개신교회들과 교류하며 협력하는 것을 도외시할 수 없게 되었다는 것이다. 실제로 1세와 2세들을 연결하고 한인 교회와 유럽의 현지 교회들이 서로 협력하면서 하나님의 나라를 확장해 가기 위한 노력이 조금씩 나타나고 있다. 그 대표적인 예로는 유학생들과 청년들을 영적으로 깨우기 위한 코스테(Koste), 코스타(Kosta) 운동이 지속되어 오면서 젊은이들을 네트워킹하는 귀한 사역으로 자리잡았으며 동시에 유럽의 목회자들을 연결시켜 주는 고리 역할도 해오고 있다. 또한 유럽 목회자 연수원(EMI) 모임을 통해 한국, 미주 그리고 유럽의 목회자들이 서로 교류하면서 동역해 왔고, 나아가 유럽에 흩어져 있는 한인 디아스포라 교회들이 교단과 교파를 초월하여 2003년 독일 게제케(Geseke)에서 KCTE(Korean Church Together in Europe)라는 모임으로 개최된 적이 있다. 하지만 아쉽게도 그 후속 모임이 발전적으로 계승되지 못해 연합활동이 다시금 약화된 듯하다. 각 교단이나 교파별로는 유럽 전체 조직이 있으나 교단과 교파를 초월한 유럽 한인 교회 전체를 대변할 수 있는 기구는 없다. 하지만 최근에 다시 유로비전포럼이 초교파적 연합 모임으로 출범하면서 새로운 가능성을 제시하고 있는 것은 매우 고무적인 현상이라고 본다.

따라서 필자는 유로비전포럼이 유럽의 전체 한인 교회를 아우를 수 있는 협의체로 발전하여 유럽 개신교회 공동체와 협력해야 한다고 생각한다. 그 이유는 유럽의 한인 교회들이 상호 이해 증진 및 협력을 통해 주님의 한 몸임을 확인하고 회복하며, 나아가 유럽 개신교회 공동체에 유럽 한인 교회의 존재를 알리고 동역을 통해 나름대로 공헌함으로 하나님 나라의 확장을 도모하기 위함이다. 이를 위해 다음 유로비전포럼에 유럽 개신교회 공동체를 대표하는 분을 초청하는 것도 제안한다. 유럽 한인 교회협의회 조직은 유로비전포럼을 확대하여 유럽 내 각 대표적인 교단에서 파송한 대표 2명(총회장 1명, 평신도 대표 1명)으로 구성하되 자세한 내용은 서로 협의할 수 있을 것이다. 모임은 우선 실무진의 준비 작업을 거친 후 창립 총회를 개최하고 그후 정기 모임을 통해 점진적으로 발전시켜 나갈 수 있을 것이다. 또한 웹사이트를 개설하여 시공간을 넘어 정보를 교환하며 보다 긴밀한 협력을 할 수도 있을 것이다. 그후 유럽 개신교회 공동체에 남미 교회들처럼 정식으로 가입하여 함께 윈윈(winwin) 전략으로 동역해 나갈 수 있을 것이다.

지금부터 50년 전, 프랑스의 외무장관이었던 슈만(Robert Schuman)이 유럽연합의 비전을 제시한 후 현재 유럽은 전 세계가 주목할 정도로 통합되어 계속 상호 협력을 강화하고 있다. 필자는 유럽에 이러한 한인 디아스포라 교회들의 연합 운동이 필요함을 강조하고 싶고, 유로비전포럼이 그를 위한 밀알이 될 수 있다고 생각한다. 이것은 분열이 심각하고 현지 교회와의 협력이 약한 다른 대륙의 한인 교회들에게도 신선한 충격과 도전을 줄 수 있을 것이다. 나아가 한국 내에서도 한국기독교총연합회와 한국기독교협의회로 양분된 상황을 극복하여 명실상부한 통합을 이루고 세계 교회들과 협력하여 하나님 나라를 이루는 데 긍정적으로 기여할 수 있을 것이다. 또한 궁극적으로 아직도 이데올로기로 양분된 한반도의 긴장 완화 및 평화통일을 성취하는 데에도 영적·정신적 공헌을 할 수 있을 것이다.

필자는 1999년부터 2006년까지 독일 쾰른의 네 개의 한인 교회를 연합하여 섬기도록 인도하신 주님께서 주신 『하나됨의 비전』을 출판(서울: IVP, 2006)하여 상세히 진술했으며, 그후 유럽 연합의 수도 브뤼셀에서 한인 교회(www.koreanchurch.be)를 섬기면서 좀더 구체적으로 기도하는 가운데 이러한 계획을 품게 되었다.

영적으로 점점 약해지는 유럽의 교회들을 바라보며 이제 유럽의 한인 교회들이 복음과 사랑의 빚을 갚을 때가 되었다고 본다. 유럽 한인 교회들의 헌신적 영성은 유럽 개신교회들과의 동역을 통해 새로운 선교지로 변하고 있는 이 유럽 땅에 새로운 성령의 바람을 일으킬 수 있을 것이다. 우리를 하나되게 하기 위해 십자가에 돌아가신 주님의 은총(요 11:52)으로 유럽의 개신교회들과 유럽 내 한인 디아스포라 교회와의 협력이 증진될 때 하나님의 영광이 더욱 나타나게 될 것이며 하나님의 나라가 복음이 쇠퇴해져 가는 이 유럽 땅에 더욱 속히 확산될 것이다.

유럽 교포 교회의 회고와 전망[1]

I. 서론

사도 바울이 마게도니아인의 환상을 보고 선교의 방향을 아시아에서 유럽으로 바꾼 후(행 16:9-10), 유럽 교회는 한동안 세계 교회의 중심이 되어 왔다. 콘스탄틴 대제 이후의 로마 제국과 그 뒤를 이은 유럽의 모든 왕국들은 예외 없이 기독교 국가들로서 기독교권(Christendom)을 형성하였으며, 갈등과 긴장이 없지는 않았지만 교회와 불가분리의 관계를 유지하면서 기독교의 수호와 확대를 위해 노력하였다(예를 들면 십자군 원정 등). 또한 중세 이후 종교개혁과 신대륙의 발견으로 인해 교회관과 세계관이 바뀌고 세계 선교가 본격화되어 미국과 제3세계에 교회들이 설립되었으나, 여전히 유럽은 세계 교회의 고향이며 뿌리임을 부인하기는 어렵다.

그러나 근대 이후, 특히 18세기의 인본주의적 계몽주의 사상의 영향으로 일어난 자유주의 신학으로 말미암아 유럽 교회는 점차 약화되기 시작했다. 또

---

1 본고는 1995년 필자가 목사 고시 논문으로 제출한 것을 다시 다듬은 것이다.

한 선교의 발생지였던 유럽이 그 주도권을 미국에 넘겨 주면서 세계 교회의 중심 역할마저도 상실하기 시작했다. 더구나 20세기에 들어와 유럽은 양차 세계대전 이후 급속한 세속화의 영향으로 형식적인 기독교인의 숫자가 증가하면서 교회 출석율이 격감하여 세계 평균치 이하로 전락하기에 이르렀으며 심지어 신생 제3세계 교회의 동정과 재선교의 도전까지 받고 있는 실정이 되었다. 설상가상으로 유럽으로 진출한 모슬렘들의 적극적 선교로 회교가 급팽창하고 있으며, 여호와의 증인, 몰몬교, 통일교 등 각종 이단들도 횡행하고 있고, 사상적으로도 포스트모더니즘, 뉴에이지 그리고 동양의 신비주의 등이 뒤섞여 영적인 혼란기를 맞고 있다.

이러한 소위 '기독교 후기 시대(Post-Christian Era)'에 접어든 유럽에 한국인들이 이주하기 시작한 것은 약 50년 전의 일이다. 현재 약 10만의 우리 동포들(이는 구 소련을 제외하고 입양아들은 포함한 숫자로서, 순수 교민은 약 5만 정도로 추산됨)이 20여개국에 산재하여 살고 있다. 또한 선교 1세기를 맞아 급성장기에 있는 한국의 기독교인들이 찾아와 교회를 설립하기 시작한 것도 약 30년 전의 일이다. "한국인이 있는 곳에 한인 교회가 있다."라고 할 정도로 한인 교포 교회는 이곳 유럽에도 많이 있다. 그러나 숫자가 많은 반면에 여러 가지 문제점 및 과제들을 안고 있다는 것 또한 부인할 수 없다.

먼저 언급되어야 할 것은 유럽 한인 교회의 역사가 이미 30여 년에 이르렀으나 아직까지도 이를 정리한 공식적인 기록이나 분석한 논문이 별로 없다는 점이다. 그나마 필자가 입수한 자료는 먼저 독일 함부르그 한인 선교교회를 섬기신 후 한국에서 사역하시는 김승연 목사께서 소장하신 유럽 내 한인 교회 주소록과 영국 목회자 협의회에서 나온 주소록, 유럽 고신 총회의 주소록 그리고 주 화란 한국 대사관에서 입수한 「해외 교포 현황」(외무부 통계, 1993

년)이며, 화란 암스테르담에 있는 자유대학교 신학부에서 조직신학으로 박사 학위를 마치신 이정석 목사께서 미주에서 발행되는 평신도 잡지 「바른 교회」 제1집(1991)에 기고한 "유럽의 이민 교회를 이해하자 : 유럽 재선교는 환상인 가?"라는 글과 화란 한인 교회의 이기항 장로(사단법인 이 준 아카데미 원장)께 서 집필한 『나그네의 신앙생활(서유럽 속의 한인 교회들을 생각한다)』라는 글을 참고했다.

그러나 30여 년의 역사를 가진 유럽 교포 교회의 과거를 돌아보고, 현재의 모습을 반성하며 미래의 사명이 무엇인지 비전을 제시하는 일이 중요하고 필 수불가결한 일이라는 것은 누구도 부인할 수 없을 것이다. 따라서 본 고에서 는 먼저 유럽 교포 교회의 역사를 간략히 회고한 후, 현황을 개관해 보고 앞으 로의 전망을 그 과제의 측면에서 살펴 보고자 한다.

II. 본론

1. 유럽 교포 교회의 역사 회고

역사적으로 볼 때 유럽은 근대 서양 문명의 중심지로서 산업혁명과 자본 주의, 시민혁명과 민주주의가 꽃핀 고장이다. 뿐만 아니라 중세 이후 기독교 문화가 꽃을 피웠으며(예를 들면 거대한 교회당 건축 등), 종교개혁이 일어난 곳 인 동시에 세계의 사상가들을 많이 배출한 지역이다. 그 반면 미국이나 캐 나다처럼 외국인들에게 이민을 대량 허용할 만한 공간적 여유는 별로 없다.

이러한 유럽 땅에 처음으로 한인 교포 교회가 설립된 곳은 역시 독일이다.

1960년대에 접어들면서 독일은 광부와 간호원의 절대적 부족에 따라 일정기간 계약조건으로 외국인 근로자 이민 정책을 추진하게 되었고, 이에 호응하여 한국 정부는 취업 이민을 대거 진출시켰다(물론 그전에 소수의 유학생도 있었지만). 이것이 한국인의 본격적인 유럽 진출의 효시라고 볼 수 있다.

1963년 12월 21일에 처음으로 독일에 온 한국인 제1차진 광부 60명이 에쉬바일러 광산(EBV) 소속인 "Merkstein Alsdorf" 광산에 취업하게 되었는데, 그중 10여 명의 교인들이 독일 교회를 나가다가 나중에 괴팅겐대학에서 유학 중이던 이영빈 목사를 한국인들을 위한 첫 목회자로 추대하여 1965년 정초부터 1969년 10월까지 정식 목회활동을 시작하게 된다. [2] 그러다가 언어, 문화, 감정 등의 차이로 인해 이국생활에 지친 한국 근로자들은 독일 교회 위원회에 한국인 목사의 교섭을 요청하기에 이르렀고, 이에 따라 정부 차원의 초청을 받고 최초로 1972년 6월 21일에 독일에 정식 파송된 장성환 목사에 의해 탄광도시 두이스부르그(Duisburg)에 한인 교회가 설립됨으로써 유럽 한인 교포 교회의 역사가 시작된다.

그리고 70년대 초부터는 수출 한국의 세일즈맨들이 런던, 파리, 베를린, 암스테르담, 로테르담, 프랑크푸르트 등 유럽의 비지니스 센터에 진출하기 시작하였고, 이들 중 일부가 현지에 남아 자립하여 소위 교포 실업인이 되었다. 따라서 70년대 이후 유럽의 한인 교포 교회들은 주로 이들 교포 실업인들과 유학생, 공관원 및 기업체들의 지사 파견원 또는 유럽에 주둔하는 미군 가족이나 항구에 정박 중인 선원들로 구성되었다. 그중 영주하게 된 교포들이 역시 각 교회의 고정 멤버를 이루고 있다.

또한 유럽 내의 한국인들 중 간과해서는 안 될 사람들이 있는데 그들은 우

---

2 http://kyoposhinmun.com/print_paper.php?number=1939.

리의 핏줄인 입양아들이다. 그들은 50년대 이후 한국전쟁의 후유증으로 인하여 발생한 전쟁 고아 문제를 해결하기 위해 정부가 1961년 해외 입양법을 제정하여 국제 입양의 문호를 개방한 후 유럽에 오게 되었다. 1988년 「국정 감사 자료」에 의하면, 1950년 이후 1987년까지의 해외 입양아 총수는 107,951명이라고 하나 실제로는 이보다 훨씬 더 많을 것으로 추산되며, 유럽에도 스칸디나비아 국가들, 화란, 벨지움, 독일, 불란서 등지에 약 5만 명 정도 있을 것으로 추산된다. 이들도 양부모가 그리스도인일 경우 신앙교육을 받아 현지 교회 내지는 한인 교포 교회와 직·간접적으로 관련을 맺고 있다.

요컨대, 한국인들은 60년의 계약 이주, 70년대의 상사 진출 그리고 해외 입양 및 유학의 명목으로 이곳 유럽에는 현재 10만 정도의 한인들이 사는 것으로 추정되며 이들은 어디서나 한인 교포 교회를 설립하여 열심히 신앙생활도 하고 있다.

재독 한인 교회들을 중심으로 교포 교회들의 설립연도들을 살펴보면, 베를린의 기독교 한인 교회(김인태 목사 시무)가 1967년으로 제일 오래된 교회이고, 대부분은 70, 80년대를 전후하여 설립되었음을 알 수 있다.

유럽 교포 교회의 설립 유형을 분류해 보면, 첫 번째, 자생적인 교회로서 그 대표적인 예로 화란 한인 교회를 들 수 있다. 본 교회는 1970년대 상사 직원으로 유럽에 온 신앙인들이 얼마동안 화란 교회 또는 미국, 영국 교회를 다니다가 1979년 5월 20일 가정예배를 시작으로 설립되었으며 설립 당시 지도자들(손봉호 박사, 서철원 목사, 정성구 목사 등)의 신앙노선에 따라 보수 개혁 신앙 위에 초교파적으로 운영되고 있다. 특히 국내 교회와 구별되는 점은 민주적인 교회 운영 방식으로서 목사와 장로의 임기를 3년으로 하고, 재투표에 의하여 재임할 수 있으나 종신제를 불허하여 목사는 교회와의 계약 하에 시무하는 점이다. 이런 교회는 평신도가 중심이 되는 하나의 회중 교회로서 국내외의 아무런 교단과도 관계를 맺고 있지 않는 독립교회라고 할 수 있다. 두 번째, 국내의 선교단체(UBF 등)나 교단 또는 개교회가 교역자를 파송하여 세운 교회로서, 이는 국내의 특정 선교단체, 교단 또는 교회에 속하게 된다. 그리고 마지막으로 개 교역자가 개별적으로 개척하여 설립한 교회들이 있다.

2. 유럽 교포 교회의 현황

1993년 외무부 통계에 의하면 1992년 12월 31일 현재 구주지역(구 소련 및 동구권 포함) 전체의 교포수 및 체류자수는 1991년에 491,140명이었으나 1992년에는 519,139명으로 증가했다. 그리고 유럽에 있는 한인 교회의 현황은 대략 다음과 같다: 독일은 약 150여 개 교회가 전 지역에 퍼져 있으며, 영국은 약 100여 개 교회가 런던을 중심으로 옥스포드, 캠브릿지 등에 있고, 프랑스에도 약 20여 개 교회가 주로 파리 지역에 밀집되어 있다. 스페인에는 마드리드, 바르셀로나, 라스 팔마스 등지에 약 10개 교회, 오스트리아는 비엔나와 짤즈부르그에 6개 교회, 스위스에는 쮜리히, 바젤, 베른에 5개 교회, 이태리에는 로마, 밀라노, 베니스에 10개 교회, 벨지움에는 브뤼셀에 2개 교회, 스웨덴에는 스톡홀름에 3개 교회, 노르웨이는 오슬로에 2개 교회, 그리스에는 아테네에 2개 교회가 있고, 포르투갈에는 리스본에 2개 교회가 있으며, 네델란드에는 암스테르담, 헤이그와 로테르담에 4개 교회, 덴마크에는 코펜하겐에 1개 교회 그리고 동구권에는 헝가리의 부다페스트와 체코의 프라하에 1개 교회씩 있다. 또한 독일에 한정된 자료를 근거로 하여 교파별로 살펴보면, 장로교가 제일 많고, 다음이 순복음교회 그리고 감리교, 성결교, 침례교 등임을 알 수 있다.

위에서 보는 바와 같이 유럽의 한인 교포 교회는 독일 한인 교회로부터 최근 동구의 자유화에 힘입어 세워진 헝가리, 체코 한인 교회에 이르기까지 유럽 전 지역에 산재해 있다. 서론에서 이미 말한 대로 "한국인이 있는 곳에는 어디나 한인 교회가 있다."는 원칙은 유럽에도 통한다. 모두 약 2백여 교회가 있는 것으로 추산되나 몇 가정이 모여 예배하는 가정교회까지 합친다면 더 많을 수도 있다.

이들 교회들은 일차적으로 볼 때 그 지역의 현지인들을 위한 선교기관이라기보다는 대부분이 한국인 교포들을 위한 해외 교회들이라고 하는 특징을 갖고 있다. 따라서 교포 목회를 해외 선교로 부르거나 그 목회자를 선교사로 칭하는 것은 내용상 적합하지 않다고 본다. 오히려 해외 교회의 교포 목회자라고 부르는 것이 더 타당할 것이다. 그러나 각 교포 교회마다 현지인들이 출석하는 경우도 적지 않다. 예를 들어 한국 여성과 결혼한 남편들이나 한국 입양아를 둔 부모들 그리고 한국과 직·간접적으로 관련이 있는 현지인들이 교포 교회에서 함께 신앙생활을 하고 있다.

유럽의 한인 교포 교회들은 하나님의 은혜로 양적으로는 많이 성장했으나 질적으로는 아직도 많은 문제를 안고 있는 것 또한 부인 못할 사실이다. 먼저 긍정적인 면을 살펴본다면, 유럽의 어느 지역에나 한인들이 모여 있는 주요 도시에는 한인 교포 교회가 거의 다 있다는 점이다. 또한 국내에서는 신앙생활을 하지 않다가 외국에 살면서 동족 간의 만남 그리고 성도들의 전도 등 여러 계기로 신앙생활을 시작한 교포들이 많이 있다는 사실이다. 상사 주재원들, 공관 직원들 그리고 유학생 등 단기 거주자들도 외국에서 신앙생활을 처음 시작하여 귀국한 후 더욱 신앙이 성장하는 경우가 적지 않은데 이것은 유럽의 교포 교회기 기어한 가장 귀중한 공헌이라고 생각된다. 또한 더 나아가 1.5세들 내지 2세들을 위한 모국어 및 한국문화, 역사 교육 등을 담당하는 한인 학교도 대부분 교포 교회에서 시작되어 나중에는 발전적으로 독립해 나가는 것을 볼 수 있는데 이 점 또한 교포 교회가 교민의 센터로 가장 중요한 역할을 감당해 왔다고 볼 수 있다.

그러나 현재 유럽 교포 교회가 직면한 문제점들도 없지 않다. 이를 몇 가지로 요약한다면 다음을 들 수 있다: 첫째, 교회의 난립 현상이다. 교단의 차이에서 오는 현상이라고 볼 수도 있겠으나 한 지역에 여러 작은 교회들이 난립되어 있는 것은 결코 바람직하지 않다. 감독 기능이 살아 있는 감리교회는 비교적 지역적으로 균형을 보이는 반면, 장로교는 통제 기능이 없어 문제가 더 심각한 상황이다. 같은 지역에서의 교회 난립 내지 분열은 교민 화합에도 악영향을 미칠 우려가 있으며 복음 전도에도 장애가 된다.

둘째, 이와 관련하여 교회 내의 직분 남발 현상도 지적되어야 한다. 많은 교회들이 아직도 신앙훈련이 부족할 뿐더러 사회적으로도 별로 존경을 받지 못하는 인사들을 물질이나 명예 또는 열심만 보고 다른 교회와의 경쟁의식으로 교회의 신성한 직분을 함부로 맡김으로써 교회 전체가 비판을 받는 경우가 있다.

셋째, 교회의 영세성으로 인한 미자립 현상이다. 독일 지역 150여 개 교회의 총 교인수가 10,000명이라고 추산한다. 이는 한 교회당 70명 수준(어린이까지 합쳐)이라는 말이며, 따라서 재정적 영세성을 면치 못하고 있다. 또한 한 명의 교역자가 20명, 30명 등 소수가 모이는 교회를 몇 개 맡아 복수 목회를 하는 경우도 있는데, 이는 교역자의 건강에도 좋지 않을 뿐만 아니라 목회의 질적인 저하를 초래할 수도 있다. 또한 대부분의 교포 교회들이 아직도 자체 건물을 마련하지 못하고, 현지 교회를 빌려서 예배를 드리고 있다. 이에 덧붙여 교회 내의 조직이 미비한 교회도 많이 있다(예를 들어 시무 장로가 없어 당회를 구성하지 못하는 경우 등).

넷째, 입양아들에 대해 구체적인 선교가 부족하다는 점이다. 이들이 실제로는 가장 많은 수를 차지함에도 불구하고 언어 및 여러 가지 문화적인 이유로 일차적인 목회 대상에서 제외되어 있는 것이 현실이다.

마지막으로 유럽 교포 교회들의 미래상이 불명확하다는 점이다. 현지 교민들과 2세들, 그리고 단기로 거주하는 한인들 및 소수 현지인들로 구성된 교포 교회의 장기적인 청사진이 과연 무엇인지, 그 미래를 낙관적으로 긍정할 수 있겠는지, 비관적으로 부정할 수밖에 없는 것인지에 대해 아직도 의견의 일치가 없으며, 따라서 교포 교회의 장기적 방향 설정이 시급한 상황이다.

요약하면, 유럽 교포 교회의 난립 현상, 직분 남용, 미자립, 무교회당, 미비한 조직 그리고 종합적 미래상의 제시 부족이야말로 조속히 극복되어야 할 문제라고 볼 수 있겠다.

3. 유럽 교포 교회의 전망 및 과제

세계화 내지 국제화 시대를 맞이한 현재 한국인들의 해외 인구는 이미 500만을 넘어섰다고 한다. 이들은 고국을 떠나 해외에 살기 때문에 체류국의 문화 적응 문제, 2세들에 대한 교육 문제 등의 어려움 속에서 생활하고 있다. 따라서 교포 교회들은 이와 같은 특수한 여건 하에서 힘겹게 살고 있는 한국인들을 찾아가서 그리스도에게로 인도해야 할 뿐만 아니라 2세들을 위한 뿌리 교육도 실시하며 교민 1세들로 하여금 현지 문화에 잘 적응할 수 있도록 도와

주어야 하는 등 다양한 사명을 가지고 있다.

특별히 유럽의 한인 교포 교회들은 위에서 고찰해 본 바와 같이 비교적 짧은 역사와 현대 유럽 사회의 특수성, 즉 기독교 후기 사회의 증후 및 유럽의 전통적 보수성 등을 고려해 볼 때 다음과 같은 독특한 성격과 과제를 가지고 있다고 생각된다.

첫째, 유럽의 교포 교회는 미주 교포 교회들의 경험과 지혜를 배울 필요가 있다. 현대사에서 한국은 환태평양권에 속하여 주로 미국에 크게 의존하여 왔으며 따라서 유럽보다는 미국과 깊은 관계를 가져왔다. 그 결과, 한국인들의 해외 이민 및 진출도 주로 북미주(미국과 캐나다)를 향한 것이어서 미국의 한인 교포 교회는 그 규모나 역사에 있어서 유럽의 한인 교포 교회보다 크게 앞선다.

지금 북미주에는 약 3천 개의 한인 교포 교회가 있으며 가장 오래된 하와이의 한인 교회는 이미 100년의 역사를 가지고 있다. 물론 대다수의 미주 한인 교회도 유럽의 한인 교포 교회처럼 1세대 중심이지만 전반적으로 약 10-20년 앞선다고 할 수 있다. 따라서 유럽의 교포 교회들은 미주에 있는 한인 교회들의 경험과 지혜에 귀기울여 시행착오를 최대한 줄여야 한다. 미국에서는 이미 지난 70년대 말부터 1.5세 혹은 2세를 위한 한인 교회의 교육 정책과 1세 이후 한인 교회의 존속 문제를 주제로 지상 및 공개 세미나 등을 통해 진지한 논의와 연구가 진행되어 왔다. 2세들만을 위한 영어 예배는 이제 대부분 보편화되었으며 심지어 1.5세 젊은 목사들이 2세들만을 위해서 설립한 한인 교회도 이미 상당수에 이른다고 한다.

그렇다면 유럽의 한인 교포 교회는 영원히 1세들로만 구성될 것인가? 물론 상대적으로 이민 인구가 절대적인 숫자를 차지하는 미주 교포 교회와는 달리 유럽의 한인 교포 교회들은 한국의 국제화 추세가 급격히 둔화되지 않는 한 유학생들과 지사원 그리고 1세대 정착자들의 신앙생활을 위해 존속은 하게 될 것으로 보인다. 그러나 유럽에 영주하게 된 한인들의 자녀들이 성인이 된 후에도 한인 교회가 그들을 성공적으로 수용할 수 있느냐 하는 문제가 결정적인 과제가 될 것이다. 또한 이들 1.5세 내지 2세들이 과연 그들이 성장한 나라에 계속 영주할지, 아니면 한국 또는 다른 나라로 갈지는 불투명하며, 현지에 남는다 하더라도 교포 교회가 아닌 현지인 교회에 갈 것인지 그리고 과연 그들이 거기에 잘 적응하여 성공적인 그리스도인이 될 수 있을 것인지도 의문이다. 그러므로 유럽의 교포 교회는 이러한 문제 의식을 항상 가지면서 교민 2세들을 위한 주일학교 운영뿐만 아니라 그 지역 주위에 한글 학교가 없는 경우, 한민족의 정체성도 확립시켜 줄 수 있는 뿌리 교육(한글, 한국 역사 및 문화)도 담당하여야 한다.

이와 동시에 1세 교민들에 대한 신앙 교육뿐만 아니라 현지의 언어 교육, 생활 지도 및 각종 상담을 통하여 현지 문화에 대한 적응 교육도 실시해야 할 것이다. 즉 교민들에게 성경적인 이민의 의미와 사명을 가르쳐야 할 것이며 타국생활에 적응함에 있어 여러 가지 문화적, 법적, 교육적 또는 경제적인 애로점들을 신앙 안에서 풀어 나갈 수 있도록 도와주어야 한다.

또한 국내에서 신앙생활을 하던 사람들은 계속해서 신앙생활을 할 수 있도록 인도하고 특히 해외에서의 신앙생활이 해이해지지 않도록 특별한 관심을 기울여야 할 것이다. 신앙생활을 하지 않는 교민들을 그리스도에게 인도해야 할 사명 또한 중차대하다. 특히 한인 교포 교회는 해외 한인 교포들의 자연스러운 커뮤니티 센터의 역할을 하고 있으므로 이러한 이점을 최대한 이용하여 그들을 전도하는 데 힘써야 할 것이다. 교포 교회는 사랑과 이해로 교민 사회의 본이 되어야 하며 더 나아가 복음의 능력으로 교민 사회의 문제점들을 해결함으로써 교포 복음화 및 교민 사회에서의 지도적 역할을 잘 감당해야 할 것이다.

이를 위해서는 무엇보다도 우선적으로 유능하고 헌신적인 목회자가 요구된다. 해외 교포들은 자기가 태어나고 자라난 고국을 떠났고, 더욱 부모와 친지를 떠났다고 하는 데서 오는 상실감과 고독감이 마음 한구석에 늘 자리잡고 있다. 그리고 고국에서보다 사고의 내용과 행동 반경이 오히려 더 좁아져 주위 여건에 대해 매우 민감해진다. 이질적인 문화 속에서 동질성을 찾아 동족 간에 자주 접촉하다 보면 인간관계에서 오는 여러 가지 갈등을 겪기도 한다. 이러한 갈등은 교회 내에도 잠재되어 있으며 시간이 지날수록 없어지기보다는 더욱 커질 우려가 많다. 이런 면에서 교포 목회는 국내 목회나 외국인 선교보다 더 어려운 것일지도 모른다.

이러한 상황에서 목회자는 영성(靈性), 지성(知性) 그리고 덕성(德性)을 겸비하여 교포 교회의 요구를 충족시켜 줄 수 있어야 할 것이다. 즉 해외에서 발생하는 상황들을 올바로 판단할 수 있는 분별력(지성)을 가지고, 이를 성경적으로 신앙 원리에 맞도록 대응(영성)하며, 올바른 방법으로 해결하면(덕성), 교회가 어떠한 어려움에도 중심을 잃지 않고 항상 말씀 위에 바로 서서 교회 본연의 사명을 다할 수 있을 것이다.

이와 동시에 평신도의 역할도 매우 중요하다. 사회가 점점 다양해지고 전문화되면서 교회 내에서의 평신도 지도자의 사명도 커지고 있다. 평신도 지도자들은 목회자를 도울 뿐만 아니라 어떤 부분(예를 들면, 재정 처리 등)에는 전담하여 일해야 하기도 한다. 더욱이 교포 교회의 경우, 평신도 지도자는 목회자가 공석 시 예배를 위해 설교자를 초빙해야 하며, 특히 담임 교역자 청빙 시

교인의 대표가 되기도 한다. 따라서 평신도 지도자는 신앙생활에서 성도들의 모범이 되어야 할 뿐만 아니라 사회에서도 경륜과 인격을 구비하여 존경받는 인물이 되어야 할 것이다.

또한 기본 프로그램외에 신규 프로그램의 개발이 매우 중요하다. 교포 교회들은 열악한 목회 환경 속에서도 예배를 비롯한 교회의 기본 프로그램을 차질없이 진행해야 할 뿐만 아니라 더욱이 해외이기 때문에 불가피하게 추가되는 프로그램들을 계속 개발하고 추진해 나가야 할 것이다. 예를 들면, 이미 언급한 대로 해외에서 자라나는 2세들의 민족 교육(언어 및 정체성)은 교포 교회가 회피할 수 없는 독특한 사명이다. 뿐만 아니라 교민 1세들에 대한 문화 적응 교육 또한 매우 중요한 일일 것이다. 그외에도 특수 선교, 즉 입양아 선교, 선원 선교, 특별 상담 등 해외 교회가 감당해야 할 프로그램을 다 담당하자면 교회 지도자들의 많은 수고와 희생이 뒤따라야 할 것이다.

둘째, 후기 기독교 사회의 증후를 보이면서 점차 쇠약해져 가는 유럽 교회에 대해 이 소수의 한인 교포 교회가 무엇을 공헌할 수 있을 것인가? 첫 번째 과제가 주로 대내적인 것이라면 두 번째 과제는 대외적인 것이라고 할 수 있겠다. 많은 유럽의 선교사들이 한국 선교에 참여하여 우리는 복음의 빚을 많이 지고 있다. 이 빚을 이제 어떻게 갚을 것인가? 그리고 유럽의 한인 교포 교회들에게 거시는 하나님의 기대와 섭리는 무엇일까? '유럽 재선교'의 주장이 나오는 가운데 전도지를 들고 유럽인들이 사는 집문을 두드리기도 하지만 그들의 전통적 자만에 부딪친다.

한편으로 교회 출석율이 점차 감소하고 신앙이 유명무실해진 명목상의 기독교인들을 대하여는 비판적이 되지만 또 한편으로는 아직도 우리가 존경할 만한 교회 지도자들과 성도들 그리고 그들의 심오한 성경 지식과 경건한 열심은 우리를 또한 겸손하게 만든다. 따라서 유럽의 교포 교회들은 복음적인 현지 교회와 깊은 신앙적 교제를 나누면서 함께 기도하고 그들을 격려하며 유럽의 신앙적 부흥을 위해 할 수 있는 일들을 찾아야 할 것이다.

또한 유럽에 있는 수많은 한국인 입양자들에 대한 선교, 선원 선교, 유학생 선교 등 특수 선교의 사명도 잊어서는 안 된다. 세계 선교에 관하여는 아프리카, 자유화된 동구권 및 구 소련 지역과 가장 지리적으로나 정치적으로 그리고 정보상 가까운 유럽의 한인 교회들이 이들에 대한 선교에 참여하고 교량 역할을 감당해야 할 것이다. 또한 상대적으로 복음의 문이 닫혀 있는 중동 지역에 가서 직접 선교하지는 못할지라도 유럽에 많이 진출해 있는 모슬렘들에 대한 관심과 기도 그리고 구체적 선교 전략을 세워야 할 것이다.

셋째, 유럽의 한인 교회들은 수적 열세와 분산성을 극복하기 위해서 연합 활동을 전개하고 서로의 지혜와 사랑을 나누어야 한다. 이를 위해 고신 유럽 총회는 타교단보다 비교적 일찍 유럽에 진출하여 교회를 개척하고 섬기면서 상호 밀접한 협조 체제를 구축한 것은 타교단 및 교회에 귀감이 될 만하다고 생각된다.

그러나 미주 한인 교회와는 달리 유럽에서 독자적인 한 교단만을 통한 교제는 수적으로나 교단적 다양성으로 볼 때 한계성이 있음도 인정해야 한다. 따라서 전 유럽의 복음적인 한인 교역자 혹은 교회협의회 활동이나 KOSTA(Korean Students Abroad) 및 KOSTE(Korean Students in Europe : 유럽 유학생 수련회) 등과 같은 각종 복음적인 연합 수양회 또는 세미나 등의 모임을 통한 폭넓은 교제 그리고 유럽 교포 교회를 위한 교계 신문이나 잡지 등을 통한 제반 현안의 논의 및 정보 교환 등이 필요하다고 생각된다. 나아가 이러한 연합활동을 발전시켜 유럽 교포 교회들의 제반 문제점들을 공동적으로 연구하는 데 필요한 조직이나 연구기관도 설립시켜 나가야 할 것이다.

이런 일들을 개교회나 한 교단이 독자적으로 하기는 어렵다. 다행히 유럽 연합은 정치, 외교, 경제, 그리고 사회적 동질성과 편리한 교통 체계를 갖추고 있어 이러한 연합활동에 매우 유리한 조건을 구비하고 있다.

마지막으로 해외의 한인 교회들은 국내 교회와 밀접한 관계를 가지는 것이 바람직하며, 국내 교회는 아직 자립하지 못한 교포 교회를 적극적으로 지원하고 육성해야 할 책임이 있다. 이러한 지원 및 육성은 해외 선교, 특히 교포 선교에 대한 전문적인 이해와 일관성 있는 정책 하에 이루어져야 그 효과가 있을 것이다.

교포 교회 역시 세계 선교에 관심을 가지고 동참해야 한다. 특히 동구권뿐만 아니라 아프리카권도 유럽 교포 교회가 감당해야 할 지역이다. 국내 교회가 감당하기에는 지리적으로나 모든 면에서 어려운 점이 많이 있지만 유럽의 교포 교회는 비교적 쉽게 접근할 수 있는 지역이기 때문이다.

그러나 선교는 개교회가 독립적으로 하기보다는 범교단적으로, 아니면 각 교단별로 전문 기구를 두어 상호 협의하여 불필요한 중복이나 과잉 투자 그리고 선교사들 간의 갈등들을 피해야 할 것이다. 즉 선교의 통합성 및 협동성이 강조되어야 한다. 예를 들어 우리나라 선교 초기 서양 선교사들이 한국 선교에 대한 소위 네비우스 원칙, 즉 지역 분할을 통해 마찰을 조기에 방지하는 방법을 참고하는 것도 좋을 것이다.

III. 결론

유럽 교포 교회는 이제 성년의 나이를 지났다. 따라서 자기 정체감에 대해 진지한 반성을 해야 할 때가 왔다. 그동안 교포 교회들이 교포 사회에 기여한 공로들은 결코 과소평가할 수 없을 것이다. 이 교회들은 앞으로도 주님의 몸으로서 계속해서 이곳 교민 사회에 '빛과 소금'이 되어야 한다.

그러나 위에서 지적한 대로 유럽 교포 교회는 많은 문제점들에 직면해 있다. 세속화의 물결, 복음의 적대 세력 그리고 교포 교회의 특수한 상황들이 계속해서 주님의 교회를 위협하고 있다. 이러한 문제들은 말씀과 기도에 깨어 있는 목회자들과 평신도 지도자들을 통해 하나님께서 주권적으로 해결해 가실 것이다. 신실하신 주님께서 착하고 충성스러운 종들을 세워 계속해서 생명의 복음을 선포하게 하시며 하나님 나라의 비전을 제시하여 교회다운 교회, 사명을 감당하는 교회로 인도하실 것이다. 우리의 궁극적 소망은 여기에 있다.

유럽 교포 교회의 미래는 결코 어둡지만도 않지만 그렇다고 쉽게 낙관할 수도 없는 상황이다. 그렇기 때문에 목회자 및 평신도 지도자들의 책임 또한 막중하다. 항상 경건생활에 깨어 있어야 할 것이며, 주님의 음성에 예민하게 귀기울이고, 성령님의 인도하심을 따라 헌신된 삶을 살아가야 할 것이다. 그리할 때 유럽의 교포 교회는 계속 개혁될 것이며 우리 교회를 향하신 주님의 선하시고 온전하신 뜻을 이루어 드릴 수 있을 것이다.

유럽 교회의 동향과 미래 전망 :
잠자는 유럽 교회의 영적 갱신을 위하여

한국과 유럽의 교회가 점차 쇠퇴하고 있다. 이와 맞물려 한국과 유럽에는 이슬람이 빠르게 확산되고 있다. 따라서 한때는 기독교 전성기를 누리다가 쇠퇴해 가는 유럽의 교회들의 현황과 원인을 돌아보고 한국의 교회들이 각성하여 깨어 기도하면서 새로운 선교 전략을 수립할 수 있도록 유럽 교회의 동향과 미래를 전망해 보고자 한다.[1]

첫째, 독일 교회의 동향과 미래 전망이다. 필자가 1999년부터 2006년 상반기까지 사역한 곳이 독일이므로[2] 독일에서 일어나고 있는 영적 동향들을 나름대로 분석하고 미래를 조심스럽게 전망하고자 한다.

---

1 본고는 원래 미주목회(현재는 출판되지 않음) 2005년 4-6월에 "독일 교회의 동향과 미래 전망"이라는 글로 발표했다가 다시 2008년에 미션투데이 인터넷판에 "유럽 교회의 동향과 미래 전망"이라는 원고로 수정한 것을 다시 다듬은 것이다.

2 독일 쾰른한빛교회(www.hanbit.de)였다. 본 교회는 주님께서 쾰른 지역의 네 개의 한인교회를 교단과 교파를 초월하여 한 교회로 통합하게 하신 교회이다. 자세한 내용은 최용준, 『하나됨의 비전』(서울: IVP, 2006) 참조.

둘째, 유럽 교회의 동향과 미래 전망이다. 필자는 독일보다 네덜란드에 더 오래 체류하며 사역했기 때문에(1989-1998) 네덜란드 교회의 중요한 변화와 아울러 유럽 교회 전체의 동향을 신중하게 진단하고 미래를 전망해 보고자 한다.

마지막으로는 현재 필자가 섬기고 있는 유럽 연합의 수도 브뤼셀 지역을 중심으로 유럽의 한인 디아스포라 교회의 동향을 주의 깊게 살펴본 후 거기에 근거해서 미래를 향한 비전을 제시하고자 한다. 따라서 본고에서는 독일 교회에 초점을 맞추어보도록 하겠다.

현재 독일의 여성 총리 앙겔라 메르켈(Angela Dorothea Merkel)은 부친이 목회자였다. 나아가 이전 독일 대통령이었던 고(故) 라우(Johannes Rau) 씨와 현직 대통령 홀스트 쾰러(Horst Koeller) 씨는 매우 경건한 개신교 크리스천으로 국민들의 존경을 받는 인물들이다. 특히 국제통화기금(IMF) 총재를 지내다가 독일 대통령으로 선출된 쾰러 씨는 대통령 취임연설에서 하나님께서 독일을 축복해 주시기를 바란다는 말로 결론을 맺을 정도였다.

독일의 교회를 이해하려면 무엇보다 먼저 종교개혁을 일으킨 마틴 루터를 언급하지 않을 수 없다. 루터가 없었다면 지금의 독일은 존재하지 않을 것이라고 해도 과언이 아닐 것이다. 그가 하나님 말씀 앞에 바로 서서 담대히 진리를 증거했을 때 교회는 개혁되었고, 그 결과, 독일뿐만 아니라 유럽 전체의 정치, 경제, 사회, 문화 각 분야에 엄청난 영향을 미쳤던 것이다. 그렇다면 현재 독일 교회의 영적인 상황은 어떠한가?

I. 현재 독일 교회의 영적 동향

현재 독일 교회는 한마디로 심각한 위기를 맞고 있다. 독일의 복음적인 개신교 주간지인 《이데아 스펙트럼(*Idea Spectrum*, www.idea.de)》의 한 기사는 이렇게 제목을 붙였다. "이제 독일의 국민교회는 종말인가?(Ist die Volkskirche am Ende?)" 이것은 독일 교회의 위기를 단적으로 지적하는 것이다. 무엇보다 먼저 교인이 급감하고 있다. 통계를 보면 1950년에만 해도 개신교인은 4,300만, 가톨릭 인구는 2,500만이었으나 현재 가톨릭 인구는 2,680만으로 약간 증가한 반면 개신교인은 2,660만으로 급감했다. 지난 50년 동안 1,700만 명이나 감소한 것으로 이는 1년마다 34만 명이 교회를 떠났음을 의미한다. 자연사를 제외하고도 1년에 거의 20만 명, 한 달에 약 2만 명, 하루에 최소한 6백 명이 교회를 스스로 떠났다는 것이다. 이런 상황이 되자 독일 개신교회(EKD : Evangelische Kirche in Deutschland, www.ekd.de)는 교인들을 잃지 않기 위해 광고를 하는 등 안간힘을 쓰고 있지만 앞으로 교인의 숫자는 계속 감소할 것으로 보인다.

나아가 독일 교회의 예배가 위기에 처해 있다. 독일의 개신교인으로 등록되어 있고 교회 세금[3]을 내고 있지만 매 주일 예배에 참석하는 숫자는 점점 줄어들어 현재 전체 교인수의 4%밖에 되지 않는다. 2,660만의 4%를 계산하면 겨우 100만 명 정도밖에 되지 않는다는 말이다. 그것도 노인들이 대부분이다. 그러다 보니 점점 빈 예배당들이 매물로 나오고 있고, 그 결과, 독일 종교청의 재정도 급감하여 모든 분야에 긴축하려고 애를 쓰고 있다.

---

3 독일에 거주하는 사람은 자신이 거주하고 있는 구청에 주민등록을 하면서 종교란에 자신의 신앙을 신고해야 한다. 만일 개신교로 등록하면 종교청은 그가 살고 있는 지역의 개신교회(Ortsgemeinde) 교적부에 그를 자동적으로 등록시키면서 소득세의 약 8%를 교회세(Kirchensteuer)로 원천 징수한다.

이러다 보니 독일 교회는 점점 사회적 영향력을 상실하고 있다. 독일은 전통적으로 기독교 국가였기 때문에 독일 사회에는 아직도 기독교적 문화가 분명히 남아 있다. 교회에 다니지는 않지만 스스로 신앙이 있다고 말하며 인격적으로 책임의식 있게 행동하는 분들도 많고, 아직도 신실하고 존경할 만한 그리스도인들이 있으며, 기독교 단체들도 많다. 그러나 이름만 걸어놓고 교회에 나오지 않는 '잠자는 그리스도인들'이 너무 많다.[4] 특히 젊은 세대들은 거의 교회에 관심이 없다. 따라서 독일 교회는 이제 모든 면에서 점점 더 약화되고 있다.

II. 독일 교회 영적 침체의 원인들

도대체 왜 이렇게 되었을까? 무엇이 문제일까? 만약 지금 마틴 루터가 다시 독일에 온다면 어떤 논제를 붙일까?[5] 필자는 무엇보다도 이러한 위기 상황에 대해 독일의 영적 지도자들이 얼마나 심각한 책임의식을 느끼고 있는지 궁금하여 기회 있을 때마다 물어보았다. 물론 깨어 있는 분들은 책임을 통감하며 기도하고 있다. 가령, 독일의 빌리 그래함이라고 불리는 울리치 파르짜니(Ulrich Parzany) 목사를 중심으로 몇 년에 한 번씩 인공위성을 사용한 대규모 전도집회 "프로크리스트(ProChrist)"[6]가 유럽 전역에서 일주일간 개최되기

---

4 이러한 사람들을 독일어로는 "카드 그리스도인(Kartei-Christen)"이라고 한다. 영어로 말하면 "목적인 그리스도인(paper Christians)"이다.

5 현재 독일 교회의 위기를 진단하면서 새로운 종교개혁을 시도한 저서로는 Klaus Douglass, *Die neue Reformation 96 Thesen zur Zukunft der Kirche* (Stuttgart: Kreuzverlag GmbH, 2001) 참조.

6 www.prochrist.de 참조.

도 한다. 하지만 적지 않은 목회자들이 매우 수동적이고 독일 교회의 미래에 대해 비관적이다.

그 원인에 대해 신학적인 면을 먼저 언급하지 않을 수 없다. 계몽주의의 영향을 받은 독일대학교의 신학부는 교회를 위한 신학이 아니라 학문으로서의 신학(Theologie als Wissenschaft)을 강조한다. 물론 경건주의의 영향도 남아 있고 복음적인 신학교들이 없지 않으나 대부분의 종합대학교에서 가르치는 신학은 자유주의적이다. 복음의 유일성을 강조하기보다는 포스트모더니즘에 편승하는 경향이 많다. 그러므로 국가교회는 전도가 약하다. 전도하지 않는 교회가 건강할 리 없다. 대부분 독일 그리스도인들은 전도를 하지 않는다. 아니, 하지 못한다. 복음의 능력을 잃어버렸기 때문이다. 국가교회가 아닌 자유교회, 독립교회들은 그래도 복음에 충실한 삶을 살기 때문에 비록 적은 숫자이지만 교인수가 그렇게 줄지 않고 있다.

그들은 그래도 전도하려고 하는 마음이 있다. 그러나 대부분의 그리스도인들은 이제 자기 방어적인 신앙생활을 하고 있다. 신앙이란 그저 하나의 취미처럼 사적인 것으로 전락해 버리고 말았다. 포스트모던 사회에서 복음 진리를 절대적인 것으로 외치는 사람은 정신병자 취급을 받기 십상이다. 진리가 파편화, 상대화되어 다른 종교들을 인정하고 대화하는 것이 더 고상하게 보인다.

둘째로, 과연 독일 교회가 미래를 향한 분명하고 확실한 비전이 있는지 의심스럽다. 적지 않은 영적 지도자들이 독일 교회의 장래를 염려하고 있다. 젊은이들 대부분이 교회를 떠났다. 새로운 방문객이 예배에 참석해도 거의 환영받지 못한다. 개인의 프라이버시를 존중하는 문화 때문이라고는 하지만 이렇게 차가운 교회에 다시 발을 들여놓기란 쉽지 않다. 또한 대부분의 전통적인 예배는 파이프 오르간이 인도하니 팝음악에 익숙한 젊은이들에게는 예배가 따분할 수밖에 없다. 하지만 젊은이 문화에 적절한 복음성가 등을 통해 예배 문화를 갱신한 일부 독일 교회들은 새롭게 부흥하고 있다.[7]

셋째로, 독일 교회의 제도적 경직성을 지적할 수 있다. 독일의 국가교회는 법적, 조직적으로 매우 체계적이다. 그러나 그것 때문에 융통성이 부족하여 새로운 프로젝트나 법령 개정에 매우 오랜 시간이 걸린다. 사회는 급변하는데 교회는 계속 느림보 걸음을 하니 시대의 변화를 주도할 수 없다. 그중에 대표적인 것이 독일의 교회세 제도이다. 이러한 제도는 사실 대다수의 국민들이 교회에 소속된 교인일 경우에는 별 문제가 되지 않지만 현대와 같이 급변하는 후기 기독교 사회에서는 설득력이 거의 없다. 가령, 독일의 국가교회들이 종교청의 재정 지원을 전혀 받지 않고 개교회 독립적으로 재정을 운영하는 자유교회(Freie Gemeinde) 방식을 채택할 경우 과연 생존할 수 있는 교회가 과연 얼마나 있을지 의심스럽다.

나아가 이러한 교회세는 독일 내에 있는 외국인 교회들에게는 전혀 혜택이 없다. 필자가 섬기던 교회의 성도들도 개인적으로 교회세를 내지만 그들이 거주하고 있는 지역의 독일 교회 노회 수입으로 들어간다.

최근 이러한 점들을 시정하기 위해 독일 교회들이 독일 내에 있는 외국인 교회들에 대해 관심을 가지고 법령을 개정하려고 하는 것은 그나마 다행스러운 일이다.

---

7 또한 매년 미국의 Willowcreek 교회가 독일에서 주최하는 컨퍼런스에는 수천 명이 모여 들어 새로운 사역의 패러다임을 배우려고 노력하고 있다.

III. 독일 교회의 미래 전망

현재 독일 교회는 한마디로 패러다임 쉬프트(Paradigm Shift)를 하지 않으면 안 되는 전환기에 처해 있다. 마틴 루터가 중세 교회를 향해 패러다임 쉬프트를 요구하여 종교개혁의 열매를 맺은 것처럼 현재의 독일 교회 또한 새로운 패러다임에로의 변화를 요구받고 있다. 그러나 지금까지 너무나 풍요한 재정과 안정된 운영을 해온 교회이기에 이러한 자신의 뼈를 깎는 구조 조정을 감당할 준비가 아직 되어 있지 않은 것 같다.

이를 위해 독일 교회가 해야 할 사명은 무엇보다 먼저 잠자는 96%의 그리스도인들을 깨워야 한다는 것이다. 독일 교회 내에 이러한 영적 각성 및 기도운동이 일어나야 한다. 그런데 대체적으로 독일 교회는 기도가 약한 편이다. 한국 교회와 같은 기도의 열정이 부족하다. 그러므로 오히려 디아스포라 한인 교회들이 이 부분에 대해 공헌할 수 있다고 본다. 가령, 필자가 섬겼던 교회는 화요일부터 토요일까지 새벽기도회로 모인다. 이 시간에 주님께서 이 독일 교회를 갱신하고 새로운 부흥을 일으킬 수 있는 제2의 마틴 루터, 무너진 독일 교회를 재건하실 수 있는 제2의 느헤미야와 에스라를 세워 주셔서 잠자는 독일 교회가 다시 깨어나기를 기도로 간구한다. 또한 필자가 섬겼던 교회는 자체 예배당이 없기 때문에 세 군데의 독일 교회당을 빌려 쓰고 있다. 그중에 주일예배를 드리는 교회는 서로 영적인 자극을 주고받으며 함께 성장하고 있다. 그리하여 다른 독일 교회보다 훨씬 더 살아 있는 교회로 남아 있다.

둘째로, 독일 교회는 복음의 본질적인 능력을 회복해야 한다고 본다. 현대사회는 다원화된 세상, 복합적인 사회(Plural Society)로서 하나의 절대적인 진리를 거부하고 개개인의 담론만 인정한다. 만일 이 시대에 루터가 다시 태어난다면 그는 분명 복음의 유일성과 절대성을 가장 먼저 외칠 것이다. 바울이 살던 시대도 어느 정도 다원주의 사회라고 말할 수 있다. 가령, 아테네에는 수많은 우상들과 잡다한 사상들이 있었다. 그 가운데서도 그는 복음을 부끄러워하지 않고 오직 십자가에 죽으시고 부활 승천하신 후 심판주로 다시 오실 예수 그리스도를 믿음으로 구원받는다고 외쳤다. 교회는 복음을 타협하지 않는 교회가 되어야 할 것이다.

현재 독일 내에도 이슬람이 급속히 확장되고 있다. 쾰른에는 유럽 최대의 모스크를 건립하려는 모슬렘 측과 교회가 상당한 긴장관계에 있다. 시에서는 이미 허가를 내어 준 상황이라 앞으로 이슬람 세력이 더욱 확대될 전망이다. 그러므로 독일 교회는 더이상 타종교와의 대화만 강조할 것이 아니라 복음 전도에도 힘써야 할 것이다. 다행히도 최근 독일의 복음주의협의회 및 독일 개신교회는 내국인 전도 및 교회 개척의 중요성을 다시 강조하고 있다.

마지막으로 언급하고 싶은 것은 독일 내 외국인 교회의 역할이 매우 중요해지고 있다는 사실이다. 독일 교회는 약화되는 반면 재독 외국인 교회들은 급증하고 있다. 따라서 독일 교회들이 외국인 교회들과 협력하는 사역들이 증가하고 있다. 가령, 필자가 사역하던 쾰른은 전 세계 170여개국에서 온 민족들이 함께 모여 살고 있는, 독일에서도 가장 다인종, 다문화 사회이므로 외국인 교회들도 수십 개가 있다. '쾰른 지역 국제기독교회협의회(IKCG : Internationale Konvent Christlicher Gemeinden in der Region Köln)'라는 이름으로 모이는데 여러 나라 교회들이 참여하여 주님 안에서 협력하고 있다.

나아가 제2차 세계대전 후 소위 "라인 강의 기적"을 일으키며 서독 경제 부흥의 주역이 되었던 노르드라인베스트팔렌 주(Nordrhein-Westfalen, 약자로 NRW)에도 아시아, 아프리카, 유럽 등 외국인 교회들이 120여 개 이상 있는

데 주님께서 이 교회들도 하나의 연합체를 구성하도록 인도하셨다. 2003년에 외국인 교회 대표자들이 모여 외국인 교회협의회를 창설하기로 결정하고 임원진을 구성하여 정관을 만든 후 2004년에 "노르드라인베스트팔렌 기독이민교회협의회(ACMK: Arbeitsgemeinschaft der christlichen Migrationskirchen in Nordrhein-Westfalen)"라는 이름의 법인체로 등록하여 독일 교회와 대등한 파트너십을 가지고 협력해 나가고 있다. 정기적인 모임 통해 상호 협력, 이해 증진 및 독일 교회와의 동역을 통해 다양성 속에서의 일치성(unity in diversity)을 추구해 나가고 있다. 이러한 모델이 독일의 다른 지역에도 확산되면서 독일 교회 전체가 이제는 외국인 교회들을 절실히 필요로 하는 시대가 되어 가고 있다. 이러한 점은 해외 한인 디아스포라 교회들이 현지에서 게토화되지 않고 오히려 리더십과 영향력을 발휘하여야 하는 하나의 중요한 도전이 될 수 있다고 본다.

IV. 유럽 교회 전체의 동향과 미래에 대한 전망

이제는 유럽 교회 전체의 동향을 신중하게 살펴보면서 미래에 대해 전망해 보고자 한다. 필자는 독일(1999년 이후)보다 네덜란드에 더 오래 체류하며 사역(1989년 8월부터 1998년 말까지)했기 때문에 네덜란드 교회의 중요한 변화를 포함하여 영국, 이태리 등 유럽 교회 전체의 동향을 나름대로 진단하고 미래를 전망해 보겠다.[8]

---

8 본고는 최용준 저, 『하나됨의 비전』(서울: IVP, 2006)에도 나와 있는데 약간 다듬었다.

유럽 교회 전체 상황과 독일 교회의 상황은 거의 동일하다. 따라서 유럽 교회가 쇠퇴하게 된 원인과 미래에 대한 전망도 독일 교회의 상황과 유사하다고 볼 수 있다.

나아가 유럽의 교회가 이러한 위기 상황에 도달하게 된 원인들 중 중요한 한 가지는 '분열'이라고 생각한다. 유럽 교회의 역사는 분열의 역사였다라고 해도 과언이 아닐 것이다. 1054년 동방 교회와 서방 교회가 분열되었고, 종교개혁으로 인해 가톨릭과 개신교회가 나뉘어졌으며, 그후 개신교회는 수없이 많은 교단과 교파로 다시 핵분열했다. 이 분열은 지금까지 유럽의 교회 성장에 아킬레스건으로 작용하고 있다.

하지만 그럼에도 불구하고 유럽을 긍휼히 여기시는 주님의 역사하심으로 이 부분이 조금씩 회복되고 있다. 즉 유럽이 정치 경제적으로 하나의 공동체 및 연합(European Community, European Union)으로 확장되면서 유럽의 교회들도 하나됨을 회복하려고 노력하고 있다는 것이다. 여기에 초점을 맞추어 다섯 가지로 나누어 살펴보고자 한다.

첫째로, 종교개혁 이후 유럽의 개신교회들이 교회의 일치에 관해 동의한 공동 문서가 있는데 그것이 바로 "로이엔베르그 협정(Leuenberger Konkordie/ Leuenberg Agreement)"이다.[9] 이 문서는 1973년 3월 스위스의 작은 마을 로이엔베르그에서 초안되었고 계속 협의가 이루어지다가 1994년 5월 3일에서 10일까지 비엔나에서 열린 총회에서 만장일치(기권 1표)로 채택된 것이다. 원래

---

9 Die Kirche Jesu Christi: Der reformatorische Beitrag zum oekumnischen Dialog ueber die kirchliche Einheit, Im Auftrag des Exekutivausschusses fuer die Leuenberger Kirchenge meinschaft(Gemeinsc-haft reformatorischer Kirchen in Europa)/ The Church of Jesus Christ: The Contribution of the Reformation towards Ecumenical Dialogue on Church Unity, By order of the Executive Committee for the Leuenberg Church Fellowship, Leuenberger Texte Heft 1, (Frankfurt am Main: Verlag Otto Lembeck, 1995). 보다 자세한 내용은 웹사이트 lkg.jalb.de/lkg/lkg/start.php 참조.

이 모임의 명칭은 "로이엔베르그 교회 휄로우십(Leuenberg Church Fellowship)"으로 유럽 전역과 5개의 남미 교단을 포함한 90개의 루터교회, 개혁교회 그리고 연합교회 대표들이 참가하였다. 이 총회는 가톨릭의 제2바티칸공의회에 필적하는 개신교회 대표자들의 모임이라고 말할 수 있으며, 2003년 10월 31일 이후부터는 "유럽 개신교회 공동체(The Community of Protestant Churches in Europe : CPCE)"라고 불린다.

본 협정은 450년간 루터교회와 개혁교회의 분열을 회복하는 역사적 문서로서 교회의 통일성에 가장 중요한 요소로 '말씀'과 '성례'를 언급하면서 종교개혁의 근본적인 확신을 재확인하였다.[10] 나아가 진정한 교회의 표식들(the marks of the true church: una sancta catholica et apostolica ecclesia, 즉 통일성, 거룩성, 보편성 및 사도성)이 존재하고 교리적 합의가 이루어진다면 상호 교제를 위한 구체적 조치가 취해져야 한다고 선언했다.[11] 이러한 합의가 완전히 이루어지지 않은 경우에도 장애 요소들을 제거하기 위해 노력해야 한다고 주장하면서 이는 특히 가톨릭 교회, 정교회 그리고 기타 개신교회들에게 적용되어야 한다고 명시하고 있다. 그러면서 개교회 차원에서 교제를 나누기 위한 구체적 방법들과 글로벌한 차원에서의 접근 방법을 제시하면서 이것은 결코 인간이 할 수 있는 일이 아니라 성령의 역사이므로 인내하면서 감당해야 함을 역설하고 있다.[12]

둘째로, 네덜란드 개신교회도 그 동안 많은 분열을 경험했지만 다시 회복의 움직임이 일어나고 있다. 2004년 5월 1일, 네덜란드에서는 가장 오래된 네덜란드 개혁교회(Hervormed Kerk in Nederland: The Netherlands Reformed Church), 아브라

---

10 『하나됨의 비전』, 119.
11 같은 책, 122.
12 같은 책, 126-127.

함 카이퍼(Abrahma Kuyper)가 주도하여 분립된 개혁교회(Gereformeerd Kerk in Nederland: The Reformed Churches in the Netherlands) 그리고 루터란 교회(The Evangelical Lutheran Church in the Kingdom of the Netherlands) 등 세 교단이 통합하여 네덜란드 개신교회(PKN : Protestantse Kerk in Nederland, The Protestant Church in the Netherlands)가 탄생했다.[13] 앞의 두 교단은 이미 40년 전부터 통합을 의논해 왔으며 루터란 교회는 마지막 순간에 함께 통합하기로 결정했다. 이러한 과정을 "함께 가는 길(Samen op Weg)"이라고 부른다.

나아가 네덜란드에 있는 외국인 교회들은 이 교단과 협력하여 1997년에 "스킨(SKIN : Samen Kerken in Nederland, Together Churches in the Netherlands: www.skinkerken.nl)"이라고 불리는 협의체를 구성했다. 즉 네덜란드의 외국인 교회들이 하나되어 네덜란드 개신교회와 다시 협력하고 있는 것이다. 이 협의체는 노르드라인베스트팔렌 주 기독이민교회협의회(ACMK)와 같은 '하나 됨의 비전'을 가지고 있다. 이 스킨의 일원이면서 네덜란드 최대 국제 항구도시인 로테르담(Rotterdam)에 위치한 스코틀랜드 국제교회의 담임목사로 섬기고 있는 로버트 칼버트 목사(Rev. Robert Calvert)는 소위 '무지개 교회(rainbow church)'의 비전을 제시한다. 즉 유럽의 주요 도시에서 여러 인종들이 함께 한 교회에서 주님을 섬기는 다문화 사역(multi-cultural ministry)을 전개해야 한다는 것이다. 무지개의 다양한 색깔들처럼 여러 인종들이 함께 하나되어 주님을 섬기는 것은 하나님 나라의 풍요함을 드러내는 귀한 증거가 될 것이다.[14] 이러한 의미에서 네덜란드의 스킨과 독일의 기독이민교회협의회는 앞으로 계속해서 긴밀하게 협력해 나가기로 합의하였다. 이러한 모델은 다른 나라에도

---

13 www.pkn.nl 참조
14 보다 자세한 내용은 www.placenetwork.org 참조.

일어날 수 있을 것이다.

셋째로, 영국의 경우, 지난 2003년 11월 1일, 런던의 감리교회 중앙홀에서는 엘리자베드 여왕이 배석한 가운데 영국 국교회와 감리교회 간에 협정(Covenant)이 체결되었다. 이것은 영국 교회 역사상 "유기적 연합을 향한 가장 중요한 첫 디딤돌"이 되었다. 본 협정의 주요 내용은 양 교회가 사도적 신앙, 교회의 본질 및 사역 그리고 완전한 가시적 연합에 대해 동의하면서 과거의 모든 분열을 진심으로 회개하고 다시 통합하게 됨을 감사하며 기본적인 신앙고백들을 재확인한 후 무엇보다 양 교회의 유기적 연합에 방해가 되는 모든 장애물들을 극복하고 가시적인 하나됨을 이루는 일에 최우선을 둘 것 등이다.[15]

물론 이러한 역사적 협정이 하루아침에 이루어진 것은 아니다. 1995년부터 이미 비공식적인 대화가 시도된 이후, 1999년에서 2001년까지 공식적인 협의가 진행되었다. 2003년의 공식적인 협정이 체결된 이후, 양 교회는 대표위원 5명을 각각 선발하였으며, 연합개혁교회(United Reformed Church)에서 업저버(an observer) 한 명을 배석시킨 통합추진위원회(Joint Implementation Commission)를 구성하여 실무작업을 하고 있다.[16]

이렇게 유럽의 많은 교단들이 연합하는 현상은 주로 교세가 약화되는 교단들에게서 볼 수 있다. 이것은 기업들 간에도 경쟁력을 제고하기 위해 합병, 인수를 하는 것과도 비교된다. 일반적으로 교세가 증가하는 경우에는 하나됨에 별로 관심이 없다. 유럽 교회가 이제는 약화되기 때문에 겸손해졌고 그리하여 하나됨을 회복해야 한다는 자각에 이른 것으로 보인다. 사실 한국 교회에 연합 운동이 일어나게 된 것도 교세의 증가가 둔화 내지는 정체현상을 보

15 www.stanet.ch/APD/news/204.html 참조.
16 www.cofe.anglican.org/info/ccu/england/methodists 참조.

이는 짐과 무관하지는 않을 것이다. 그러니 가장 바람직한 것은 교세의 증감에 관계없이 성령의 하나되게 하신 것을 함께 깨닫고 회복시키기 위해 노력하는 것이다.

넷째로, 이태리의 경우에도 현지 개신교회와 이민 교회 간의 협력이 강조되고 있다. 가령, 2004년 3월 26일에서 28일까지 로마에서는 "다양성 내에서의 하나됨 : 이민 교회와 유럽 교회가 함께 하는 프로그램(Essere Chiesa Insieme/Uniting in Diversity : A programme on "To Be Church Together" among migrant churches and the churches in the receiving countries)"이라는 주제로 유럽 외국인 교회의 하나됨에 관한 컨퍼런스가 이태리의 개신교회연합(FCEI : Federazione delle Chiese Evangeliche in Italia)과 유럽의 이민교회위원회(the Churches' Commission for Migrants in Europe) 주최로 개최되었다.

이태리에 이민 교회가 생겨난 것은 최근의 일이다. 지난 30년간 외국인들이 급증하면서 이태리의 경제, 사회 및 문화생활에 보다 적극적으로 공헌하기 시작했다. 그리하여 이들이 이태리 사회에 통합되는 것이 매우 중요한 이슈로 대두되었다. 그중에도 종교적 측면이 매우 중시되었다. 왜냐하면 이민자들이 이태리 사회에 적응하는 데 신앙이 매우 중요한 연결고리 역할을 했기 때문이다. 따라서 그들의 신앙생활이 새로운 환경에 안정적으로 적응하게 해주면서 자신들의 가치 상실이나 이민 사회의 변두리화되는 현상을 방지할 수 있게 해주는 수단이 되었다. 또한 이민자들의 문화는 기존 문화를 더욱 풍성하게 해주었으며 이민 교회는 현지 교회에 큰 축복이 되었다. 나아가 극단적인 형태의 근본주의에 의해 이민 교회 공동체들이 남용되는 것을 방지하기 위해 신앙 공동체들 간의 교류가 매우 중요하게 되었다. 그리하여 이태리의 개신교회는 다음과 같은 이유로 통합 프로그램이 개발되고 지원되어야 함을 강조했다: 첫째, 이태리의 개신교도들 자체가 이태리 사회에서 소수이며, 둘째, 현재 이태리 개신교도들의 삼분의 이가 외국인들이고, 셋째, 이태리 개신교회는 문화적 통합의 좋은 모델이 될 수 있기 때문이다.

이러한 상황에서 개최된 컨퍼런스에는 유럽 각국의 외국인 교회 대표자들 및 유럽 교회 지도자들이 모여 전체 모임과 더불어 각 분과별로 모여 '예배와 음악, 선교/전도/증거/회심, 문화-갈등인가 대화인가?, 성경을 읽는 다양한 방식들, 관계 형성-네트웍 및 교환, 연합된 교회의 역할, 국가 및 지역 상황에서 보편적 교회 개념의 구체화, 뿌리와 날개-2세 및 신앙교육' 등의 주제를 다루었다. 이태리어와 영어로 진행된 이 컨퍼런스는 단지 이태리의 상황만이 아니라 유럽 전체 상황 속에서 유럽 교회와 유럽 내 외국인 교회들이 상호 협력하며 영적인 교제를 나누면서 주님 안에서 하나됨을 추구하는 귀한 만남의 장이었다.

마지막으로, 신·구교 간의 화해와 일치에 대해 전망해 보고자 한다. 이것은 신학적으로, 교회 정치적으로 결코 쉽지 않다. 아니, 어쩌면 지상에서는 거의 불가능할지도 모른다. 이 문제를 좀더 진지하게 생각해 보자. 만일 이 세상에서 구교와 신교가 다시 진정 하나됨을 회복한다면 어떤 일이 일어날까? 주님의 몸 된 교회는 놀라운 영적 권위를 회복하게 될 것이며 세상 사람들이 진정한 감동을 받아 훨씬 더 많은 영혼들이 주님께 돌아오게 되지 않을까? 바로 이것이 '하나됨의 위력'이요 '열매'일 것이다.

물론 우리가 여기서 유의해야 할 점이 있다. 즉 교회의 일치가 제도적이고 조직적인 일치(church as institutional organization)인가 아니면 유기적이고 영적인 일치(church as organic community)인가 하는 것이다. 가톨릭은 전자("ecclesia visibilis")를 강조하고 개신교회는 후자("ecclesia invisibilis")를 강조해 왔다. 필자는 형식적이고 외적인 일치보다는 먼저 마음을 열고 서로 간에 막힌 담을 헐어 함께 기도하고 대화하며 교제하는 일부터 시작해야 한다고 생각한다. 차이점보다 공통점을 보면서 성령의 인도하심에 온전히 순종하며 따라간다면 주님께서 선하게 인도해 주시리라 믿는다. 사실 가톨릭 교회에도 교회의 일치를 위한 기도가 계속 드려지고 있고, 개신교회도 여러 가지 선한 사업에 가톨릭 교회와 협력하고 있다.

그러나 무엇보다 주목할 만한 사실은 실제로 신·구교가 분리된 독일에서 2003년 5월 28일부터 6월 1일까지 "너희는 복의 근원이 될지라(Ihr sollt ein Segen sein)"라는 주제로 개신교와 가톨릭이 역사상 처음으로 교회의 날(Ökumenischer Kirchentag) 행사를 베를린에서 공동 개최하도록 주님께서 역사하신 것이다.[17] 독일 교회 역사상 가장 많은 약 20만 명이 참가하였는데 이 또한 주님 안에서 한 몸으로 회복할 수 있는 가능성을 보여 준 귀한 사건이었다.

하지만 여기서 가장 걸림돌이 된 것은 성찬이었다. 로마 교황청은 이 행사를 반대하면서 참가하는 신부들에게 개신교도들에게는 성찬을 베풀지 말라고 경고했다. 하지만 자브뤼켄(Saarbruecken) 출신의 은퇴한 가톨릭 신학교수 고트홀드 하젠휘틀(Gotthold Hasenhuettl) 신부는 천주교 신도들과 개신교도들 모두가 참여한 연합예배에서 약 2,000명에게 성찬을 베풀었다.[18] 결국 하젠휘틀 신부는 트리어 대주교로부터 징계를 당했지만 기자회견에서 그는 교황의 말보다 자신의 신앙 양심에 말씀하는 하나님의 음성에 순종했노라고 담대히

---

17 독일에서 보통 개신교회와 가톨릭 교회는 매년 번갈아 가며 교회의 날 행사를 개최해 왔다. 이 행사는 독일 교회로서는 가장 큰 행사이다. 자세한 내용은 www.oekt.de 참조.

18 Idea Spektrum, Chronik des Jahres 2003, No. 7/03(supplement zu Spektrum Nr. 50/2003), 13. 또한 크롤(Bernhard Kroll)이라고 하는 가톨릭 신부도 개신교 성찬예배에 참여하여 성찬을 받았다고 해서 징계를 받았다.

증언했다. 하젠휘틀 신부는 지금도 신구교 모든 성도들로부터 양심적인 그리스도인으로 인정받고 존경받고 있으며, 지금도 계속해서 교회의 연합에 관한 책을 출판하고 있다.[19] 그리고 독일의 신구 교회는 앞으로 이러한 연합 행사를 주기적으로 계속하기로 합의했다.

필자는 가톨릭 교회에서 성찬 부분을 과감히 개방하여 개신교도들을 주님 안에서 한 몸 된 형제 자매로 인정한다면 주님께서 얼마나 기뻐하실까 생각해 본다. 물론 아직도 유럽 교회가 하나됨을 회복하여 복음의 빛을 발하기 위해 가야 할 길은 멀다. 하지만 우리가 하나되기를 원하시는 주님의 기도(요 17:11-22)를 잊지 않고 성령의 인도하심에 모두 순종한다면 주님께서는 이 후기 기독교 사회로 접어든 유럽 땅에 다시금 부흥을 허락하시고 지극히 작은 일에서부터 기적을 일으키실 수 있을 것이다.[20]

V. 유럽 한인 디아스포라 교회의 동향과 미래의 전망

최근 몇 십 년 사이에 유럽은 북미주 못지않게 인종 구성에 급격한 변화를 경험했다. 동구권을 포함한 제3세계에서 유럽으로 이주한 다양한 민족들에 의해 유럽은 문화, 종교, 언어의 다양성이 더 확대되었다고 말할 수 있다. 한국인들 또한 서유럽에만 15만 명이 살고 있는 것으로 추정되며[21] 각 나라와 지

---

19 보다 자세한 내용은 이분의 홈페이지 http://www.uni-saarland.de/fak3/hasenhuettl/참조.
20 이 '하나됨의 비전'에 대한 보다 자세한 내용은 최용준, 『하나됨을 회복하는 교회』 세계밀알연합회 편, 『기독교의 사회적 책임』 (서울: 기독교문서선교회, 2005), 195-232 및 『하나됨의 비전』 (서울: IVP, 2006) 참조.
21 1997년 현재 독일에만 740만의 외국 이민자들이 살고 있다. 그렇다고 한다면 유럽에 사는 한국인은 사실 소수 민족에 불과하다.

역에서 다양한 한인 교회 공동체를 형성하고 있다.

이렇게 유럽에도 한인 디아스포라 교회를 세우신 주님의 특별한 섭리가 있음은 분명하다. 하지만 문제는 이 한인 교회들이 북미주와는 달리 일단 규모가 작을 뿐만 아니라 여러 교단과 교파로 나누어져 같은 지역에 있으면서도 상호 협력과 교제가 약하고 그나마 다시 분열되는 경향이 있다는 것이다. 나아가 현지 유럽 교회 내지 다른 외국인 교회들과 협력 사역이 비교적 약하여 게토 교회(Ghetto church)가 되기 쉬운 경향이 있는 것 또한 사실이다. 그러므로 필자는 유럽 한인 디아스포라 교회들이 이러한 게토 멘탈리티(Ghetto mentality)를 극복하여 그 지역에서 영적 리더십을 발휘하는 것이 가장 중요하다고 본다.

이 점에 포커스를 맞추어 먼저 필자가 섬겼던 독일의 쾰른한빛교회에 주님께서 행하신 일들과 비전을 나눈 후 유럽 한인 교회 전체의 미래에 대해 전망해 보고자 한다.[22]

1. 쾰른한빛교회에 주신 하나됨의 축복과 비전

쾰른한빛교회는 독일에서도 가장 역사가 깊은 쾰른 지역에 20년 이상 있던 네 개의 한인 교회들이 교단과 교파를 초월하여 하나된 복음적인 교회이다. 60년대 초반 당시 서독이 한국의 경제개발을 위해 차관을 제공하면서 그 지불 보증의 한 방식으로 한국의 광부, 간호사들이 외국인 노동자 자격으로 대거 서독으로 오게 되었는데, 처음에는 한인 목사가 없다가 서독의 개신교회(EKD, Evangelische Kirche in Deutschland)와 한국 기독교교회협의회 간에 협

---

22 아래의 내용은 최용준, 『하나됨의 비전』(서울: IVP, 2006)에 나오는 글을 조금 다듬은 것이다.

정이 체결되어 한인 목회자가 정식으로 초청되었다. 초창기에는 한 목회자가 여러 군데 교회를 섬기는 형태로 있다가 차츰 신학을 공부하러 온 유학생들과 한국에서 선교사로 파송되어 온 목회자들에 의해 한인 교회들이 생겨나게 되어 쾰른 지역에는 이미 80년대에 4-5개의 교파가 다른 교회들이 있었다.

80년대 이후 하나님께서는 이 지역의 한인 교회들을 하나로 묶으시기 위해 여러 방법으로 준비시키셨다. 90년 대 중반부터 연합 새벽기도회가 시작되어 교단이 다른 목회자들이 돌아가며 인도하였고, 특히 2세 청소년들의 연합활동이 하나됨을 이루는 고리 역할을 했다.

하나님의 때가 찼는지 필자가 쾰른의 한 교회로부터 청빙받았을 1998년 말 때의 일이다. 선임 목회자는 귀국하게 되었고, 마침 같은 규모의 감리교회 담임목회자도 갑자기 귀국하게 되었다. 그러자 감리교회 성도들이 총회를 열어 더이상 후임목회자를 모시지 않기로 결정하면서 필자가 부임하기로 결정된 교회에 정식으로 통합을 요청하였다. 당시 네덜란드에 있던 필자는 기도하면서 이 일이 사람의 일이 아니라 하나님께서 하시는 일임을 확신하게 되었다.

1999년 초부터 필자는 오전에는 감리교회, 오후에는 장로교회에서 예배를 인도하며 설교하였다. 그러면서 양 교회에서 각 6명의 통합위원을 선임하여 매 주일 한 번씩 모여 구체적인 실무작업에 들어가게 되었다. 그러나 이 일은 결코 쉽지 않았다. 가령, 감리교회와 장로교회는 서로 명칭이 많이 달랐다. 감리교회는 남자 권사제도가 있는 반면 장로교회는 여자 권사제도가 있었다. 이 모든 것을 조정하는 것은 결코 쉽지 않았다. 통합추진위원회를 인도하다 예기치 않은 문제들이 발생하면서 사탄이 집요하게 방해하는 것도 실감할 수 있었다.

이런 와중에 또 한 가지 놀라운 소식을 듣게 되었다. 세 번째 규모의 한인 교회가 자체적으로 해산예배를 드리고 아무 조건 없이 통합에 동참하겠다고 밝혀온 것이다. 당시 담임목회자께서 스스로 사임하시면서 함께 통합할 것을 성도들에게 권면하셨고, 그 결과, 성도들이 기도하면서 만장일치로 가결한 것이다. 이 소식은 주님께서 이 모든 과정을 주관하고 계신다는 확신을 심어 주기에 충분했다.

한걸음 더 나아가 이 세 번째 교회와 분열되었던 또 한 교회도 통합 소식을 듣고 기도하면서 함께 동참하기로 결단을 내렸다. 담임목회자는 이미 뒤셀도르프에 섬기는 교회가 있었기에 별 문제가 없었다. 이리하여 쾰른 지역의 '하나됨'은 두 교회에서 네 교회로 확대되면서 성령의 강력한 인도하심으로 탄력을 받게 되었다.

마지막까지 큰 진통이 있었으나 마침내 주님의 은혜로 1999년 6월 6일 통합예배를 드렸다. 물론 교회 규모도 매우 커졌다. 유럽의 대표적 주간지인 교포신문도 이 사건을 보도하면서 분열이 만연한 한인 교회 및 교포 사회에 귀감이 된다고 평가하였다. 그러자 본 교회는 비신자들로부터도 칭찬을 받게 되었다. 분열의 소식만 접하다가 이렇게 교회가 하나됨을 회복하니 주님께서 영적인 권위와 교회의 영광을 회복시켜 주셔서 다시금 복음의 증인되는 사명을 감당하게 되었던 것이다(요 17:21-22).

통합된 교회의 이름을 새로 정하기 위해 기도하면서 모든 성도들에게 설문조사를 실시했다. 좋은 이름들이 많이 나왔는데 놀라운 것은 처음 통합을 시작했던 두 교회에서 동일한 이름이 나왔다는 것이다. 그것이 바로 '한빛'교회였다. 그러면서 주님께서 "하나되어 빛을 발하라(We became one to be the light in the world)"는 비전 선언문(vision statement)을 주셨다.

구체적인 사역의 포커스는 네 가지로 세웠다. 첫째로, 복음의 빛을 땅 끝까지 비추어야 할 '선교'의 비전(사 60:1), 둘째로, 사랑의 빛을 비추어야 할 '구제'의 비전(사 58:7-8), 셋째로, 주님의 영광스러운 빛을 2세들에게 비취게 하는 '교육'의 비전(사 8:18-20) 그리고 섬김의 빛을 세상에 드러내어야 할 '봉사'의 비전이다(마 5:14-16; 엡 5:8-9).

2. '하나됨'의 보다 큰 비전을 보여 주신 주님

시간이 지나면서 주님께서는 또 한 가지 매우 중요한 진리를 일깨워 주셨다. 쾰른한빛교회도 원래는 한인 교회로서 공식 독일어 명칭은 'Hanbit koreanische evangelische Kirchengemeinde, Köln e.V.'였고 영문명은 'Hanbit Korean Church in Cologne'이었다. 하지만 주님께서 본 교회에 한국 부인들과 결혼하신 독일 교우들 외에 새로 전도하여 나오는 독일인들, 중국 유학생들, 몽골 형제 자매 등을 보내 주시면서 교회 이름 중 '한인'이라는 명칭을 삭제하게 하신 것이다. 그리하여 세계 여러 인종들이 함께 살고 있는 국제문화 도시이며 인구 백만 명으로 독일에서 네 번째로 큰 도시인 쾰른에서 다민족이 하나되어 빛을 발하는 'Hanbit Community Church(독문 : Hanbit evangelische Kirchengemeinde, Köln e.V.[23])'가 된 것이다. 주보에 한글, 독어, 영어, 중국어를 함께 사용하며, 예배 시 성경도 중국 형제 자매는 중국어, 독일 성도 또는 2세는 독일어 그리고 교민 또는 유학생은 한국어 등 최소한 세 언어 이상으로 봉독하고 있다. 한때 페루 출신의 교우가 출석할 때 스페인어로 성경을 봉독한 적도 있고, 쿠르드 출신 형제가 출석할 때에는 터키어로 봉독한 적도 있었으

---

23 e.V.란 독일 법원에 종교법인체로 등록되었음을 의미한다.

며, 스웨덴어를 추가한 적도 있었다. 나아가 교회의 웹사이트(www.hanbit.de)도 한글 이외에 영어, 독일어, 불어, 중국어 그리고 일본어 안내를 첨부했다.

또한 쾰른 주변에는 주로 코소보 등 동구권에서 피난 온 난민들이 수용소에 있는데 이들에게 복음을 전하고 있으며, 새벽 기도회 장소로 쓰고 있는 쾰른 시립 양로원에 수용되어 있는 할아버지 할머니들 중 몸이 불편하신 분들을 휠체어에 태워 주일예배를 드릴 수 있도록 돕는 사역, 2주에 한 번씩 말기암으로 삶의 마지막을 기다리는 독일 환우들을 방문하여 찬양으로 섬기는 호스피스 사역, 매년 연말에 노숙자들을 섬기고 장애인 시설에 찾아가 찬양으로 섬기는 사역 등을 통해 주님께서는 한인 디아스포라 교회들이 외국에서 외딴 섬과 같은 한인들만의 '고립된 교회(Ghetto church)'가 되어서는 안 됨을 깨우쳐 주셨다. 오히려 이런 점을 과감히 탈피하여 2세, 국제결혼 가정, 입양아 그리고 다른 외국인 교회들과의 협력 등을 통한 다문화(multi-cultural) 및 다인종 사역(multi-ethnic ministry)의 비전과 가능성을 보여 주신 것이다.

2006년 8월부터 필자가 섬겼던 브뤼셀한인교회(www.koreanchurch.be)에도 네 분의 장로님들 중 두 분은 벨기에 분이시다. 서리집사 중에도 벨기에 분들이 계시며 남편이 프랑스, 네덜란드, 독일분들이 계시고 태국 가정, 인도 가정 그리고 아프리카 자매도 교회에 출석하고 있다. 이분들을 위해 주보 및 웹사이트를 모두 한글과 영어로 동시에 작성하며 예배시간에도 영어와 네덜란드어 그리고 필요할 경우 불어로 동시통역하고 있다. 나아가 우리 교회가 자체 건물을 가지고 있어 오후에는 현지 교회(East Brussels Church of God)가 실비로 빌려 예배드리는데 남편은 나이지리아 출신의 목회자이며 부인은 덴마크 분이다. 성도들 숫자가 많지는 않으나 아프리카의 여러 나라, 독일, 벨기에 그리고 미국 등지에서 오신 분들이 영어와 프랑스어로 예배드린다. 나아가 세

달에 한 번 정도는 두 교회가 연합으로 예배드리고 있다. 이처럼 세계적으로 퍼져 있는 한인 디아스포라 교회들이 현지에 있는 다양한 민족들을 끌어안으면서 리더십을 발휘하여 섬길 수 있다면 그야말로 열방을 향해 복음의 빛을 발하는 축복의 근원이 되지 않을까?

나아가 주님께서 지난 2003년부터 쾰른한빛교회에 허락하신 한일 연합 화해 성찬예배를 언급하지 않을 수 없다. 독일 교회당을 사용하기 때문에 한독 연합예배는 정기적으로 있어 왔지만 한빛교회가 먼저 제안하여 성사된 제1차 한일 연합 성찬예배에서 '화해'를 주제로 한 설교의 서두에 일본 교회 목회자였던 오구리 목사는 다음과 같이 고백했다.

"사랑하는 한빛교회 교우 여러분, 저는 일본인 목사이기 이전에 한 사람의 일본인으로서 과거에 일본이 한국에 대해 저지른 모든 범죄에 대해 진심으로 사죄합니다."[24]

이 한마디는 대일감정의 응어리가 맺힌 나이 많은 교민들의 마음의 벽을 허물기에 충분했다. 우리도 모르는 사이에 우리 눈에는 눈물이 흘렀고, 교우들은 성령께서 화해케 하시는 감동적인 역사를 체험했다. 설교가 끝난 후 주님 안에서 우리가 하나임을 확인하는 성찬을 함께 나누었고, 예배 후에는 추수감사절이라 풍성한 음식을 함께 나누었다. 작년 9월말에 드려진 제2차 연합예배에서는 한빛교회 찬양대와 일본교회 성도들이 함께 어우러져 한국어와 일본어로 찬양을 불렀다. 주님 안에서 인종과 민족 감정을 초월하여 진정 화해와 일치를 체험하는 귀한 축복의 시간이었다. 예배 후에는 일식과 한식이 풍성하게 나누어져 참가한 이들의 마음도 풍성해졌다.

---

24 쾰른/본 일본교회 홈페이지는 koelnbonn.fc2web.com.

한걸음 더 나아가 설교자도 담임목사뿐만 아니라 한 달에 한 번 정도 주변의 한인 교회 목회자들, 선교사들 그리고 독일 교회 목회자들과 영어권의 설교자들을 교단에 관계없이 초청하여 설교를 동시통역으로 제공함으로 다양한 교우들에게 말씀의 공급이 끊어지지 않도록 했다. 가령, 독일의 빌리 그래함이라고 불리는 울리히 파르차니(Ulrich Parzany) 목사를 초청하여 열정적이고 복음적인 설교를 들었으며, 네덜란드에서는 북한 및 핍박받는 교회를 섬기는 오픈 도어스(Open Doors) 선교회 지도자들을 초청하여 영어 또는 화란어로 설교 및 선교보고를 듣고 한국어와 독일어로 통역하고, 매년 한 번 한국과 미국 등지에서 저명한 영적 지도자들을 초청하여 부흥집회 또는 전교인 수련회를 개최하였고, 2005년부터는 2세들을 위해 2세 출신의 전담 사역자를 세워 다음 세대를 준비하였다.

또한 쾰른에는 세계적 수준의 음대가 있어 음악 전공자들이 몰려든다. 그 덕분에 한빛교회는 언제나 정상급의 찬양대와 챔버의 연주로 주님께 영광을 돌린다. 매년 말 2회씩 개최되는 성탄절 음악회는 입추의 여지없이 모든 민족들로 성황을 이루어 음악으로 복음을 전하고 있으며 매년 네덜란드나 독일에서 개최되는 국제적인 선교대회나 교단 총회에 찬양대가 초청받아 연주로 섬기기도 한다.

3. 다른 한인 교회들의 하나됨

쾰른에서 놀라운 일을 행하신 주님의 역사가 알려지면서 얼마 후 독일의 다른 지역에도 분열된 교회들이 다시 하나되는 역사가 일어나기 시작했다. 뒤셀도르프 지역과 두이스부르크 지역에서 신앙생활을 함께하던 성도들이 약

15년간 분열되어 있다가 2000년의 쾰른의 경우처럼 다시 하나로 회복된 것이다. 이 교회는 현재 뒤셀도르프 한인 교회로 아름답게 신앙생활하며 지역 사회에서 귀한 모범을 보이고 있다. 또한 함부르크에도 한인 교회가 1990년에 두 교회로 분열되어 있다가 2005년 3월 27일 부활주일에 다시 하나되는 합병 기념예배를 드렸다.

4. 노르드라인베스트팔렌 주 한인 교회들의 협력 사역

또한 주님께서는 쾰른이 속해 있는 독일의 노르드라인베스트팔렌(NRW) 주에 있는 한인 교회들도 교단과 교파를 초월하여 하나되는 협의회를 2002년에 탄생시키셨다. 이전까지는 거의 교단 내지 교파별로만 모였는데 2000년부터 독일 개신교회 중 부퍼탈(Wuppertal)에 위치한 연합복음선교회(VEM : Vereinte Evangelische Mission)[25]에서 일하는 클라우디아 옵라우(Claudia Währisch-Oblau) 목사가 2006년까지 NRW의 외국인 교회들과 독일 교회 간의 협력 사역자로 일하면서 이 지역의 모든 외국인 교회들 전체 모임을 개최하게 되었고, 이곳에 모인 한인 교회들에 의해 협의회의 중요성이 대두되어 기도와 준비과정을 거친 후 2002년에 공식적으로 출범한 것이다.

이 협의회는 이단이 아닌 모든 교회들에게 문호를 개방하였고 현재 분기별로 모이면서 상호 협력하며 교제를 증진시켜 나아가고 있다. 회장직은 돌아가면서 섬기고 있고, 각 교회에서 임원이 선출되어 섬기고 있다. 여러 교단의 목회자들이 상호 협력하며 강단을 교류하면서 하나됨을 위해 연합 행사를 진행하고 있다. 동시에 2세들에 대한 관심을 나타내면서 다음 세대를 준비하고

---

25 www.vemission.org 참조

있다. 이러한 모델은 다른 디아스포라 한인 교회들 간에도 이미 존재할 것으로 생각되지만 이러한 움직임을 보다 더 활성화해야 할 것이다.

5. 유럽 내 한인 교회들의 하나됨

한걸음 더 나아가 주님께서는 2001년부터 2년간의 준비 끝에 유럽에 있는 한인 교회들이 교단과 교파를 초월하여 하나가 되는 큰 집회를 2003년 5월말에 독일 게제케(Geseke)에서 개최되도록 인도하셨다. 이것은 유럽 한인 교회 역사상 최초의 일로 유럽의 현지 교회 지도자들도 참가함으로 명실공히 글로벌한 '하나됨의 비전'을 구체적으로 이룬 사건이었다.

이 일은 유럽 내 한인 교회들의 자체적인 운동으로 시작된 것이 아니라 스위스 제네바에 위치한 '세계개혁교회연맹(WARC : World Alliance of Reformed Churches)'[26] 과 '존낙스국제개혁센터(John Knox International Reformed Centre)'에서 공동으로 추진한 '하나됨의 사역(MIU : Mission in Unity, 1999-2005)' 프로젝트[27]의 일환으로 양 기관 및 '유럽 교회 협의회(CEC : Conference of European Churches)'[28] 공동주관으로 세계 개혁교회 연맹의 '협력과 증거분과'에서 사역하시던 박성원 목사를 통해 주님께서 시작하셨다.

2001년 6월 5일에서 8일까지 제네바에 위치한 존 낙스 국제개혁센터에서 개최된 "재유럽의 한인 교회 협력 증진을 위한 신학협의회"에서 유럽에 거주하는 다민족, 특히 한국인들과 한인 교회들에 관심을 가지면서 이들의 하나됨과 상호 협력이 얼마나 중요한가를 인식하였다. 이 협의회에는 유럽에 있

---

26 www.warc.ch 참조.

27 이 프로젝트에 대한 보다 자세한 내용은 www.warc.ch/miu/index.html 참조.

28 www.cec-kek.org/index.shtml 참조.

는 여러 한인 교회, 미국의 한인 교회, 재일 대한기독교회, 한국 교회의 교단 대표들 그리고 유럽 각 지역에서 한인 교회들과 관련을 가지고 있는 유럽 교회 대표자들도 참여하여 한인 교회와 유럽 교회 모두에게 새로운 발견을 하게 하는 하나의 탐험이었다. 유럽에 살면서도 서로 교류가 없었던 한인 교회들이 처음으로 한 자리에 모여 교파 간, 특정 소속 그룹 간의 차이를 넘어 서로 존중하며 화해할 수 있는 계기를 열었고, 나아가 재유럽 한인 교회 대표들이 유럽 교회 대표들을 처음으로 한꺼번에 만나는 장이기도 하였다. 모든 참가자들은 유럽과 같은 급변하는 다인종, 다문화 사회에서 이민 교회의 비전은 상호 협력하면서 '다양성 속에서 하나됨(unity in diversity)'을 추구해야 함을 결론으로 삼았다.[29]

본 협의회가 끝난 후 구성된 후속 추진위원회는 2003년 5월말 독일의 게제케에서 유럽 한인 신앙축제를 개최하기로 결정하고 준비 작업에 들어갔으며 깔뱅이 1538년 그의 "교리문답 및 신앙고백서" 서문에서 주창한 "함께 호흡하기(pia conspiratio : breathing together)"를 주제로 선정하였다. 오랜 준비 끝에 개최된 이 집회에는 유럽 전역에서 약 700여 명의 한인 교회 교우들이 모든 교단과 교파를 초월하여 참여하였고, 기타 유럽의 교회 지도자들도 참여한 역사적인 집회가 되었다.

이러한 비전은 세계의 다른 지역에도 공유되어 한인 디아스포라 교회들은 주님 안에서 다른 모든 그리스도인들과도 인종과 언어 등 문화적 장애를 넘어 하나됨을 추구하면서 함께 협력해야 할 것이다(엡 4:1-6). 그리할 때 하나님의 나라가 완성되는 그날, 모든 열방들이 천군천사들과 함께 모든 만물과 하나되어 주님께 영광을 돌리게 될 것이다(계 5:13).

---

29 본 협의회에 대한 보다 자세한 내용은 www.warc.ch/miu/koreur.html 참조.

필자는 바로 이것이 전 세계 힌인 디아스포라 교회를 향하신 주님의 뜻이 아닐까 생각한다. 즉 1세대를 지나고 다음 세대로 넘어가면서 이제는 더이상 '주변인'이 아니라 주님께서 심으신 현지에서 현지 교회들 및 그곳에 있는 다양한 교회들과 협력하면서 열방을 섬기며 글로벌 리더십을 행사하여 거룩한 영향력을 끼칠 수 있는 축복의 통로가 되어야 할 것이다.

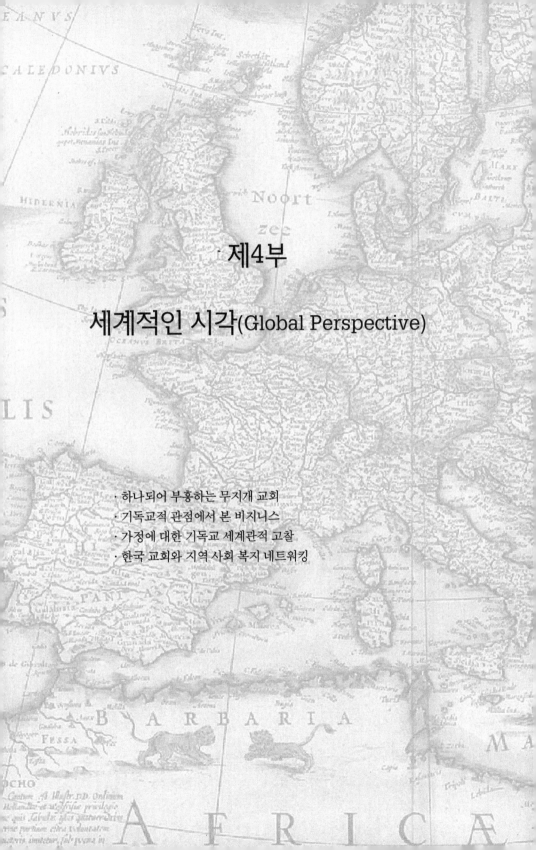

제4부

세계적인 시각(Global Perspective)

· 하나되어 부흥하는 무지개 교회
· 기독교적 관점에서 본 비지니스
· 가정에 대한 기독교 세계관적 고찰
· 한국 교회와 지역 사회 복지 네트워킹

하나되어 부흥하는 무지개 교회

　　노아의 가족이 홍수 심판에서 구원받은 후 하나님께서 그들과 그들의 자손들 그리고 그들과 함께 있는 살아 숨쉬는 모든 생물들과도 언약을 세우신다. 그 언약의 내용은 다시는 이런 대규모의 홍수를 일으켜 모든 생물들을 없애고 땅을 파멸시키지 않을 것이라는 약속이다. 그리고 그 약속의 상징으로 구름 속에 무지개를 보여 주신다. 이 무지개의 의미를 네 가지로 나누어 한인 디아스포라 교회 부흥의 비전으로 함께 생각해 보고 싶다.

　　첫째로, 무지개는 소망(hope)의 상징이다. 다시는 물로 인류를 심판하지 않으시겠다는 하나님의 약속의 증표이다. 무지개는 하나님이 노아와 노아로부터 시작된 새 인류에게 이 소망의 약속을 보증하기 위한 사인(sign)으로 만드신 천체 현상이다. 구름이 진하고 두꺼울수록 그 구름 속에 있는 무지개는 더욱 선명하다고 한다. 그것은 바로 이 세상에 죄와 시련의 구름이 덮이면 덮일수록 살아계신 하나님의 약속은 더욱 분명하며 사탄의 어두운 세력이 더욱 활개를 치는 것 같지만 하나님의 위로는 더욱 풍성하다는 뜻이다.

필자가 살던 독일의 쾰른에는 1년에 한 번 Missionale(www.missionale.de)라고 하는 큰 선교 집회를 개최한다. 그런데 이 Missionale의 로고는 십자가 무지개이다. 참 인상적이다. 무슨 뜻일까? 십자가에 우리의 궁극적인 소망이 있다는 것이다. 이 십자가는 원래 가장 무서운 처형을 당하는 형틀이었지만 예수 님께서 이 십자가에 죽으심으로 말미암아 우리 같은 죄인들이 하나님과 화목하고 하나님의 자녀로 회복되어 하나님 나라를 유업으로 받을 수 있는 놀라운 축복을 받게 된 것이다. 누구든지 이 십자가에 달리신 예수님을 믿으면 이 십자가는 가장 두려운 형틀에서 가장 놀라운 소망의 상징으로 바뀌는 것이다.

·· Missionale의
십자가 무지개 로고

필자는 디아스포라 한인 교회들이 소망을 잃어버린 세상에 이러한 천국의 소망을 주는 무지개 교회가 되기를 간절히 바란다. 아무리 죄악의 세력이 활개친다 하더라도 하나님께서 분명히 살아계시고 교회가 있기에 이 땅이 소망이 있는 그런 교회 말이다. 실패하고 낙심하여 희망 없이 살아가는 영혼들이 교회에 나와 하나님의 약속으로 위로를 받고 새 힘을 얻어 다시 일어나 이 세상을 승리하며 살아갈 수 있는 구원의 방주가 되며 지역 사회에서 빛과 소금이 될 수 있기를 바란다.

둘째로, 무지개는 은혜(grace)의 상징이다. 무지개라는 말은 순수한 한글로서 매우 아름다운 우리말이다. 한자로는 무지개 홍(虹) 자를 쓴다. 그런데 국어학자에 의하면 이 '무지개'라는 말은 '물'과 '지개'의 합성어라고 한다. 여기서 이 '지개'라는 말은 제주도에서 '지게문'이라고 말하는 하나의 '짝문(오른쪽과 왼쪽의 두 문짝으로 이루어진 문)'을 뜻한다. 그런데 이 문은 윗부분이 무지개처럼 둥근 타원형으로 되어 있기 때문에 무지개를 '물로 된 문'이라고 한 것으로 추정된다. 그런데 원래 히브리어로 무지개는 '활'을 뜻한다. 실제로 무지개는 마치 화살을 당긴 활의 모습을 하고 있다. 그래서 이 무지개를 뜻하는 영어를 직역하면 '비의 활(Rainbow=Rain+ bow)'이 된다. 독일어나 화란어도 마찬가지다. 보통 활이라고 하면 전쟁, 두려움 그리고 공포의 상징이다. 하지만 이 비의 활에는 사람을 죽이는 화살도 없고 활을 탄력 있게 해주는 줄도 없다. 나아가 이 활은 세상이 아니라 하늘을 향해 굽어 있다. 이 무지개는 우리를 위로하기 위한 것이지 우리에게 두려움을 주는 활이 아니기 때문이다. 즉 이 비-활의 모습은 인간의 반역과 배반에도 불구하고 하나님께서 그 책임을 스스로 짊어지시겠다는 뜻이요, 자신의 죽음으로서라도 인간의 죄를 담당하시겠다는 놀라운 은총의 표현인 것이다.

필자는 한인 디아스포라 교회가 이 하나님의 은총을 세상에 증거하는 공동체가 되기를 간절히 소원한다. 나 같은 죄인을 이토록 사랑하셔서 독생자를 아낌없이 보내신 하나님 아버지의 그 사랑을 선포함으로 구원받는 사람들이 많아지는 무지개 교회가 되기를 간절히 바란다.

셋째로, 이 무지개는 영광(glory)의 상징이다. 하나님의 영광을 증거하는 것이다. 무지개는 에스겔 1:28에 다시 나타난다. 에스겔 선지자가 하나님의 영광을 환상으로 보는데 "그를 둘러싼 광채의 모양은, 비 오는 날 구름 속에 나타나는 무지개같이 보였는데, 그것은 주님의 영광이 나타난 모양과 같았다." 라고 말한다. 따라서 무지개는 하나님의 임재를 상징한다고 말할 수 있다. 에스겔은 이 영광의 무지개를 보고 엎드려 주님께 경배한다.

이 무지개는 요한계시록 4:3에 다시 나타난다. 사도 요한이 하나님께서 앉아 계신 보좌를 비전으로 보게 되었는데 그 보좌 둘레에 비취옥과 같이 보이는 무지개가 둘러싸여 있었다는 것이다. 또한 요한계시록 10:1에서도 보면 힘센 다른 천사 하나가 구름에 싸여서 하늘에서 내려오는데 그의 머리 위에는 무지개가 둘려 있고, 그 얼굴은 해와 같고, 발은 불기둥과 같았다고 말한다. 이 두 말씀 모두 하나님의 찬란한 영광과 거룩한 광채를 의미한다.

필자는 한인 디아스포라 교회에 이러한 주님의 영광이 계속 함께하기를 간절히 기도한다. 주님께서 함께하시기에 참 소망이 있고 은혜가 보증되는 것이다. 에스겔 선지자가 보았던 임마누엘의 영광, 사도 요한이 보았던 하나님 나라의 영광이 주님의 교회를 통해 이 땅에 나타나게 되며 영광의 주님이 우리와 함께하심을 이 세상의 모든 사람들이 보고 주님 앞에 나아와 경배하게 됨으로 주님의 거룩한 영광의 무지개가 항상 한인 디아스포라 교회에 함께하기를 간구한다.

마지막으로, 이 무지개는 다양성 속의 하나됨(Unity in Diversity)을 상징한다고 생각한다. 햇빛이 빗방울을 통과할 때 이 한 방울 한 방울들이 프리즘과 같은 기능을 하게 되면서 이 빛이 일곱 가지 아름다운 색으로 나누어지는 것이다. 이것은 노아의 언약을 완성하시는 예수 그리스도를 암시한다. 왜냐하면 말라기 선지자는 예수님을 '의로운 태양'이라고 예언하고 있기 때문이다. 노아에게는 세 아들이 있었으며 이들이 결국 여러 민족들의 조상이 된다. 이들 모두 무지개 언약을 받았다. 따라서 모든 민족들이 주님 앞에 회개하고 믿음으로 나아올 때 무지개와 같이 칼라풀(colorful)한 하나님의 나라가 이루어진다고 말할 수 있다.

현재 필자가 섬기는 교회는 유럽에서도 자체 예배당을 가지고 있으면서 다른 외국인 교회(East Brussels Church of God)에게 예배당을 빌려 주고 있다. 나아가 필자의 교회에는 네 장로님들이 섬기고 계시는데 그 중에 벨기에 분이 두 분이나 계신다. 한인 디아스포라 교회가 게토 멘탈리티에서 벗어나 앞으로 모든 민족들을 향해 열린 무지개 교회가 되는 비전을 갖기를 소원한다.

안디옥 교회는 다양한 배경을 가진 사람들이 하나되어 함께 기도하면서 성령의 인도하심을 따라 가장 중요한 두 지도자, 바나바와 사울을 선교사로 파송함으로써 세계 선교의 문을 여는 귀한 무지개 교회였다. 유럽 최초로 개척된 빌립보 교회도 루디아는 아시아 출신의 부유한 여성이었던 반면에 여종은 헬라인으로 최하류층이었고, 간수는 로마 장교로 중산층이라고 할 수 있다. 이렇게 너무나 다른 종류의 사람들이 복음으로 변화되어 나중에 사도 바울의 선교 사역을 충실하게 후원하며 유럽에 복음의 소망을 주었고, 하나님의 은혜의 증인이 되었으며, 여러 민족을 통해 영광을 받으시는 하나님의 살아계심을 선포하는 귀한 무지개 교회가 된 것이다.

필자가 섬기는 교회에는 다양한 언어를 구사하시는 외국인들이 있다. 그래서 예배를 영어, 불어(필요 시), 화란어로 통역해야 한다. 하지만 성령께서는 이 모든 언어와 문화 그리고 선입관의 벽을 허무신다. 나름대로 자신의 민족적 정체성을 유지하면서도 주님 안에서 하나된 특권을 누리는 교회가 되기 위해 노력하고 있다.

필자는 우리 한인 디아스포라 교회들이 이 시대의 무지개 교회가 되기를 소원한다. 더욱 세속화되어 가고 가치판단의 기준을 상실하여 영적으로 어두워져 가는 이 땅에 소망의 방주가 되며, 복음을 바로 알지 못한 채 서로 미워하며 전쟁이 끊어지지 않는 이 땅에 무지개 십자가를 통해 화해와 평화의 도구로 쓰임받기를 기도한다. 이 세대를 본받지 않고 오직 우리의 심령을 새롭게 함으로 하나님의 거룩한 영광이 나타나는 무지개 교회, 여러 민족이 함께 주님 안에서 하나되어 더욱 풍성한 교제를 나누고 하나님 나라의 기쁨을 맛보며 부흥을 체험하는 무지개 교회가 되기를 기도한다.

기독교적 관점에서 본 비지니스
: 유럽을 중심으로[1]

유럽에는 미국에서 시작된 CBMC(기독실업인회)보다 더 오래된 모임이 있으며, 이 단체와 동역하는 여러 단체들이 있다. 본고에서는 이 단체들에 대해 간략히 소개하고자 한다.

1. 기독경제인협회(Christen in der Wirtschaft e.V.)

독일에는 기독경제인협회(Christen in der Wirtschaft e.V.)라고 하는 가장 오래된 기독실업인단체가 있다. 본 단체는 1902년에 "기독 상인 및 공장장 협회"라는 이름으로 베를린에서 시작되었는데, 1932년 정관에 의하면 "하나님의 나라를 위해 형제들이 서로 협력을 강화하며 각자의 은사를 활용하고 발전시키는 것"을 목적으로 하면서(www.ciw.de/satzung.pdf) 기독 경제인들을 격려하고 지원하며, 예수 그리스도와 그의 복음을 협력회사 및 직원들에게 증거하고 성경적 원칙과 가치를 경영에 적용하며, 경제분야의 주제들을 성경적 관점에

---

1 본고는 유럽 CBMC 2009 특강을 위해 준비한 것을 다듬은 것이다.

서 다루고 토론하여 출판하는 사역을 감당하고 있다.

현재 이 단체는 독일에서 제일 큰 기독경제인연합회로서 성경적 가치 기준에 기초한 노하우, 경험 및 확신으로 일터 현장에서 적극적인 그리스도인으로 활동하도록 격려하며 직장 현장에 필요한 다양한 도움을 제공하고 있다.

주요 통계수치들을 보면 1,100여 명의 회원이 있고, 100년이 넘는 역사를 자랑하고 있으며, 독일 전역에 40개가 넘는 지부가 있고, 초교파적으로 활동하며 비영리법인으로서 후원금 및 회비로 운영하며 250명의 자원 봉사자, 10명의 명예 이사 그리고 5명의 직원이 섬기고 있다.

역사를 간략히 살펴보면 다음과 같다.

1930년 경제공황으로 독일의 22,700개 기업이 파산하자 생겨난 실업자수는 1932년에 공식적으로 560만이었으나 실제로는 7백만이었고, 영국이 약 3백만, 미국이 1,140만 명이었다고 한다. 그후 1961년 동서독 분단장벽이 설치되어 동독 지역 회원들과의 접촉이 감소되었으며, 1963년에 국제 CBMC와 접촉이 시작된다. 1968년에는 유관단체인 IVCG(Internationale Vereinigung Christlicher Geschaeftsleute : 국제기독실업인협회)와도 협력을 시작하였다. 1969년부터는 스위스, 네덜란드 및 미국 강사들도 초빙되었으며, 70년대에는 다양한 주제들을 다루었는데 여기에는 돈, 자본 및 소유, 세금, 경영 및 직원들에 대한 지도력, 동기 부여 및 공동 관심, 시간계획, 관계 및 교육, 영양, 스트레스 및 환경 문제, 의사소통 및 광고, 컴퓨터, 주일 휴무, 사회적 능력, 에너지 위기 및 제3세계 지원 등 자연과학 및 정치학 주제들이 포함되었다. CBMC는 이 모든 주제들에 대해 성경적 해답을 연구했으며 예수님의 모범을 따르려고 했다.

1976년에 유럽의 기독실업인 연합체인 "EUGAB"가 결성되었는데 여기에는 VCK, IVCG, ACTE(프랑스), 국제 CBMC, ICL(국제기독리더협회)가 가입했으며, 나중에 독일의 기독제과협회도 추가되었다. 1989년에 협회 이름을 현재 CiW-VCK로 변경하였으며 90년대에 "디모데" 및 "성경적 비지니스"가 번역되었다. 그후 80년대 후반에 "Europartners"가 결성된다. 1989년 11월 9일 베를린 장벽이 무너진 후 사역이 확장되었으며, 협력단체들로는 국제 CBMC, Europartners, 선교협의회(AMD), 기독인터넷 협회(CINA), 독일복음주의협의회, 복음적 주간지 이데아(Idea), 청년선교운동(RMJ) 등이 있다.

이 단체에서 다루는 주제들을 보면, 일터의 그리스도인, 성경적 경제, 기독교 경제윤리, 공평 및 수락, 기독교 인간관에 기초한 리더 원리들, 도덕 및 회사의 결과, 가치에 의한 주도, 집단적 사회 책임, 돈과 재정 관리, 경영 문화, 목표와 동기 부여, 근로-삶-균형, 직업 여성, 회사에서의 기도, 회사에서의 목회, 은사와 달란트, 멘토링과 코칭, 경력 그리고 스트레스, 모빙, 탈진 등이다.

2. 기독 리더십 콩그레스(www.christlicher-kongress.de)

독일에서 매년 초에 개최되는 기독 리더십 콩그레스(www.christlicher-kongress.de)가 있다. 이 모임은 개인적 그리고 사회적 관계에 있어서 기독교적 가치가 유럽을 형성했다고 확신하는 동시에 이전에 유효했던 것들이 오늘날 잊혀지고 소유 및 수입의 극대화 앞에 희생되고 있다고 본다. 많은 세미나의 경우, 리더십은 전문적이고 사무적인 방향만 지시하지만 기독 리더십 콩그레스는 이런 행사에 윤리와 도덕은 거의 설 자리가 없다고 분석하면서 다른 길을 제시한다. 즉 직업의 세계에 상호 필요한 가치외에도 전문 분야도 과소평가하지 않으며 도덕 및 윤리 관계도 기독교적 인간관에 기초하여 제시한다.

기독 리더십 콩그레스의 목표는 그리스도인들이 리더십을 발휘하는 경영

자로서 신앙과 전문 지식에 있어 새로운 관점을 발전시키고 사회적 책임을 감당하도록 격려하는 것이다. 기독교적 복음 윤리를 일터에 접목시키도록 지도력을 개발하고 나아가 기독교적 인간관에 기초한 바른 가치관을 제시하여 기업 및 연구소들에 지속적인 영향력을 미칠 수 있도록 노력한다.

기독 리더십 콩그레스의 목적은 경제, 정치, 교회 및 디아코니 리더십의 오리엔테이션, 동기 그리고 경험을 교환함으로써 모범을 보이는 것이다. 나아가 성경적 인간관과 가치관에 기초한 사명을 완수하여 사회적 책임을 감당한다. 나아가 기독 리더십 콩그레스는 각 단체와 개인들에게 공동 책임을 지는 행사로 동역하는 장을 제공함으로 네트워킹을 강화하고 서로의 생각과 경험을 공유하도록 격려한다.

본 행사를 주관하는 단체는 복음주간지 발행사인 "이데아(www.idea.de)"와 "시간 및 인생계획" 회사이며, 기독 리더십 콩그레스 파트너는 아래와 같은 회사들이다.

Akademie für christliche Führungskräfte(AcF) : 기독리더십아카데미

Arbeitskreis Evangelischer Unternehmer in Deutschland(AEU)

: 독일 복음주의 기업가 협의회

Bund Katholischer Unternehmer(BKU) : 가톨릭 기업가 연맹

Christen im Beruf(CiB) : 직장에서의 그리스도인

Christen in der Wirtschaft(CiW) : 기독경제인협회

Evangelische Kirche im Rheinland : 라인란드 개신교회

Geistliche Gemeinde-Erneuerung in der EKD(GGE) : 독일 개신교회 영적 갱신운동

Hänssler-Verlag : 핸슬러 출판사

Internationale Vereinigung christlicher Geschäftsleute(IVCG) : 국제기독실업인협회

Jordan-Stiftung : 요르단협회

Ring missionarischer Jugendbewegungen(RMJ) : 청년선교운동

본 행사의 대표는 독일의 복음주의 주간잡지인 이데아 스펙트럼(Idea Spectrum)의 대표인 홀스트 마카르트(Horst Marquardt) 박사가 섬기고 있다. 특별히 이 콩그레스에는 각 크리스천 기업들이 자기들의 업체를 홍보하기 위해 부스를 설치하여 방문객들이 함께 정보를 나누는 것을 볼 수 있는데, 이러한 부분은 한국의 CBMC 전국대회도 한 번 정도는 고려해 볼 만한 부분이라고 생각된다.

3. 국제기독실업인협회
(IVCG : Internationale Vereinigung Christlicher Geschaeftsleute)

IVCG(Internationale Vereinigung Christlicher Geschaeftsleute), 즉 국제기독실업인협회(www.ivcg.org)가 있다. 이 협회의 이념은 책임성 있는 인간으로서 예수 그리스도의 복음을 일상생활 가운데 구현하며 경제, 정치, 학문 및 문화 영역에서 확장해 나가는 것이다. 이 단체의 핵심사역은 다음과 같다: 기독 신앙 및 지도력 확대(의사결정자들), 그리스도를 닮는 제자들 양육(언행일치), 기독교적 지도력을 배양하여 전문 분야에 적용함 등.
이 사역의 주체는 다른 책임자들에게 예수 그리스도의 삶을 닮아가도록 변화시키는 목표를 가진 경제 및 사회의 지도자들이며, 브뤼셀과 스트라스부르그 그리고 독일, 오스트리아, 스위스 및 리히텐슈타인의 100여 개 도시에

서 공개 조찬기도회, 점심 모임, 임펄스 모임 및 기타 모임에로의 초청을 통해 사역하고 있다. 사역의 이유는 결국 이 세상의 가장 긴급한 문제는 결국 하나님에 대한 물음이라고 확신하기 때문이다. IVCG의 강사들은 경제, 공적인 삶, 대학, 자유 직업 등의 분야에서 지도적인 인사들로서, 전문 분야와 더불어 예수 그리스도와의 개인적인 관계가 어떠한지 증거할 수 있는 분들이며 따라서 필요 시 하나님과의 실제적인 경험들을 나눔으로 강의를 보완한다. 독일어 사용권에서는 주제 및 강사들에 관한 정보들을 온라인으로 제공하고 있다.

나아가 국제기독실업인협회는 아래와 같은 다양한 종류의 대화 포럼들 및 필요한 행사들을 주관한다.

먼저 단기 세미나로 '하나님과 세상, 여행은 어디로?,' '나는 오늘 어떻게 하나님과 접촉할 수 있나? 모든 것에 의미가 있는가?' 등의 주제를 다룬다. 그 외에도 다른 종류의 세미나가 정기적으로 개최되며 개별 교회 또는 경건회 모임에 초청받아 섬기기도 한다. 하지만 회원 확보를 위해 광고하지 않으며 항상 열린 대화 정책을 유지한다. IVCG 행사에 참여해도 어떤 물질적 또는 비물질적 의무도 없다.

재정은 모든 직원들이 자원봉사하며 봉급을 받지 않으므로 큰 조직에 비해 예산 규모는 적다. 필요한 재정은 오직 자발적인 헌금에 의해 채워지며 재정팀은 어느 한 사람이 아니라 모든 회원들에 의해 재정이 채워지도록 노력한다. 나아가 지회 경비는 지회 회원들이 충당한다.

나아가 본 단체는 사역자들의 활발한 활동을 위해 초교파적으로 일하며 다양한 교회 및 교단들과 협력한다. IVCG 사역자들은 매우 헌신되어 있어 시간, 능력 및 재정까지도 그리고 어떤 사역도 정시에 완수하려고 최선을 다한다. 사역자들은 사례비를 받지 않으며 식사비도 스스로 부담한다.

IVCG는 1957년에 독일과 스위스에서 동시에 출범했다. 목표와 사명은 변함없이 복음을 믿을 수 있도록 그리고 이 시대에 맞게 증거하는 것이다. 창립자인 구겐빌 박사(Dr. Guggenbühl, 1921-2001)는 쥐리히의 법학자요 기업가로서 젊었을 때 미국에서 온 전도자와 함께 직장인들에게 복음을 전해야 하는 사명을 받았다. 이를 위해서 독일어권에 초교파적인 리더십 운동이 필요함을 느꼈고, 그것이 나중에 IVCG 정관에 반영되었다고 한다.

IVCG는 이와 유사한 유럽 및 국제 단체들과 파트너십을 가지고 협력하며 벨기에, 독일, 프랑스, 스위스, 스페인, 오스트리아에 네트웍이 있다(www.ivcg.org, www.ivcg.eu, www.ivcg.at, www.ivcg.ch, www.ivcg.de, www.reflexionen.org, www.reflexionen.net).

4. 유로파트너즈(www.europartners.org)

유로파트너즈는 일터에서 믿음대로 살기 원하는 유럽 기독 실업인들의 네트워크로서 "사람들을 그리스도에게로 책임있게 연결하는" 일에 헌신한 지역 조직이며 운동이다. 이는 국제기독실업인회의 유럽 지회이며 전 세계 80개국에서 활동하고 있다.

이 단체는 시대의 소명을 다음과 같이 이해한다: 열린 눈을 가진 사람들은 누구든지 지금 우리는 거대한 영적 진공상태로 특징지어지는 시대의 마지막을 살고 있다는 것을 알 수 있다. 대부분의 사람들은 삶의 의미에 대해 깊은 절망과 회의를 느끼고 있다. 개인과 사회에 필요한 방향을 제시해야 할 요소들과 전통들이 우리의 목전에서 파괴되고 있다. 인류는 거침없이 자신의 욕심대로 전통적인 가정생활, 사회생활 그리고 환경 등 모든 것을 바꿔버리고 있다.

폭력이 난무하며 개인, 사회, 국가들에 부패가 넘치고 있다.

정치인들, 과학자들, 사회학자들, 철학자들 그리고 정신과 의사들은 인간의 이러한 비합리적 요소에 대해 무기력함을 느끼고 있다. 물리 및 기술적 지식의 폭발적 증가는 우리가 이전에 전혀 보지 못한 복지의 풍요함과 더불어 현대인을 압도하고 있다. 지식, 능력 그리고 번영은 항상 의식적으로 의미나 책임과 연결되어 있지는 않다. 이러한 상황은 진정 하나님을 의뢰하고 그 아들 예수 그리스도를 믿는 믿음으로 살아가고자 하는 새로운 사람들을 요구한다. 이데올로기 주의자들이 주장하는 바와는 달리 하나님만이 자유로운 선택과 내적인 양심을 가지고 올바른 것을 선택하며 이웃을 존중하고 자신의 유익보다 사회의 이익을 생각할 줄 아는 성숙한 인간을 창조할 수 있다. 정치가들, 이데올로기주의자들 그리고 철학자들도 인류가 미래에 존속하기 위해서는 이러한 '새로운 사람들'에 의존한다는 사실을 그리스도인들보다 더 잘 알고 있다.

오늘날 점점 더 책임의식이 있는 많은 사람들이 우리의 지식이나 능력 그리고 이데올로기가 현대의 문제들, 즉 조화로운 결혼, 부모 자녀 간의 신뢰관계, 국가 간의 평화, 고독과 노령, 질병과 죽음 그리고 삶의 의미에 관한 궁극적인 문제들을 해결할 수 없다는 것을 알고 있다. 따라서 그들은 모든 종류의 돌파구를 찾고 있으며 이 문제들에 대한 해결책은 인간의 능력 밖에 있다는 것을 발견하게 된다. 그러나 그중 많은 사람들은 하나님께서 자신들의 삶을 주관해 주시도록 허용하고 있다. 바로 이러한 점에서 교회의 사명이 중요하다고 본다.

그러나 불행하게도 많은 구도자들이 무관심한 교회에 대해 실망하고 있다. 대부분의 사람들에게 제도적 교회는 이 혼돈스러운 세상에 방향을 제시할 수 있는 유일한 곳이다. 하지만 교회도 이 사명을 감당하지 못하는 경우가 많다.

이러한 상황에서 유로파트너즈 운동은 지도적인 비지니스맨 및 전문가들에게 어떤 교단적 방해가 없이 예수 그리스도를 통해 하나님과 살아 있는 관계를 맺을 수 있도록 부르심을 받았다고 확신한다. 그외에도 일상활동 및 라이프스타일을 통해서 솔직하게 복음을 증거하고 격려하고 있다.

유로파트너즈 운동은 유럽의 30개국 이상에서 활동하고 있으며 "예수 그리스도를 구세주와 주로 모든 비지니스맨 및 전문인들에게 전하여 모든 민족들을 제자 삼는 지상 명령"에 순종하려고 노력하고 있다.

나아가 유로파트너즈는 자신들의 소명을 아래와 같이 천명하고 있다: 1902년 2월 18-19일 베를린에서 개최된 최초의 컨퍼런스 제목은 "크리스천 비지니스맨과 산업가들"이었다. 당시의 중심 주제는 "나의 개인적이고 전문적인 상황에서 하나님의 뜻을 어떻게 발견하고 실천할 수 있는가?" 하는 것이었다. 지금도 상업 및 산업에 종사하는 그리스도인들은 매일 다양한 문제들과 딜레마에 직면한다. 매일 시간의 경제 속에서 믿음을 실천하고 한계 상황에서 믿음을 지키는 것이 우선 과제이다. 이 운동을 창시한 믿음의 선진들도 동료들에게 목회적, 실제적 충고와 자문을 제공하는 것을 소명으로 삼았다.

동시에 본 단체는 전도 및 세계 선교에도 노력하고 있다. 1977년 독일의 기독경제인협회(CiW) 75주년 기념사에서 당시 회장이었던 헤르만 쿱쉬(Hermann Kupsch)는 "모두 자기가 받은 은사를 따라서, 하나님의 여러 가지 은혜를 맡은 선한 관리인으로서, 서로 봉사하십시오."라는 베드로전서 4:10의 말씀을 인용하면서 청지기 정신을 강조했다. "내가 돌아올 때까지 이것으로 장사하라."는 예수님의 말씀(눅 19:13)은 그리스도인들이 시장에서 해야 할 책임과 사명이 있다고 설명한다.

미국에서 가장 최악의 경제 대공황이 닥쳤을 1930년에 시카고의 한 사무실에 몇몇 크리스천 비지니스맨들이 모였다. 많은 기업인들이 파산했고 가정이 파괴되었으며 어떤 사람들은 스스로 목숨을 끊었다. 그중의 소수가 어려움에 처해 있는 사람들을 위해 기도하기 시작했다. 이 기도의 결과 CBMC가 탄생한 것이다. 그리고 전도하기 시작했는데 시카고 서부의 한 작은 메노나이트 교회의 목회자였던 리만 목사가 이 운동의 선구자였다. 그후 다른 도시에도 이 운동이 퍼져나갔으며 이 사역으로 절망 중에 있던 많은 영혼들이 주님께 돌아오는 역사들이 일어났다. 전후에 CBMC는 전 세계적인 조직이 되었으며 지금도 비지니스맨 및 전문인들을 그리스도에게로 인도하는 귀한 도구로 사용되고 있다.

1950-60년대에는 유럽에도 영적인 추수가 많이 일어났다. 가령, 빌리 그래함 복음전도협회, 대학생선교회 그리고 네비게이토 등의 단체들이 많은 평신도들을 전도자로 동원시켰다. 이때 CBMC 운동이 스코틀랜드, 스웨덴 그리고 네덜란드에도 일어났다. 그리고 1957년에 스위스의 비지니스 변호사였던 구겐빌 박사에 의하여 독일어권에도 국제기독실업인협회가 스위스 쮜리히와 독일 칼스루에에서 시작되었던 것이다.

몇 년 후 스위스의 제네바에서 활동하던 비지니스맨인 골드-아우버트(Gold-Aubert) 박사에 의해 불어권에도 ACTE(복음의증인들협회)가 창립되어 스위스, 프랑스 그리고 벨기에에서 활동하고 있다. CBMC, IVCG, ACTE 및 VCK는 유럽에서 점차적으로 확대되어 왔다.

유로파트너스의 사명은 비지니스 및 전문인들이 예수 그리스도를 발견하고 따르며 그들의 신앙을 각자의 영향권에 발전, 통합 그리고 확장하도록 도와주는 것이다. 그리고 모든 유럽 국가의 비지니스 및 전문인들이 비지니스

세계에서 복음과 제자도에 헌신하도록 섬기는 것이 비전이다.

나아가 모든 유로파트너즈 운동은 "약속을 지키는 관리"를 전개하고 있다. 그리하여 "평생 동반자"가 되기 위한 주된 약속들은 다음과 같다.

회장, 매니저, 비지니스맨들은 친구들을 필요로 한다. 어떤 사람은 이들이 야말로 "세상에서 가장 외로운 그룹"이라고 말했다. 우리도 이 점을 누구보다 더 잘 이해한다! 우리는 당신의 친구가 되기 원한다. "평생"이란 말은 장기적으로 신실하게 그리고 포기하지 않도록 노력한다는 말이다! 예수께서 말씀하신 것처럼 내가 온 것은 그들이 생명을 얻게 하고 더 풍성히 얻게 하기 위함이다!

이들의 여섯 가지 약속은 다음과 같다:

1. 하나님께 당신에 대해 말씀드리겠습니다.
2. 당신에게 하나님에 대해 말씀드리겠습니다.
3. 우리의 삶을 당신과 나눌 것입니다.
4. 예수님이 누구이신지 보여드릴 것입니다.
5. 하나님을 인격적으로 알도록 도울 것입니다.
6. 하나님을 매일 체험하도록 도울 것입니다.

그러므로 이 단체는 매우 높은 도전적 요소를 가지고 있다고 자부하는 동시에 자신의 말을 진지하게 받아 달라고 요청한다. 나아가 세미나와 워크샵을 통해 '성경적 비지니스'에 관한 원칙들이 제시되며 '그분의 비지니스'를 하면서 하나님을 알게 된 모든 경험들을 나눈다.

오늘날만큼 시장에서 나사렛 예수의 임재가 더 필요한 때는 없었다. 이것은 사회의 모든 기초-가족, 지역 교회, 지역 사회 및 정부에 큰 영향을 미친다. 시장을 변화시키면 세상을 변화시키는 것이다. 유로 파트너즈는 아래의 목적을 추구한다.

복음의 확장, 즉 예수 그리스도의 복음을 일상의 모든 생활에서 구현한다. 유럽은 현재 이원론적 사고 방식으로 병들어 있다. 하지만 하나님께서는 지금도 진정한 주님의 제자들을 찾고 계신다. 그러므로 크리스천 비지니스맨들은 특별한 책임을 가지고 있다(눅 12:48). 그것은 바로 그리스도를 위한 구령, 즉 "그리스도를 위한 전도"를 의미한다. 우리가 비지니스에서도 신실하지만 삶의 자세 및 태도도 어느 정도 다르다는 것을 동료들이 알게 되면 우리의 말에 귀를 기울일 것이다. 나아가 실업인 초청 만찬을 통해 전도에 힘써야 하는데 대부분 초청에 응하므로 매우 효과적이다. 이 만찬에서는 자유롭고 편한 분위기와 식사를 통한 교제 그리고 한두 명의 간증 이후 초청 강사의 강연이 있다.

각 분야에서 활동하는 크리스천 비지니스맨들 중 예수 그리스도의 주되심을 증거하는 것을 두려워하지 않는 분들이 있다. 그리고 강사는 복음 전달에 초점을 맞춘다. 결단의 시간을 가진 후 질의 응답에도 시간을 할애한다. 유로파트너즈는 이 사역을 통해 많은 열매를 맺었으며 회원이 되는 것을 강요하지 않는다.

초청 만찬 이후 토론 그룹 또는 소그룹을 정기적으로 가짐으로 성경적 세계관을 나눈다. 그후에 살아 있는 지역 교회에 참여하게 한다. 나아가 개인을 통해 전체 사회에 영향을 미치려고 노력한다. 또한 각계 각층의 핵심 인사들에게 복음을 전하여 그들이 전체 사회의 영적 분위기를 변화시키도록 노력하고 있다. 만일 유럽인들이 하나님께 돌아오지 않는다면 유럽은 더욱 더 영적, 심리적 그리고 물질적 가치에 있어 결정적인 퇴보에 직면할 것이다.

또한 유로파트너즈는 모든 그리스도인들은 교파에 상관없이 적극적인 사랑과 하나됨을 추구한다. 사랑과 하나됨이야말로 그리스도인의 고백의 출발점이라고 믿기 때문이다. 이것은 또한 그리스도께서 모든 모임의 중심이심을 고백하는 것이다. 그러므로 부차적인 이슈 때문에 분열되어서는 안 된다. 우리가 하나님과 하나되면 다른 그리스도인들과도 하나될 수 있다. 하지만 다른 그리스도인들과 하나되지 않고서는 하나님과 하나될 수는 없다. 나 자신, 교리나 교단 이슈보다 그리스도 그분을 우선시해야 한다. 따라서 빌립보서 2:3 말씀을 강조한다. 그리스도께서도 하나됨과 사랑으로 제자들을 이끄셨다. 유로파트너즈도 20여 개의 교파로 구성되어 있지만 전혀 문제가 없다.

결국 이 단체의 회원들도 다른 사람들과 마찬가지로 모두 죄인이며 실수가 많지만 하나님의 은혜를 받아들이고 예수 그리스도를 우리의 삶에 주인으로 인정한다. 여기에 그리스도인으로 살아가는 신령한 능력이 있고 우리의 궁극적 성공은 우리와 하나님과의 관계에 의존한다고 믿는다. 우리의 모든 문제나 어려움도 우리의 힘만으로 해결하지 않는다. 우리도 불완전하고 단점이 많지만 그리스도께서는 지금도 믿는 자들을 구원하시기 원하신다는 사실을 증거할 수 있다.

이들의 전략은 리더십 개발이다. 즉 시장을 변화시킴으로 세계를 변화시키기 위해 아래와 같은 일곱가지 전략을 사용하고 있다.

첫 번째는 기도이다. 기도는 영적 건강의 핵심으로 잃어버린 영혼의 이름을 불러가며 기도하는 것은 사역의 중심이며 가장 중요한 모임이다(마 7:7; 눅 11:5-13; 18:1; 약 4:2).

두 번째는 관계이다. 우선 신뢰받을 수 있는 친구가 되어야 복음 메시지도 받아들일 것이다.

세 번째는 아웃리치이다. 우선 모임, 강사 그리고 손님들을 위해 기도한다. 그리고 모임에 유익한 모든 자세한 부분까지 계획을 세운다. 그후 모든 준비를 철저히 한다. 나아가 영혼 구원에 초점을 맞춘다. 물론 후속조치도 철저히 대비한다. 마지막으로 결과는 하나님께 맡기고 감사와 찬양을 드린다(막 16:15; 행 4:20; 롬 10:17; 고후 5:19-20).

네 번째는 방문이다. 전도 초청에 나온 분들의 사무실을 방문하는 것은 그들에 대한 관심과 사랑을 표현함으로 그들이 영적으로 자라갈 수 있도록 돕는 것이다.

다섯 번째는 투자로, 예수 그리스도를 영접한 후 성숙한 신앙인으로 자라도록 도와주는 사역이다. 즉 우정과 지도를 제공하는 새 신자와의 관계를 정립한 후 그를 위해 기도하며 시간과 자원을 제공하는 헌신을 보여 주고 소수의 "신뢰할 수 있는 사람들"에게 집중한다(예수님께서는 12명에게 3년을 투자하셨다.). 나아가 인내, 이해 그리고 동정을 보여 주며 일정한 시간을 일관성 있게 가진다(딤후 3:14-15). 지역 교회 및 기독실업인회 지회를 통해 다른 신자들과 교제할 수 있도록 새 신자를 도와줌으로 영적 성장에 필요한 환경을 창조한다.

여섯 번째는 제자도이다. 디모데 훈련이야말로 성경적 제자도 전략(딤후 2:2)이라고 할 수 있다. 결국 이 훈련의 목적은 영적 재생산이다.

일곱 번째는 리더십 개발이다. 제자는 계속해서 배우는 사람이다. 결국 우리가 추구하는 것은 한 사람을 주님의 제자로 훈련시켜 매일의 비지니스에서 성경적 원리를 구현해 가도록 도와주는 것이다. 그렇게 할 때 하나님에 대한 믿음과 그들의 직업이 이원화되지 않고 통합될 것이기 때문이다.

5. 네덜란드 크라운 회사들(www.crowncompanies.nl)

이 회사들은 네덜란드에서 가장 모범적인 회사들이다. 그들은 회사를 이끌어가기 위해 운전 예술이 필요하다고 말한다. 이들은 기업들의 협회로 성경적 지혜와 하나님의 인도하심을 신뢰하고 배우는 조직을 함양하며 사회에 공헌하면서 직원들의 수입도 고려하고 지속적인 가치를 추가하여 정직한 제품 및 서비스를 제공하고자 한다.

이 회사들은 "크라운 코드"라고 하는 규정을 가지고 준수하는데 그 내용은 아래와 같다.

이들은:

1) 하나님을 신뢰하며 그분의 말씀을 그대로 받는 독립 기업이다.

2) 대화를 통해 많은 문제들을 해결하기 때문에 의사소통이 살아 있다.

3) 그분의 이름에 모든 섬기는 리더십과 치유의 말씀이 있기 때문에 권력을 남용하지 않는다.

4) 실수를 통해 배우기 원하며 잘된 것을 기뻐하기 때문에 정기적으로 침묵하며 즐긴다.

5) 연세 드신 분들의 경험과 삶의 지혜는 너무나 귀중하여 유익하기 때문에 그분들을 존경한다.

6) 창조적 비지니스를 강조하며 새로운 아이디어에 개방적이다.

7) 약속을 철저히 지킨다. 그렇지 않으면 우리의 관계가 잘못되기 때문이다.

8) 근로자들은 당연히 보수를 받을 가치가 있으며 그것이 필요하기 때문에 정직하게 분배한다.

9) 험담이나 반쪽 진리는 다른 사람의 명예를 더럽히기 때문에 우리의 의견
   은 사실에 기초한다.

10) 소유지향적 욕심은 기업에 해를 끼치며 우리의 삶을 망치므로 다른 사람
    의 성공을 치하한다.

6. 기타 유럽의 기독실업인 단체들

벨기에 : 브뤼셀 기독 리더십 포럼(BCLF)

크로아티아 : 비지니스 써클

영국 : CBMC

헝가리 : KEVE www.keve.org

프랑스 : 복음증거기구협회(www.natmark.qc.ca/gold/acte/index.shtml)

독일 : 기독경제인, 국제 기독실업인협회

스페인 : 유럽 크리스천 리더십 아카데미

이태리 : APICE(기독 전문실행인 복음협회 Associazione Professionisti, Im-
    prenditori, Cristiani Evangelici)

마케도니아 : 마케도니아 기독비지니스(MACB: Macedonian Christian Business)

몰도바 : 소자본기업 개발을 위한 기독 에이전시(CAMED)

네덜란드 : www.cbmc.nl 및 www.crowncompanies.nl

세르비아 : 벨그레이드 비지니스 이니시어티브(BBI)로 ECPM(European
    Christian Political Movement : 유럽 기독정치운동)와 동역.

슬로바키아 : Christ for all(Cfa) www.lared.sk

슬로베니아 : 전문적인 흐름(Professional Stream). www.poslovnitok.si

사례 1

홀스트 다이히만(Horst Deichmann, 독일 다이히만 슈즈 회장)과의 인터뷰[2]

주제 : 성공과 신앙 간의 긴장

질문 : 종업원이 만이천 명이나 있는데 성공지향적 비지니스 목적과 기독교
간의 긴장관계를 어떻게 대처하십니까?

답변 : 그리스도인으로서 저는 저의 비지니스가 종업원의 복지와 고객 및 공
급자들의 만족을 위해 사용되도록 하나님께서 위임하신 것으로 생각
합니다. 수익의 일부는 사회 환원 및 선교 사역을 위해 쓰여집니다. 비
지니스맨이 되는 것과 그리스도인이 되는 것은 결코 상호 모순이 아닙
니다. 오히려 하나입니다. 그리스도인의 삶의 모든 것은 하나님을 섬
기는 것으로 연결됩니다.

질문 : 기독신앙이 매일의 비지니스와 직원들과의 관계에 어떻게 적용됩니까?

답변 : 저는 매일 성경을 읽고 기도하는 것으로 일과를 시작합니다. 저는 하
나님의 소원을 저의 비지니스와 저의 가족의 요구만큼 중요하게 생각
합니다. 우리 모든 직원들은 제가 헌신적인 그리스도인임을 알고 있습
니다. 그들은 보수, 사회적 시설들, 개인적인 일들 그리고 우리가 기업
을 운영하는 열린 방식에 대해 모두 만족합니다. 기업은 물론 성장해
야 합니다. 이것은 개선된 가격 대비 품질 향상, 경력 승진의 기회 확대

---

2 본 인터뷰는 http://www.europartners.org/index.php?option=com_content&task=view&id=93&Ite
mid=29에 나와 있는 것을 필자가 번역한 것이다.

및 미래의 직장 안정 등과 같이 보다 향상된 비지니스 구조를 통해 서로 더 잘 섬길 수 있어야 함을 뜻합니다. 동시에 아무리 대기업이라 할지라도 무한히 지속되지는 않으며 따라서 우리는 결코 자만해서는 안됩니다. 우리의 노동과 삶은 우리 주 예수 그리스도를 높이는 차원에 있어야 합니다. 주님께서는 다시 오십니다. 이러한 미래에 대한 통찰력은 우리로 하여금 더욱 깨어 있게 하고 위로를 줍니다.

질문 : 당신은 어떻게 그리스도인이 되셨습니까?

답변 : 어릴 때 저는 한 복음 전도집회에서 예수 그리스도를 구세주와 주님으로 영접했습니다. 어렸지만 헌신의 기도를 드렸고, 죄 용서를 받았으며, 삶의 여러 가지 변수 가운데서도 평화와 자유가 나를 떠나지 않았습니다. 하나님께서는 신실하시며 하나님의 사랑을 성령으로 말미암아 그 마음에 받아들이는 사람들을 지켜 주십니다(롬 5:5).

질문 : 미래의 계획은 어떻게 됩니까?

답변 : 사람들에게 탕자의 이야기를 통해 하나님의 사랑과 예수 그리스도의 사역을 통한 구원을 전하고 싶습니다. 사람이 탕자와 같이 그가 가진 모든 은사와 재산을 남용하고 오용하며 다 써버린 후, 더 이상 잃을 것이 없을 때에라도 "아버지, 저는 죄인이며 다시 집으로 왔으니 받아 주세요."라고만 하면 하나님 아버지는 맨발로 달려와 더럽고 거의 벗은 다 지불하기 위해 죽으신 예수님의 팔은 지금도 모든 사람들에게 활짝 열려 있습니다. 그리스도에게 오는 사람은 모든 부담에서 자유롭게 되며 성탄절 때처럼 새로운 옷으로 입게 됩니다. "주께서 나에게 구원의

옷을 입혀 주시고, 의의 겉옷으로 둘러 주셨으니, 내가 주 안에서 크게 기뻐하며, 내 영혼이 하나님 안에서 즐거워할 것이다." 잃어버린 아들을 다시 찾았고 그 지위가 회복되었습니다. 아버지는 그 증거로 값비싼 반지를 끼워 줍니다. 비록 다이히만 신발은 아니지만, 새 신발을 신고 하나님의 사랑을 찾는 사람들에게 전하기 위해 나아갑니다.

(사 61:10; 눅 15; 엡 6:15)

사례 2
피터 한느(Peter Hahne)[3]

"뉴스의 홍수" 그리고 "부족한 정보"

『수많은 정보』. 최근 어느 책의 애매한 제목입니다. 커뮤니케이션 네트웍, 글로벌 체제가 더욱 복잡해지고 있습니다. 우리는 가장 많은 정보 세대에 살지만 우리 선조들보다 결코 더 효과적으로 행동하고 있지는 않습니다. 오히려 그 반대입니다. 우리는 계속해서 정보를 받지만 전혀 방향 감각이 없습니다. 우리는, 미국식으로 생각하며, "뉴스의 홍수" 속에 있지만 "불필요한 정보"만 있으며 사소한 것들로 시간을 보내며 우리의 통찰력을 마비시키고 있습니다.

사전을 찾아보니 "정보"란 '지침'으로 정의됩니다. 그러므로 그 목적은 '형태를 갖추는 것', 사람들에게 삶의 요구에 대해 준비하게 하는 사용 지침과 같은 것입니다. 정보는 신뢰와 경험과 함께 갑니다. 이것들은 우리로 하여금 유능하게 하며, 날카로운 관찰자들이 되게 하며, 올바른 판단을 내리고 결단력있는 행동을 하게 합니다. 시비를 분별하며 어떤 것이 과연 칭찬할 만하며 선한 것인지 깨닫게 합니다. 중요한 질문은 "누가 나의 의견을 형성하게 할 것인가? 무엇이 우리가 취하는 방향을 결정하는가? 누가 다음 세대에 영향을 미칠 것인가?"입니다. 마지막으로 모든 정보는 진리에서 나와야 합니다. 삶에 파괴적이거나 해를 입히기보다 건설적이고 격려하는 것이어야 합니다.

---

3 이 글은 http://www.europartners.org/index.php?option=com_content&task=view&id=96&Itemid=29에 있는 것을 필자가 번역한 것이다.

오늘날 사회의 근본 질문들을 다룸에 있어, 기준 및 윤리 논쟁에 있어 우리의 의견은 올바르게 형성되어야 합니다. 우리는 허용된 것을 해야 합니까? 누가 그 경계를 결정합니까? 누가 그 기준을 정합니까? 우리의 의견을 형성하는 것은 단지 인간의 사고 이상이어야 합니다. 유행 이상이어야 하며 시대 정신을 넘어서야 합니다.

독일의 수상이었던 헬무트 슈미트(Helmut Schmidt)는 "우리에게 멸망을 예언하는 선지자들은 너무 많다. 우리에게는 보다 낙관적인 예언자들이 필요하다."고 말한 적이 있습니다. 우리는 자신만의 권위와 스스로 전문가들로 자처하는 이들이 너무 많습니다. 모든 사람들은 할 말도 별로 없으면서 토론에 참여하기를 원합니다. 방향이나 목적의식이 없는 대변인들이 많습니다. 능력 대신 무지로, 소경으로 소경을 인도합니다.

인간의 가장 깊은 필요는 무엇보다 자기 이해입니다. 각자 자신의 신을 섬깁니다. 스스로 자기에게 무엇이 좋은지 결정합니다. 사람은 교만할수록 들으려 하지 않습니다. 어떤 성격이나 인성을 개발하지 않습니다. 그는 시대 정신의 흐름에 휩쓸려 갑니다. 평범함이 가장 위대한 기준이 되었습니다. 상대주의가 이 시대를 대변합니다. 더이상 절대적인 기준이 없어졌습니다. 누가 이 모든 것들이 결국 어떻게 될 것인지 말할 수 있습니까? 우리에게 허용된다고 다 해야만 합니까? 우리는 유명한 밭에서 결국 쓴 열매들만 거둘 것입니다. 누가 기준을 정합니까? 이 시대는 미혹의 시대입니다. 조작이 확대되었습니다. 우리 세대는 이제 무기력, 무의미 그리고 무방향으로 특징지어지는 것이 놀랄 일이 아닙니다.

철학자 에른스트 윙어(Emst Jünger)는 "혼돈과 불확실성이 판치는 이때, 좋은 조언과 올바른 일을 하는 사람은 소수에 불과하다. 이들은 기도하는 사람들이다."라고 말했습니다.

이 시대는 미혹하는 플래시가 아니라 강력한 등대빛을 필요로 합니다. 비전과 성품, 전문가들과 권세 있는 사람들, 진리를 알기에 길을 아는 사람들입니다. 멸망을 예언하는 사람들이 아니라 소망의 메신저들입니다. 영원한 말씀으로 이 시대 정신에 직면하는 이들입니다.

그리할 때에만 우리는 죽음이 잡아놓을 수 없는 삶의 기준을 경험합니다. 성경과 그 말씀을 진지하게 받아들이는 사람들이야말로 이 시대에 가장 중요한 정보 전달자들입니다. 우리가 진보하려면 하나님께로 향해야 합니다. 너무 늦게 오는 사람은 후회할 것입니다. 예수 그리스도는 길이요, 진리요 생명이십니다(요 14:6). "주의 말씀은 내 발에 등이요 내 길에 빛입니다(시 119:105)."

※ 피터 한느는 언론인으로, 유럽에서 가장 판매 부수가 많은 신문인 《빌트 암 존탁(Bild am Sonntag)》의 칼럼니스트이다.

가정에 관한 기독교 세계관적 고찰[1]

I. 문제의 제기

현대는 여권(女權) 신장의 시대이다. 유럽에서도 비교적 보수적인 성향이 강한 독일에도 작년 말에 최초로 앙겔라 메르켈(Angela Merkel)이라는 여자 수상이 취임했다. 하지만 여성의 지위가 상승하는 것과 함께 현대는 또한 도시화, 통신의 혁명, 가치관의 혼란 등으로 가정이 파괴되는 위기의 시대이다.[2] 남녀평등 사회가 이루어진 것은 바람직하나 다른 한편으로는 부부 갈등도 심화되고 있다. 산업구조의 변화로 인한 여성 노동 인구가 급증하면서 여성 해방 운동이 일어났고, 정보산업이 발전하면서 다양한 도색문화(Sex Culture)가 범람하게 되었으며, 성에 대한 개방 등의 영향으로 결혼에 대한 전통적인 규범들은 퇴색되었다. 그리하여 결혼을 더 이상 평생의 서약으로 보지 않게 되어 결혼 이전의 동거 및 이혼이 급증하고 있다. 이제 재혼 이상의 결혼은 거의

---

1 본고는 원래 「개혁신학 논문집」 제20권(웨스트민스터 신학대학원대학교, 2008년), 201-228에 발표된 논문이다.

2 Stuart D. Briscoe, "가정, 그 성경적 이해", 「목회와 신학」 2005년 5월호, 53.

표준저럼 되어 버렸고, 나아가 동시적이 아닌 연속적이고 순차적인 일부다처제가 유행하고 있다. 가령, 독일의 이전 수상이었던 슈뢰더(Schroeder) 씨도 네 번이나 결혼하여 별명이 '아우디(Audi)'가 되었을 정도이다.[3]

한국 사회에도 가정이 걷잡을 수 없이 무너지고 있다. 이제 이혼은 일상적 용어가 되어 버렸고,[4] 자녀들은 부모와 교사의 통제를 벗어난 지 오래되었다. '가정 해체(家庭解體)'라는 새로운 사회학적 용어가 등장했으며 가정을 무너뜨리는 여러 가지 현상들이 쓰나미처럼 한국 사회를 휩쓸고 있다. 점점 더 치열해지는 경쟁사회 속에서 가족의 생계와 자녀 교육을 담당해야 하는 30대와 40대 가장들이 정신적 중압감을 이기지 못하고 자살하는 사례들이 폭증하고 있다.[5] 이러한 가정의 위기 시대에 여성의 인권 신장과 가정의 평화를 모두 만족시키는 해답은 없을지 가정에 대한 기독교 세계관적 관점에서 고찰해 보고자 한다.

먼저 가정의 기원에 대해 살펴보면서 가정이 어떻게 성립되었는지를 분석해 보고, 그 가정이 죄로 말미암아 타락하게 된 경위를 진술해 보겠다. 이어서 예수 그리스도의 구속 사역이 가정을 회복하는 데 어떻게 작용하는지를 구체적으로 적용한 후 마지막으로는 가정의 완성된 모습이 어떤지 밝혀 현대 사회가 안고 있는 가정의 위기를 바로 진단하고 처방을 내려보겠다.

---

3 반지가 네 개 연결되어 있는 모습을 브랜드로 하는 독일의 고급 자동차.
4 2004년 한 해에만 139,365쌍이 이혼했다. 「목회와 신학」 2005년 5월호, 214.
5 조성돈, "가정 해체 시대에 대한 목회사회학적 분석", 「목회와 신학」 2005년 5월호, 59.

II. 가정의 기원

1. 가정의 존재 이유

가정은 사람이 만들어낸 것이 아니다. 하나님의 아이디어이다. 이 가정이 존재하게 된 가장 근본적인 이유는 남자가 혼자 있는 것이 좋지 않으며 그를 돕는 사람, 곧 그에게 알맞은 짝이 필요하기 때문이라고 창세기 2:18은 말한다. 다시 말해 남자의 반려자(伴侶者, companionship)가 필요하다는 것이다. 하나님의 형상으로 지음 받는 남자라 하더라고 돕는 배필(help mate)이 없으면 하나님 보시기에 좋지 않았고 남자 자신도 외로움을 느꼈을 것이다. 그래서 하나님께서는 그의 아내를 만들기로 작정하신다.

2. 가정의 기원 : 결혼

하나님께서 여자를 만드신 과정을 성경은 다음과 같이 자세히 말하고 있다. 즉 남자를 깊이 잠들게 하신 후 남자의 갈빗대 하나를 뽑고, 그 자리는 살로 메우시고 그 뽑은 갈빗대로 여자를 만드셨다는 것이다(창 2:21-22).

하나님께서 남자의 갈빗대로 여자를 만드신 것에 대해 다양한 해석이 가능하지만 가장 고전적인 매튜 헨리(Matthew Henry)의 해석이 매우 설득력이 있다. 즉 여자는 남자를 지배하기 위해 머리에서 만들어지지도 않았고, 남자에게 지배당하기 위해 발에서 만들어지지 않았다. 오히려 남자와 동등한 위치에 있고 남자의 사랑을 받으며 살아가도록 심장에 가까운 갈비뼈로 만들어진 것이다.[6] 바로 여기에서 우리는 가정의 기원에 대한 충분한 해답을 발견할 수 있다. 즉 가정은 한 남자와 한 여자가 서로 동등한 지위에서 결혼하여 사랑하고 섬기며 살아가게 하려는 하나님의 설계요 작품인 것이다.

여자는 창조의 최종 작품으로 하나님께서 만드신 가장 아름다운 피조물이다. 깊은 잠에서 깨어난 남자는 여자를 보면서 탄성을 발하며 이렇게 고백한다.

"이제야 나타났구나, 이 사람! 뼈도 나의 뼈, 살도 나의 살, 남자에게서 나왔으니 여자라고 부를 것이다(창 2:23)."[7]

3. 가정의 중심 : 부부 간의 언약관계

남편과 아내는 뼈와 살이 하나인 전인격적 연합 관계이며, 이것이 가정의 핵심을 이루는 부부관계이다. 그러므로 성경은 가정의 성립 조건을 남자가 부모를 떠나 아내와 결합하여 한 몸을 이루는 것이라고 말한다(창 2:24).

남자와 여자가 독립적인 인격체로 한 몸을 이루는 것, 이것이 가정의 본질이다. 이것은 부자(父子)관계를 가정의 근간으로 생각하는 동양의 유교적 가정관과는 근본적인 대조를 이룬다. 유교는 삼강오륜에서 볼 수 있듯이 부위자강(父爲子綱)이 부위부강(夫爲婦綱)보다 앞서며, 부자유친(父子有親)이 부부유별(夫婦有別)보다 앞선다. 이는 무엇보다도 생물학적이며 혈연 중심적이고 남성 중심적인 가정관이다.[8]

---

6 Matthew Henry, *Commentary on the whole Bible*, Genesis 2, 원문은 다음과 같다:
　"not made out of his head to rule over him, nor out of his feet to be trampled upon by him, but out of his side to be equal with him, under his arm to be protected, and near his heart to be beloved."
　http://www.ccel.org/h/henry/mhc2/MHC01002.HTM

7 본 논문에 인용된 모든 성경 구절들은 표준새번역을 사용하였다.

8 손봉호, 『건강한 가정』(서울: 기윤실, 1993), 29.

그러나 성경은 가정의 가장 기본적인 요소는 부부 간의 언약관계라고 말한다. 부부는 사실 결혼 전까지 아무런 혈연관계가 없다. 오직 부부로 서약하고 그 약속을 지키기로 헌신할 때 가정은 성립되는 것이다. 남자가 부모를 떠나, 즉 독립하여 그 아내와 연합하여 둘이 한 몸을 이룰 때 가정은 성립된다고 성경은 말한다. 혈연 지향적이거나 남성 우위적인 가정관이 아니라 언약 중심적이요 남녀 평등적인 가정관을 보여 준다. 심지어 프레드 로워리(Fred Lowery) 목사는 한걸음 더 나아가 결혼은 단지 남편과 아내와의 계약이 아니라 하나님 앞에서 맺은 평생의 언약임을 강조한다.[9]

나아가 부모와 자녀의 관계가 가정의 근본이 아니라 부부관계가 우선하며 수직적 관계보다 수평적 관계를 우선시한다. 수직적 관계를 지향하는 사회는 여성이 차별받기 쉽다. 실제로 유교 사회는 여성이 철저히 불이익을 당하던 사회였다. 남아 선호 사상, 남자 중심적 세계관에 의해 여성들에게는 교육의 기회가 제대로 주어지지 않았고, 각종 불이익을 감수해야만 했다.

하지만 부부가 서로 동등한 하나님의 형상으로 하나되어 협력하는 것이 가정이라고 보는 성경적 가정관에는 어떤 차별도 있을 수 없다. 실제로 이조 말기 시대에 복음이 들어오면서 여성들의 지위가 향상되었고 교육의 기회도 주어진 것은 누구도 부인할 수 없는 사실이다.

나아가 부자지간의 혈연 중심적 세계관이 지배했던 가부장 중심적 유교 사회에서는 계급의 차별로 인한 선천적 불평등을 극복하는 것이 거의 불가능하다. 양반 집안에서 태어난 자녀는 양반으로 출세가 가능하지만 천민 집안에서 태어난 자녀는 능력이 있어도 평생 노예로 살아야 하는 것이 일반적인 상황이었다.

---

9 Fred Lowery 저, 임종원 역, 『결혼은 하나님과 맺은 언약입니다』 (서울: 미션월드 라이브러리, 2003).

그러므로 언약 중심적이고 남녀 평등적 가정관은 국제결혼, 즉 다른 민족과의 결혼도 신앙 안에서라면 부정적으로 볼 필요가 없다. 현대 사회의 특징 중 하나가 국가와 민족의 경계가 없어지면서 국제화가 가속화되는 것이다. 그래서 타민족과의 결혼도 점증하고 있는 것이 사실이다. 필자가 독일에서 섬기는 교회에도 독일 남편과 한국 부인이 결혼한 가정, 한국 남편과 중국 부인이 결혼한 가정, 일본 남편과 한국 부인이 결혼했던 가정 그리고 스웨덴 남편과 한국 부인이 결혼한 가정 등 여러 형태의 가정이 있다. 그중에 서로 믿음과 사랑으로 하나된 가정은 한인 가정 못지않게 아름다운 가정의 모습을 보여 주며 그 자녀들 또한 초문화적 환경(cross-cultural environment)에서 여러 언어를 구사하며 세계를 품은 그리스도인으로 자라가고 있다. 이는 예로부터 혈연을 강조하던 한국의 전통 사회에서 국제결혼을 터부시하며 부정적으로 보던 것과는 정반대의 관점을 제공하는 것이다.

언약을 강조하는 가정을 이루는 조건은 오직 하나, 한 남자와 여자가 하나님과 사람 앞에서 서로 사랑할 것을 서약하고 그 약속을 평생 지킬 것을 다짐해야 한다. 이러한 질서 또한 인간이 만든 질서가 아니라 하나님께서 제정하신 질서이다. 그러므로 하나님께서는 말라기 선지자를 통해 이혼이란 젊어서 만나 하나님 앞에서 성실하게 살겠다고 맹세하고 결혼한 동반자인 아내를 배신하는 것이며 경건한 자손을 원하시는 하나님, 영육 간에 주인이신 하나님을 무시하는 것이므로 이혼뿐만 아니라 아내를 학대하는 것도 미워하신다고 분명히 말씀하신다(말 2:14-16). 그래서 예수 그리스도께서도 이혼에 대해 교훈하시면서 모세가 이혼을 허락한 이유는 인간의 완악한 마음 때문일 뿐 하나님의 의도는 아니며, 부부는 이제 한 몸이므로 하나님께서 짝지어 주신 것을 사람이 갈라놓아서는 안 됨을 분명히 말씀하셨다(막 10:2-9).

나아가 예수 그리스도는 부부관계 이외의 모든 간음은 죄라고 선포하셨다.

"누구든지 아내를 버리고 다른 여자에게 장가드는 남자는, 아내에게 간음을 범하는 것이요, 또 아내가 남편을 버리고 다른 남자와 결혼하면, 그 여자는 간음하는 것이다(막 10:11-12)."

따라서 가정은 어디까지나 한 남자와 한 여자의 배타적 정절의 성적 결합(sexual union with exclusive fidelity)을 통한 언약적 헌신의 평생 연합(a covenantal commitment in lifelong union)인 일부일처제(Hetero-sexual monogamy)를 통해 성립되므로 모든 형태의 일부다처제나 축첩제도는 창조 질서에 어긋난 것이다.[10]

4. 가정의 사명

반면에 한 남자와 한 여자가 서로 사랑하며 한 몸이 될 때 여기에는 아무런 부끄러움이 없다. 수치를 가려야 할 옷도 필요 없고, 더욱 아름답게 장식할 필요도 없다. 죄가 없는, 가장 순수하고 아름다운 친밀한 사랑의 관계이기 때문이다. 그러므로 성경은 "남자와 그 아내가 둘 다 벌거벗고 있었으나, 부끄러워하지 않았다."라고 말한다(창 2:25).

이러한 가정을 창조하신 하나님은 하나님의 형상으로 창조된 남자와 여자에게 축복하시면서 세상의 만물을 정복하고 다스리라고 명령하시며 모든 채소를 식물로 주셨다(창 1:26-29). 서로 사랑하면서 생육하고 번성하여 창조된 세계를 개발하고 보존함으로(창 2:15) 하나님의 영광을 드러내어야 하는 문화적 사명(文化的 使命, Cultural Mandate), 이것이 바로 가정을 이 세상에 존재하게 하신 하나님의 뜻이었다. 다시 말해 남자와 여자는 하나님의 축복 가운

10 박혜원, "새 창조에서의 부부관계", 「목회와 신학」 2005년 5월호, 180.

데 오픈 시스템(Open System)인 창조 세계를 연구하고 발전시키면서도 그 질서를 보존하여 하나님의 규범을 따라 피조계에 잠재되어 있는 모든 가능성들을 드러내어야(unfolding or opening up) 할 책임을 가진 것이다. 즉 가정은 하나의 완성품이 아니라 계속해서 완성을 향해 나아가야 하는 역동적인 모습을 지니고 있었으며 그 방향은 하나님의 말씀(Wort)에 대한 하나의 응답(Antwort)으로 결정되는 것이다.[11]

5. 가정 : 자녀의 축복

그러므로 가정은 일단 한 남자와 한 아내의 언약적 사랑에 근거한 결혼에 의해 성립되지만 동시에 부모와 자녀의 관계에 의해 온전해지고 풍성해지며 내적으로 그 의미는 더 깊어진다. 왜냐하면 부모는 자녀를 낳아 양육하면서 하나님께서 말씀하신 문화 명령을 수행해 나갈 수 있기 때문이다. 부부 간의 사랑은 부모와 자녀 간의 사랑에 의해 더욱 깊어지고 풍성해진다.

나아가 하나님께서는 가정을 통해 경건한 자손들이 출생하기를 원하셨다(말 2:15). 따라서 가정의 두 가지 중요한 요소는 부부관계와 부모 자녀와의 관계라고 말할 수 있다. 부부관계는 언약적 관계가 중심적이지만 부모와 자녀와의 관계는 혈연적 관계가 기본적이라고 할 수 있다.[12] 결혼과 가정, 부부와 자녀는 이렇게 상호 보완적이라고 할 수 있다.

하지만 최근 많은 가정들이 아기를 낳지 않는다. 부부만의 삶을 즐기고 자녀를 가짐으로 져야 하는 여러 가지 경제적, 정신적 부담이 싫기 때문이라고

---

11 최용준, "문화에 대한 기독교적 반성", 「목회와 신학」 1993년 12월호.
12 물론 입양의 경우도 가능하지만 이것은 다소 예외적인 경우이다.

하는 개인주의적 이기주의 때문이다. 이것이 결국 낙태와 인공유산이라고 하는 살인죄를 낳게 되는 중요한 요인이 되었고, 서구 유럽 대부분의 국가들이 자체 인구의 감소 현상을 낳고 있다. 이것은 분명 원래적 가정의 모습은 아니다. 성경은 "자식은 주님께서 주신 선물이요, 태 안에 들어 있는 열매는, 주님이 주신 상급"이라고 분명히 말씀한다(시 127:3).

6. 가정의 구조 원리

이러한 의미에서 네덜란드의 기독교 철학자 헤르만 도여베르드는 가정의 전형적 구조 원리를 분석하면서 가정이란 무엇보다도 '자연적인 공동체(natural community)'라고 규정한다.[13] 물론 이 가정의 내적 구조는 남편과 아내의 결혼 언약에 기초해 있으며 그 부부와 자녀를 포함한다. 그리고 가정의 기초적인 양상을 '생물적' 양상이며 인도적 양상은 '도덕적' 양상으로 본다. 생물적 양상이 기초 기능인 이유는 남자와 여자가 하나되어 그 결과 혈육인 자녀들을 낳게 되며 그 부부와 자녀들에 의해 가정이 성립되기 때문이다. 하지만 그 가정을 바르게 인도하는 양상은 사랑의 언약이 중심된 도덕적이며 윤리적 양상인 것이다.

이 윤리적 양상의 핵심 계명은 십계명 중 제5계명인 "네 부모를 공경하라."이다. 이 부모 공경이야말로 가족들 간의 친밀한 사랑을 가장 잘 보여 주는 본질적 요소이며 가정을 가정되게 하는 규범이다. 성경에 나오는 룻은 비록 이방 여인이었으나 시어머니 나오미를 잘 공경하여 큰 축복을 받았다(룻

---

13 H. Dooyeweerd, *A New Critique of Theoretical Thought* Vol. III The Structures of Individuality of Temporal Reality, Trans. by David H. Freeman & H. De Jongste (Ontario: Paideia Press Ltd. 1984), 265.

기). 하지만 이 계명은 단지 자녀들의 의무만을 강조하는 것은 아니다. 부모들 또한 자녀들을 노엽게 하지 말고 주의 교양과 훈계로 양육해야 할 책임도 동시에 강조하는 것이다. 특히 가장은 그 가정의 영적 제사장으로서 신앙적 지도를 감당해야 할 책임이 있다. 사랑하고 기뻐하는 자녀들이기에 불쌍히 여기면서도(시 103:13; 눅 15), 필요한 경우에는 근실한 징계가 필요할 때도 있다(잠 3:12). 따라서 가정은 그리스도 안에서 자녀들이 신앙으로 양육되는 공동체라고 할 수 있다. 그러므로 도여베르트는 결론적으로 성경적 가정관을 이렇게 요약한다.

> 가정은 부모와 그 직계 자녀들 사이에 혈연관계에 기초한 사랑의 전형적인 공동체이다. 이것은 하늘의 아버지와 그의 자녀들 간에 나타난 사랑의 관계와 그리스도와 그의 교회 간에 있는 끊을 수 없는 사랑의 관계도 반영하는 것이다.[14]

하지만 이렇게 하나님 보시기에 아름다운(창 1:31) 가정의 모습은 오래 가지 않았다. 죄로 말미암아 가정은 깨어져 파탄에 이르게 된다. 그 구체적인 모습을 다음 장에서 살펴보겠다.

---

14 H. Dooyeweerd, *A New Critique of Theoretical Thought* Vol. III, p. 269. 원문은 다음과 같다.
"It presents the family as a typical normative bond of love, based upon the natural ties of blood between parents and their immediate off-spring. This is a reflection of the bond of love between the Heavenly Father and His human children, unbreakably bound to the tie between Christ and his Church."

III. 가정의 타락

1. 타락의 과정

가정이 타락하게 된 과정을 창세기 3:1-5은 다음과 같이 설명하고 있다.

먼저 사탄이 뱀으로 위장하여 여자에게 유혹하면서 묻는다. "하나님이 정말로 너희에게, 동산 안에 있는 모든 나무의 열매를 먹지 말라고 말씀하셨느냐?" 뱀이 여자에게 접근한 방식은 매우 교묘하다. 즉 그가 직접 듣지 못한 하나님의 계명에 대해 의심을 불러일으키는 것이다. 하나님께서는 동산 가운데 있는 선악과를 제외하고는 모든 나무 열매를 먹을 수 있도록 자비를 베푸셨다. 그러나 뱀은 그 하나님의 자비하심을 정면으로 거부하면서 질문한 것이다.

이 질문에 대해 여자는 정확하게 답변하지 못한다. "우리는 동산 안에 있는 나무의 열매를 먹을 수 있다. 그러나 하나님은 동산 한가운데 있는 나무의 열매는, 먹지도 말고 만지지도 말라고 하셨다. 어기면 우리가 죽는다고 하셨다." 여자는 '만지지도 말라'는 자신의 생각을 덧붙였고 '반드시 죽는다(you will surely die).'는 경고를 약화시켜 '죽을까 하노라(you will die).'라고 대답한다. 바로 그러한 틈을 노린 뱀은 더욱 그 약점을 물고 늘어지면서 "너희는 절대로 죽지 않는다."고 정면으로 그 주장을 뒤엎어 버린다. 나아가 "그 열매를 먹으면 오히려 눈이 밝아지고 하나님처럼 되어서 선과 악을 알게 된다."고 강력한 호기심을 유발시킨다.

그러자 여자는 그 유혹에 넘어간다. 남편과 의논하지도 않은 채 그 열매를 보니, 먹음직하고, 보암직하며, 사람을 슬기롭게 할 만큼 탐스러워 결국 그 열매를 따서 먹고, 함께 있는 남편에게도 주니, 남편도 그것을 먹고 함께 타락하고 만다(창 3:6).

지금도 가정의 타락은 대부분 이러한 요소들에 의해 일어난다. 이혼율이 급증하는 이유는 무엇보다 하나님과 사람 앞에서 맺은 언약을 경시하기 때문이다. 하나님의 말씀을 무시하고 자신의 생각을 앞세우게 되면 육신의 정욕, 안목의 정욕, 이생의 자랑에 우선순위를 둘 수밖에 없다. 결국 자신의 생각을 하나님의 말씀보다 앞세우게 되면서 '이혼' 또는 '불륜'이라는 선악과를 따먹는 것이다.

2. 타락의 결과

그 결과 어떻게 되었는가? 결국 두 사람의 눈이 밝아져 자기들이 벗은 몸인 것을 깨닫고, 무화과나무 잎으로 치마를 엮어서 몸을 가렸으며, 날이 저물고 바람이 서늘할 때 주 하나님이 동산을 거니시는 소리를 듣고는 동산 나무 사이에 숨게 되었다(창 3:7-8). 즉 한 몸인 부부는 먼저 하나님과의 언약관계가 깨어지면서 교제가 단절되었으며 뱀의 말 그대로 그들의 눈이 밝아지기는 했으나 그들이 깨닫게 된 것은 단지 부끄러움과 수치심이었지 결코 하나님처럼 되는 것이 아님을 알게 되었다.

이렇게 타락한 상태에서 그들이 할 수 있는 최선은 기껏해야 곧 말라 없어질 무화과나무 잎으로 치마를 엮어 부끄러움을 가려보려는 시도였다. 이것은 인간적인 방법으로 자신의 문제를 해결해 보려는 노력이지만 결국 헛수고에 불과함을 그들은 얼마 가지 않아 깨닫게 된다. 인간의 의는 이사야 선지자가 말한 대로 단지 '누더기'와 같은 것이다(사 64:6). 이제 남자와 여자를 위해 만드신 기쁨의 뜻을 가진 이 에덴동산은 이제 더이상 기쁨의 동산이 아니라 불안과 초조로 가득 찬 곳이었다. 드디어 그들은 하나님의 낯을 피하여 나무 사이에 숨어 버린다. 그러나 그것 또한 허사였다. 하나님의 낯을 피하여 갈 수 있는 곳은 아무 곳도 없기 때문이다.

3. 하나님의 심판

그럼에도 불구하고 하나님께서는 이 타락한 부부를 그냥 내버려두지 않으셨다. 범죄하고 타락한 가정을 긍휼히 여기시고 구원하시기 위해 찾아오신다. 그리고 그 떨어진 지점에서 다시 시작하신다. 그러기 위해 우리로 하여금 그 현재 위치를 명확히 깨닫게 하신다.

먼저 가장인 남자에게 물으신다. "네가 어디에 있느냐?(창 3:9)" 이 질문은 단지 자신의 비참한 모습을 아는 것으로 끝나게 하려는 질문이 아니라 회복을 위한 출발점이었다. 그러나 남자의 대답은 매우 피상적이었다. "하나님께서 동산을 거니시는 소리를 듣고 벗은 몸인 것이 두려워서 숨었습니다(창 3:10)." 이렇게 대답하는 것은 타락한 인간이 문제의 핵심을 파악하지 못하는 영적 어두움에 사로잡혀 있음을 잘 보여 준다. 그러자 하나님께서 다시 물으셨다. "네가 벗은 몸이라고 누가 일러 주었느냐? 내가 너더러 먹지 말라고 한 그 나무의 열매를 네가 먹었느냐?(창 3:11)" 그러자 남자는 핑계를 대었다. "하나님께서 저와 함께 살라고 짝지어 주신 여자, 그 여자가 그 나무의 열매를 저에게 주기에, 제가 그것을 먹었습니다(창 3:12)." 결국 남자는 그 책임을 일차적으로는 그의 아내에게 그리고 궁극적으로는 그 아내를 주신 하나님께 돌리는 더 큰 죄를 범한다. 문제의 핵심을 바로 깨닫지 못했기에 그 죄를 합리화하려고 하는 더 심각한 잘못을 저지르게 되는 것이다. 하나님께서는 다시 여자에게 물으셨다. "너는 어쩌다가 이런 일을 저질렀느냐?(창 3:13)" 그러자 여자도 핑계를 대며 뱀에게 책임을 전가했다. "뱀이 저를 꾀어 먹었습니다(창 3:13)."

모든 가정의 불화와 갈등은 바로 여기에 문제의 핵심이 있다. 즉 책임의 회피와 전가인 것이다. 그리고 더욱 궁극적인 원인은 하나님과의 관계와 교제가 단절된 것에 있다.

이제 가정은 더이상 이 타락한 상태에서 스스로 구원할 수 없는 절대 절망의 상태에 처했다. 이렇게 범죄하여 타락한 가정을 하나님께서 심판하신다. 먼저 여자를 유혹하여 죄를 짓도록 만든 뱀을 향하여 심판을 선포하신다.

"네가 이런 일을 저질렀으니, 모든 집짐승과 들짐승 가운데서 네가 저주를 받아, 사는 동안 평생토록 배로 기어 다니고, 흙을 먹어야 할 것이다(창 3:14a)."

그리고 타락한 여자와 남자에게는 다음과 같은 심판을 내리신다.

여자에게는 이렇게 말씀하셨다.

"내가 너에게 임신하는 고통을 크게 더할 것이니, 너는 고통을 겪으며 자식을 낳을 것이다. 네가 남편을 지배하려고 해도 남편이 너를 다스릴 것이다." 남자에게는 이렇게 말씀하셨다. "네가 아내의 말을 듣고서, 내가 너에게 먹지 말라고 한 그 나무의 열매를 먹었으니, 이제, 땅이 너 때문에 저주를 받을 것이다. 너는, 죽는 날까지 수고를 하여야만, 땅에서 나는 것을 먹을 수 있을 것이다. 땅은 너에게 가시덤불과 엉겅퀴를 낼 것이다. 너는 들에서 자라는 푸성귀를 먹을 것이다. 너는 흙에서 나왔으니, 흙으로 돌아갈 것이다. 그 때까지, 너는 얼굴에 땀을 흘려야 낟알을 먹을 수 있을 것이다. 너는 흙이니, 흙으로 돌아갈 것이다(창 3:16-19)."

서로 사랑하며 한 몸을 이룬 가정이 하나님의 말씀을 어기고 타락함으로 하나님과의 관계가 깨어지고 서로 책임을 전가한다. 타락 이전에 있던 부부 사이의 사랑과 연합의 친밀한 교제 대신에 남편이 아내를 지배하는 관계로 변질되었다. 아담이 아내를 하와라고 이름을 짓는 행위 자체가 남편의 권위를 행사하는 모습이며 이후부터 남성 우위적이며 여성 종속적인 관계가 성립되어 가부장적 가족 제도가 이루어지고 아내들은 남편을 '나의 주'라고 부르면서 온갖 차별과 학대를 경험하게 되었던 것이다.[15]

나아가 인간 자신들뿐만 아니라 그들의 삶의 터전인 땅도 저주를 받게 되었고 그들은 마침내 흙으로 돌아가야만 하는 사망의 노예가 된 것이다.

하나님께서 보시기에 아름다웠던 가정, 그 가정을 통해 모든 피조물들을 다스리며, 하나님의 영광을 드러내기를 원하셨던 이 가정이 죄로 말미암아 타락한 것이 결국 모든 문제의 출발점이 된 것이다. 나아가 이들은 에덴동산에서 추방된다. 그리고 이들이 생명나무를 따 먹고 영원한 생명을 누릴 수 없도록 하나님은 그 사자들로 하여금 그 동쪽 입구를 지키게 하신다(창 3:22-24).

4. 타락한 가정의 모습들

에덴동산에서 추방된 가정은 그 결과 여러 가지 모습들로 뒤틀리기 시작했다. 남편과 아내와의 관계가 깨어지기 시작했고 자녀들이 부모를 거역하면서, 가정의 아름다움은 간음, 동성애, 매춘, 살인 그리고 이혼 등 죄에 의해 왜곡되고 변형되기 시작한 것이다.

여기서 우리는 죄의 모습이 마치 바이러스나 기생충과 같음을 보게 된다. 컴퓨터에 바이러스가 들어오면 하드웨어는 별로 문제가 없는 것 같아도 소프

---

15 박혜원, "새 창조에서의 부부관계", 「목회와 신학」, 2005년 5월호, 181.

트웨어가 제대로 작동하지 않게 되어 결국 컴퓨터 전체가 제 기능을 발휘하지 못한다. 또한 우리의 신체에 기생충이 들어오면 우리 몸의 구조는 그대로 있는 것 같으나 결국 영양분을 잃어버리면서 점점 쇠약해진다. 이와 마찬가지로 가정이라는 창조 구조 자체는 창조주께서 질서 있고 지혜롭게 만드신 아름답고 귀한 조직이지만 죄로 말미암아 그 나아가는 방향이 잘못되어짐으로 결국 문화의 개현이나 발전 또한 뒤틀린 방향으로 전개되어 가게 된 것이다.

그것을 좀더 구체적으로 보여 주는 것이 바로 아담과 하와의 후손인 가인과 아벨의 갈등이며 가인에 의한 아벨의 무고한 죽음이다(창 4:1-15). 남편과 아내의 관계에 금이 가자 자녀들 간에도 죄가 역사하는 것을 우리는 분명히 볼 수 있다. 형과 동생 간에 사랑과 우애보다는 미움과 시기가 지배하게 된다. 더 나아가 가인의 후예들은 점점 에덴의 동쪽 방향으로 나아가면서 타락한 문명을 건설해 나간다. 자신을 보호하기 위해 성(도시)을 건축하고 무기를 제작하며 라멕은 하나님의 규범과 어긋나게 두 아내를 취하는 것을 볼 수 있다(창 4:23).

그 이후 인류의 역사는 계속해서 죄악으로 가득 찬 역사였다. 가정도 한 남자와 한 여자의 인격적인 만남과 사랑의 언약에 의해 성립되는 것이 아니라 육신과 안목의 정욕에 의해 좌우되었다. 나아가 남녀관계도 변질되어 동성연애가 점증하고 일부다처제로 변하면서 가정은 깨어지기 시작했다. 이렇게 죄악으로 가득 찬 세상을 보신 하나님께서 이렇게 탄식하셨다.

"하나님이 보시니, 세상이 썩었고, 무법천지가 되어 있었다. 하나님이 땅을 보시니, 썩어 있었다. 살과 피를 지니고 땅 위에서 사는 모든 사람들의 삶이 속속들이 썩어 있었다(창 6:11-12)."

인간이 타락하자 모든 피조물들이 그 죄의 영향으로 허무한 데 굴복하였다. 이 세상이 이렇게 타락한 것을 보다 못해 하나님께서는 의롭고 경건한 노아의 가정을 제외하고는 모두 홍수로 그들을 심판하신다. 오직 하나님을 경외하던 노아와 그의 가정만 구원을 받았으며 다만 그가 방주로 데려간 짐승들이 함께 구원을 받았다.

아브라함과 사라 또한 노아의 가정 못지않게 믿음으로 순종한 귀한 가정이었다. 하나님의 부르심에 지체하지 않고 본토와 친척집을 떠나 약속하신 땅으로 떠났다.

그러나 그들에게도 죄의 유혹은 언제나 도사리고 있었다. 인간적인 방법으로 위기를 모면하기 위해 아내를 누이라고 거짓말했으며 그들에게 아들이 없자 하갈이라는 이집트의 여종을 통해 아이를 낳으려는 인간적인 방법을 시도한다. 결국 하갈을 통해 이스마엘을 낳기는 했으나 결국 이스마엘은 아브라함 가정의 갈등의 씨앗이 되었다.

가정이 타락한 모습을 가장 극단적으로 보여 주는 사건은 역시 소돔과 고모라의 멸망 그리고 그와 관련된 롯과 그 딸들 간의 관계이다. 하나님의 부르심에 믿음으로 순종하였던 아브라함의 가정과는 반대로 롯은 눈에 보이는 좋은 땅을 선택하여 가다가 결국 동성애 등으로 극도로 타락한 소돔과 고모라 땅에 정착하게 된다. 거기서 살던 롯은 결국 하나님의 심판을 피하다 아내를 잃고 자기도 모르는 사이에 두 딸과 동침하는 죄를 범하게 된다(창 19).

5. 종말의 징조들

미가 선지자 또한 장차 "이 시대에는, 아들이 아버지를 경멸하고, 딸이 어머니에게 대들고, 며느리가 시어머니와 다툰다. 사람의 원수가 곧 자기 집안 사람일 것이다."라고 이미 예언하였다(미 7:6). 예수님께서도 2,000년 전에 이미 "형제가 형제를 죽음에 넘겨 주고, 아버지가 자식을 또한 그렇게 하고, 자식이 부모를 거슬러 일어나서 부모를 죽일 것이며(막 13:12)" 또한 "불법이 성하여, 많은 사람의 사랑이 식을 것이라."고 경고하셨다(마 24:12).

현대 사회에 만연하는 여러 종류의 가정 파괴 현상은 결국 인간의 타락으로 말미암은 것이다. 예수님께서 미리 경고하셨듯이 종말의 때는 노아의 때와 같이 사람들이 육체의 정욕을 따라 살면서 하나님의 법을 무시하여 결국 심판을 피할 수 없게 되는 것이다(눅 17:27).

사도 바울은 타락한 가정의 죄를 다음과 같이 적나라하게 지적한다.

"이런 까닭에, 하나님께서는 사람들을 부끄러운 정욕에 내버려두셨습니다. 여자들은 남자와의 바른 관계를 바르지 못한 관계로 바꾸고, 또한 남자들도 이와 같이, 여자와의 바른 관계를 버리고 서로 욕정에 불탔으며, 남자가 남자와 더불어 부끄러운 짓을 하게 되었습니다. 그래서 그들은 그 잘못에 마땅한 대가를 스스로 받았습니다(롬 1:26-27)."

최근 한국 사회를 들끓게 했던 '트랜스젠더(trans-gender)' 또한 이와 같은 세기말적 타락 현상 중 하나라고 볼 수밖에 없다. 나아가 바울 사도는 마지막 때에는 이러한 타락의 모습이 더욱 극단으로 치닫게 될 것이라고 경고한다.

"말세에 어려운 때가 올 것입니다. 사람들은 자기를 사랑하며, 돈을 사랑하며, 뽐내며, 교만하며, 하나님을 모독하며, 부모에게 순종하지 아니하며, 감사할 줄 모르며, 불경스러우며, 무정하며, 원한을 풀지 아니하며, 비방하며, 절제가 없으며, 난폭하며, 선을 좋아하지 아니하며, 배신하며, 무모하며, 자만하며, 하나님보다 쾌락을 더 사랑하며, 겉으로는 경건하게 보이나, 경건함의 능력은 부인할 것입니다. 그대는 이런 사람들을 멀리하십시오(딤후 3:1b-5)."

실제로 한국 사회의 경우 가정은 더 이상 가족들이 정서적 안정을 누리는 곳이 아니라 조성돈 교수가 지적한 대로 '성공을 위한 훈련소'로 전락하고 있다.[16] 즉 경쟁사회라고 하는 격전지에서 승리할 수 있는 전사를 양성하는 곳이 되고 만 것이다. 그리하여 심지어는 조기 유학으로 말미암는 기러기 아빠가 양산되어 이산가족으로 말미암은 각종 부작용들이 속출하고 있는 것을 우리는 잘 알고 있다. 또한 부모 중 한쪽이 없는 결손 가정에서 자라난 청소년들이 비행 청소년으로 쉽게 전락하여 사회문제화 되는 것 또한 주지의 사실이다.

그렇다면 이렇게 타락한 가정은 더 이상 회복 가능성이 없는가? 있다면 어떻게 회복될 수 있는가? 다음 장에서 살펴보겠다.

IV. 가정의 구속

1. 영적 전쟁의 선포

감사하게도 하나님께서는 타락한 가정을 그냥 내버려두지 않으셨다. 깨어진 가정을 회복하시기 위해 가장 근본적인 처방을 내리셨다. 먼저 선악과를 따먹었던 여자의 후손으로 오시는 메시아를 통해 타락한 가정을 구속하시는 놀라운 계획을 선포하신 것이다. 하나님은 무엇보다 가정을 타락하게 만든 사탄의 나라에 대해 창세기 3:15에서 영적 전쟁을 선포하신다.

"내가 너로 여자와 원수가 되게 하고, 너의 자손을 여자의 자손과 원수가되게 하겠다. 여자의 자손은 너의 머리를 상하게 하고, 너는 여자의 자손의 발

---

16 조성돈, "가정 해체 시대에 대한 목회사회학적 분석", 「목회와 신학」 2005년 5월호, 59.

꿈치를 상하게 할 것이다."

뱀과 여자는 원수(enmity)가 되고 뱀의 후손과 여자의 자손과도 영적 대립 관계(spiritual antithesis)가 형성된다. 여기서 물론 여자의 자손은 마리아를 통해 성육신하신 예수 그리스도를 뜻한다. 아담과 하와는 불순종함으로 말미암아 타락한 가정이 되었지만 요셉과 마리아는 순종함으로 메시아를 탄생하게 되는 경건한 가정이 되었다. 그리고 예수 그리스도께서는 십자가에 죽으심과 부활하심으로 사탄의 권세, 즉 뱀의 머리를 상하게 하셨다. 그리고 뱀은 그 발꿈치를 상하게 했다. 즉 예수님은 십자가의 고난을 감수해야만 했던 것이다.

2. 최초의 구속 언약

이러한 구속의 약속이 선포되자 아담은 아내의 이름을 비로소 하와라고 부른다. 그 이유는 하나님의 약속, 즉 구속의 언약을 믿었기 때문이다. '하와'라는 이름의 의미는 '생명 있는 모든 것의 어머니'이다(창 3:20). 즉 여자의 후손을 통해 회복될 소망을 바라보면서 믿음으로 이름을 지은 것이다.

그 믿음을 보시고 하나님은 가죽옷을 만들어서, 아담과 그의 아내에게 입혀 주신다(창 3:21). 가죽옷을 만들기 위해서는 양이 희생되어야 한다. 그 희생을 통해 남자와 여자의 허물과 수치는 덮인다. 그러므로 이 가죽옷은 하나님의 구속 언약을 단적으로 보여 주는 상징이다. 어린 양 되신 예수 그리스도께서 십자가에 죽으시고 부활하심으로 죄의 권세가 깨어지고 그분의 의가 우리의 모든 불의를 덮는 것이다. 우리가 그분을 믿음으로 의롭게 되며 모든 죄는 용서받고 하나님과의 깨어진 관계가 회복된다는 것이다.

3. 회복된 가정의 모습들

이 회복의 모습을 우리는 이미 여러 가정에서 엿볼 수 있다. 즉 구속의 은총은 한 개인에게뿐만 아니라 모든 가족에게 임한다는 것이다. 홍수 때에도 노아의 가정이 구원을 받았으며 소돔과 고모라가 심판을 받을 때에도 롯의 가족이 함께 구원을 받았다. 가나안 땅에 기근이 극심할 때에도 야곱의 모든 가족은 요셉에 의해 구원받는 것을 볼 수 있으며 이스라엘 백성들이 애굽에서 나올 때에도 가족들이 함께 나온 것을 알 수 있다. 유월절 양을 잡을 때에도 가족들과 함께 먹을 양이라고 말씀하신다(출 12:21). 출애굽 이후 이스라엘 백성들을 계수할 때에도 가족을 기준으로 계수한 것을 볼 수 있고, 여리고 성이 멸망할 때에도 라합의 가족은 라합의 믿음과 순종으로 함께 구원을 받는 것을 볼 수 있다. 가나안 땅을 정복한 후에 기업을 나눌 때에도 지파와 가족별로 제비를 뽑아 나누었다.

예수께서도 공생애를 시작하시면서 첫 기적을 행하신 곳은 갈릴리 가나에서의 혼인잔치였다. 가정이 타락으로부터 구속되고 회복되어 진정한 사랑과 기쁨이 회복되는 사역을 시작하신 것이다. 그 가나에서 두 번째로 행하신 기적은 그곳에 있던 왕의 신하 아들의 병을 고쳐 주신 것이다. 예수께서 하신 말씀을 믿고 가다가 종들로부터 아들이 살았다는 소식을 듣고 그와 그의 온 집안이 함께 예수님을 믿었다(요 4:53).

또한 사마리아 수가 성에서 만난 여인은 그야말로 가정생활이 파산 지경에 이른 상황이었다. 남편을 다섯 번이나 바꾸었으나 참된 만족이 없는 삶을 살았지만 생수 되신 주님을 만나고 완전히 변화되고 회복되는 모습을 요한복음 4장에서 읽을 수 있다.

고넬료의 가정 또한 비록 이방인의 가정이었으나 베드로의 설교를 듣고 믿어 온 가족이 구원을 받는 축복을 경험한다. 이것은 베드로 사도에게 예수 그리스도의 구속 사건이 단지 유대인들만을 위한 것이 아니라 모든 민족과 가정도 위함임을 깨닫게 해준 결정적인 사건이었다(행 10:1-48). 이런 뜻에서 사도 바울도 빌립보 감옥의 간수에게 다음과 같이 선포한다.

"주 예수를 믿으시오. 그리하면 그대와 그대의 집안이 구원을 얻을 것입니다(행 16:31)."

실제로 이 로마 간수는 바울로부터 복음을 듣고 온 가족이 믿어 세례를 받았다.

반면에 가족 중 한 사람이 범죄함으로 가족 전체가 심판을 받는 경우도 볼 수 있다. 여호수아가 여리고 성을 점령했을 때 아간이 범죄 하자 그와 함께 가족들도 심판을 받았으며(출 7:25), 엘리 제사장이 아들을 바로 키우지 못해 결국 함께 불행한 최후를 맞이하였고(삼상 4:11-18), 사울 왕도 교만하다가 결국 온 가족이 함께 전멸하는 것을 볼 수 있다(대상 10:6).

그러므로 구속받은 가정은 천국의 모형이라고 할 수 있다. 부모들은 자녀를 키우면서 하나님 아버지의 사랑을 조금씩 더 알고 깨닫게 된다. 자녀들을 말씀과 기도로 양육하면서 경건의 본을 보일 때 그 부모를 통해 자녀들이 축복을 받는다. 디모데는 외조모 로이스와 어머니 유니게의 깨끗한 신앙을 물려받아 초대 교회의 귀한 일꾼이 되었다(딤후 1:5).

4. 구속받은 가정의 윤리

이제 그리스도 안에 있으면 누구든지 '새로운 피조물'이며(고후 5:17), 따라서 구속받은 가정 또한 이 세상의 가정과는 다른 거룩하고 구별된 삶을 살아야 한다. 타락의 결과로 생겨난 모든 불의와 불평등, 갈등과 압제, 착취와 굴종 등 모든 차별이 사라지고 새 창조의 질서인 의와 평강, 평등과 섬김, 사랑과 피차 순종으로 바뀌어야 한다.[17] 그러므로 부부관계에 대해 사도 바울은 다음과 같이 권면한다.

"아내 된 이 여러분, 남편에게 하기를 주님께 순종하듯 하십시오. 그리스도께서 교회의 머리가 되심과 같이, 남편은 아내의 머리가 됩니다. 바로 그리스도께서는 몸의 구주이십니다. 교회가 그리스도께 순종하듯이, 아내도 모든 일에 남편에게 순종해야 합니다. 남편 된 이 여러분, 아내를 사랑하기를 그리스도께서 교회를 사랑하셔서 교회를 위하여 자신을 내주심 같이 하십시오. 그리스도께서 그렇게 하신 것은, 교회를 물로 씻고, 말씀으로 깨끗하게 하여서, 거룩하게 하시려는 것이며, 티나 주름이나 또 그와 같은 것들이 없이, 아름다운 모습으로 교회를 자기 앞에 내세우시려는 것이며, 교회를 거룩하고 흠이 없게 하시려는 것입니다. 이와 같이, 남편도 아내를 자기 몸과 같이 사랑해야 합니다. 자기 아내를 사랑하는 것은 곧 자기를 사랑하는 것입니다(엡 5:26-28)."

남편과 아내의 관계에는 분명히 질서가 있고 이 질서는 사람이 만든 것이 아니라 하나님께서 제정하신 신적 질서이다. 아내는 남편에 순종하고 남편이 아내를 사랑할 때 그 가정은 날마다 구원을 경험하는 가정이 되고 그러한 가정이 모인 교회는 이 땅에서 회복의 사역을 감당할 수 있는 것이다. 여기서 사랑은 '아가페'로 주님께서 교회를 사랑하신 그 희생적 섬김의 사랑을 의미한다. 남편은 아내의 머리로서 가정을 인도해야 할 책임이 있지만 결코 아내를 지배해서는 안 되며 오히려 '연약한 그릇'임을 이해하고 '생명의 은혜를 함께

---

17 박혜원, "새 창조에서의 부부관계", 「목회와 신학」 2005년 5월호, 181.

상속받을 사람'으로 알고 존중해야 한다(벧전 3:7). 부부 간의 언약관계는 전적으로 동등한 관계이기 때문이다. 아내는 남편의 리더십을 인정하면서도 가정의 모든 살림을 책임지며 가사를 잘 관리해야 할 책임이 있다. 여권이 신장되었다고 해서 아내가 남편의 권위마저 무시하게 되면 그 부부 또는 가정은 깨어질 위험이 많다. 피차 복종하되 서로의 본분을 다할 때 건강한 부부생활 및 가정생활이 가능한 것이다.

하지만 현대의 포스트모더니즘은 이 세상의 모든 권위 체계 및 질서를 권력 행사를 통한 억압의 기제로 이해하면서 거부한다. 이것은 성경을 통해 계시된 가정에 대한 신적 기원 및 권위 전체를 부인하므로 가정의 해체를 가속화시키는 요인이 되고 있는 것이다.

그러나 성경은 남편과 아내가 서로 사랑하며 신실하게 약속을 지키는 관계를 그리스도와 교회 간의 사랑과 교제의 예표라고 말한다. 그러므로 천국을 설명하실 때마다 예수님께서는 자주 하나님의 나라는 혼인잔치와 같다고 하셨다(마 22:2-14). 남편과 아내의 사랑은 결국 두 사람 모두가 영원한 그리스도의 사랑 안에 거할 때 그 하나됨과 사랑이 온전해진다.[18]

자녀들 또한 부모에게 순종해야 한다. 자녀들은 주 안에서 부모를 공경할 때 잘되고, 땅에서 오래 살 것이라고 약속하신다. 부모들도 자녀들을 노엽게 하지 말고, 주님의 훈련과 훈계로 길러야 할 책임이 있다.

하지만 이 말씀에 순종하지 못하고 서로 자기 주장만을 내세우기 때문에 현대 사회의 이혼율은 계속해서 급증하고 있다. 이혼 한 번 하지 않고 살아가는 건강한 가정을 찾아보기 어려운 시대가 되어 가고 있다. 나아가 이혼한 가정에서 자라는 자녀들이 정신적으로 건강하지 못하여 결국 비행 청소년이 되

---

18 H. Dooyeweerd, *NC*, III, 322.

고 사회의 짐이 되는 경우가 너무 많다.

또한 생명 경시 풍조로 인하여 낙태와 인공유산이 너무나 많이 시행되고 있다. 이것은 그렇게 할 수밖에 없는 안타까운 상황이 있다 할지라도 생명을 주신 하나님의 주권에 도전하는 행위이다. 가정에 주신 자녀들은 축복의 선물이다. 서구 유럽 대부분의 국가들이 태어나는 아기들이 줄어들어 심각한 사회 문제가 되고 있다. 자녀 수당을 인상해도 이러한 현상은 점점 더 심화되고 있는 실정이다.

이러한 상황 속에서 그리스도인들은 하나님의 말씀에 순종해서 자녀들을 자신의 소유물이 아니라 주님께서 잠시 맡기신 선물들임을 깨닫고 주 안에서 바로 양육하여 내일의 일꾼들로 만들어야 할 막중한 책임이 있다.

5. 경건한 가정의 모델

예수 그리스도의 초림과 그분의 십자가에 죽으시고 부활하신 구속 사역으로 가정의 구속이 이루어지기는 했으나 이러한 구속은 계속해서 주님 다시 오실 때까지 지켜져야 한다. 그러기 위해서는 모든 가족들이 여호와를 경외하는 경건한 가정이어야 한다(시 128:). 이러한 가정은 축복을 받아 남편은 수고한 만큼 대가를 누리게 되며 아내는 결실한 포도나무와 같고 기업으로 받은 자녀들은 어린 감람나무와 같아 시온의 복을 누리게 된다.

가나안 땅을 정복한 여호수아는 사명을 다 감당한 후에 모든 이스라엘의 열두 지파를 모아 놓고 여호와 하나님을 섬길 것인지 아니면 가나안의 우상들을 섬길 것인지 택하라고 도전하면서 "나와 나의 집안은 주님을 섬길 것입니다."라고 고백했다(수 24:15b).

로마 백부장 고넬료의 가정 또한 매우 경건한 가정이었다. 그는 모든 가족들이 함께 하나님을 경외하며 백성을 많이 구제하고 하나님께 항상 기도하는 가정이었기에 마침내 베드로 사도를 통해 복음을 받고 성령 세례를 받는 최초의 로마인 가정이 되었던 것이다(행 10:).

초대 교회도 장로와 집사와 같은 직분자들을 세울 때 가정을 잘 다스리는 것을 중요한 자격 요건으로 삼았다(딤전 3:4-5, 12).

그러므로 현대 가정의 문제가 근본적으로 해결되기 위해서는 부부가 먼저 회개하고 각각 예수를 주와 그리스도로 영접한 후 가족 전체도 주님을 바로 섬기는 가정이 되어야 할 것이다. 그리할 때 그 가정은 이제 지상의 낙원으로 변할 것이다.

한 사람이 예수를 주와 그리스도로 믿고 자신의 죄를 회개하여 거듭나면 그는 의롭다고 인정받을 뿐만 아니라 하나님을 '아빠, 아버지'라고 부를 수 있게 된다. 즉 그는 하나님의 자녀로 인치심을 받는 것이다. 그러므로 성경은 이것을 가능하게 하시는 성령을 '양자의 영'이라고 부른다(롬 8:14-15).

나아가 하나님의 모든 자녀들은 인종과 문화, 언어와 피부색 등 모든 차이점들을 넘어 주님 안에서 하나가 되며 하나님의 가족이 된다. 예수님께서도 "누구든지 하나님의 뜻을 행하는 사람이 곧 내 형제요 자매요 어머니다."라고 말씀하셨고(막 3:35), 사도 바울도 같은 의미로 다음과 같이 선포한다.

"이방 사람과 유대 사람 양쪽 모두, 그리스도를 통하여 한 성령 안에서 아버지께 나아가게 되었습니다. 그러므로 이제부터 여러분은 외국 사람이나 나그네가 아니요, 성도들과 함께 시민이며 하나님의 가족입니다(엡 2:18-19)."

그렇다면 이렇게 구속된 가정의 완성된 모습은 어떠한지 마지막으로 살펴보겠다.

V. 가정의 완성

1. 어린 양 혼인잔치

물론 천국에는 더이상 이 세상의 남편과 아내의 관계는 성립하지 않는다. 하나님의 나라에서는 더 이상 장가가고 시집가는 일이 없고 모두 천사와 같기 때문이다(눅 20:34-36). 그 대신 예수 그리스도와 교회는 각기 신랑과 신부의 자격으로 새 하늘과 새 땅을 배경으로 어린 양 혼인잔치에 참여하게 된다. 즉 영원한 천국 가정이 완성되는 것이다. 요한계시록 21:2은 그 모습을 다음과 같이 묘사하고 있다.

"나는 또 거룩한 도성 새 예루살렘이, 남편을 위하여 단장한 신부와 같이 차리고, 하나님께로부터 하늘에서 내려오는 것을 보았습니다."

예루살렘은 구약에서도 "시온의 딸"이라는 표현처럼 항상 여성형으로 표현되었다. 이것은 구약시대부터 하나님과 이스라엘 백성들 간의 관계를 나타내는 것으로 하나님은 남편이요, 이스라엘은 아내와 같다는 것이다.

신약시대에도 예수 그리스도는 신랑이요, 교회는 그의 신부로 설명하면서 사도 바울은 이런 의미에서 자신이 고린도 교회 성도들을 신랑 되신 예수께 중매하는 자라고 소개한다(고후 11:2).

이러한 신부는 신랑이 올 때까지 깨어 기도하면서 성령의 기름을 늘 예비하여 마침내 어린 양 혼인잔치에 들어가 신랑이신 예수 그리스도와 온전히 하나가 되어 가장 친밀한 사랑의 교제를 나누게 되는 것이다. 신부는 빛나고 깨끗한 모시옷을 예복으로 입었는데 이 옷은 성도들의 의로운 행위이다.

이 날은 기쁨과 사랑이 완성되는 날이요, 하나님의 영광과 축복이 충만한 날이 될 것이다.

"기뻐하고 즐거워하며, 하나님께 영광을 돌리자. 어린 양의 혼인날이 이르렀다. 그의 신부는 단장을 끝냈다. 신부에게 빛나고 깨끗한 모시옷을 입게 하셨다. '이 모시옷은 성도들의 의로운 행위다.' 또 그 천사가 나에게 말하였습니다. '어린 양의 혼인잔치에 초대를 받은 사람은 복이 있다고 기록하여라.'(계 19:7-9a)"

2. 최후의 심판

하지만 가정을 파괴한 동성애자들이나 행음하던 자들은 이 어린 양의 혼인잔치에 들어올 수도 없을 뿐만 아니라 최후의 심판을 피할 수 없게 된다. 따라서 히브리서 기자는 다음과 같이 권면하고 있다.

"모두 혼인을 귀하게 여겨야 하고, 잠자리를 더럽히지 말아야 합니다. 음행하는 자와 간음하는 자는 하나님의 심판을 받을 것입니다(히 13:4)."

사도 요한 또한 이 점을 분명하게 지적하고 있다.

"개들과 마술쟁이들과 음행하는 자들과 살인자들과 우상 숭배자들과 거짓을 사랑하고 행하는 자는 다 바깥에 남아 있게 될 것이다(계 22:15)."

3. 영원한 축복

어린 양의 혼인잔치와 함께 하나님의 언약은 완성된다. 하나님께서 친히 자기 백성들과 영원토록 함께하신다.

"그때에 나는 보좌에서 큰 음성이 울려 나오는 것을 들었습니다. '보아라,

하나님의 집이 사람들 가운데 있다. 하나님이 그들과 함께 계실 것이요, 그들은 하나님의 백성이 될 것이다. 하나님이 친히 그들과 함께 계시고, 그들의 눈에서 모든 눈물을 닦아 주실 것이니, 다시는 죽음이 없고, 슬픔도 울부짖음도 고통도 없을 것이다. 이전 것들이 다 사라져 버렸기 때문이다.'(계 21:3-4)"

하나님께서 친히 모든 자녀들의 아버지가 되시고 그 분의 자녀들은 하늘나라 백성으로 더 이상 눈물과 죽음, 슬픔과 고통이 없는 새 하늘과 새 땅에서 영원한 축복을 누릴 것이다. 모든 그리스도인들은 이러한 소망을 가지고 믿음에 견고히 서서 경건하고도 건강한 믿음의 가정을 이루어 이 땅에서 천국을 맛보며 살아가야 할 것이다.

[참고 문헌]

박혜원, "새 창조에서의 부부관계", 「목회와 신학」 2005년 5월호.

손봉호, 「건강한 가정」 (서울: 기윤실, 1993)

조성돈, "가정 해체 시대에 대한 목회사회학적 분석", 「목회와 신학」 2005년 5월호.

최용준, "문화에 대한 기독교적 반성", 「목회와 신학」 1993년 12월호.

표준새번역 성경

M. Henry, *Commentary on the whole Bible*, Gen. 2, www.ccel.org/h/henry/mhc2/
        MHC01002.HTM

Fred Lowery 저, 임종원 역, 「결혼은 하나님과 맺은 언약입니다」 (서울: 미션월드
        라이브러리, 2003).

Stuart D. Briscoe, "가정, 그 성경적 이해", 「목회와 신학」 2005년 5월호 .

H. Dooyeweerd, *A New Critique of Theoretical Thought* Vol. III The Structures
        of Individuality of Temporal Reality, Trans. by David H. Freeman & H.
        De Jongste (Ontario: Paideia Press Ltd. 1984)

한국 교회와 지역 사회 복지 네트워킹[1]

　　고대 이스라엘 공동체는 하나님의 지혜로 거의 완벽한 사회 복지 시스템을 가지고 있었다. 가령 신명기 14:28-29이나 26:12에 보면 이스라엘 백성들은 매 삼 년마다 수입의 십일조를 다 모아 성 안에 저장하여 두었다가 유산도 없고 차지할 몫도 없는 레위 사람이나 떠돌아다니는 외국인들 그리고 고아와 과부 등 소외된 계층들에게 나누어 주고 그들이 배불리 먹도록 하라고 규정하고 있다.

　　신약시대에도 이러한 기본 정신은 변하지 않는다. 예수 그리스도의 희년 메시지(눅 4:18-21)에 나타난 그의 사역 또한 복지 사역을 포함하고 있으며 초대 교회 또한 과부들을 돌보기 위한 일꾼들을 선출하여 섬김의 사역을 감당하게 하는 것을 볼 수 있다(행 6:1-6). 나아가 사도 바울도 예루살렘 교회의 가난한 자들을 위해 구제 헌금을 거두어 전달한 것도 우리가 잘 알고 있다.

　　현대 서구 복지 사회도 이와 유사한 제도를 시행하고 있다. 필자가 거주하고 있는 벨기에의 경우에도 수입의 정도에 따라 누진적으로 사회 보장세를 납부하고 있으며 그 대신 그 기금에서 자녀 양육비, 연금 등의 사회 보장 혜택이 주어진다.

---

1 본고는 「월간 프리칭」 2010년 10월호에 발표된 논문이다.

한국 사회 또한 정부에서 주도하는 복지제도가 조금씩 자리를 잡아가고 있다. 사회·경제적으로 어려움에 처한 사람들을 돕기 위한 안전망으로 사회보험을 1차 사회 안전망, 공공부조를 2차 안전망 그리고 민간 분야를 3차 안전망으로 규정하고 있다. 따라서 정부와 기업이 제도적으로 해결할 능력을 상실하여 사회 경제적 위기 상황이 발생할 경우, 교회의 복지 사역은 3차적인 사회 안전망이 될 것이다. 즉 지역 교회는 그 지역의 사람들이 다양한 고통 가운데 있을 때 복지 사역을 전개하여 빛과 소금의 사명을 감당해야 하고, 실제로 그렇게 하고 있는 교회들이 많이 있다. 그런데 정부의 대국민 복지 혜택과 교회의 지역 사회 복지 사역은 그 수혜자들에게 전혀 다른 의미로 전달된다. 정부로부터 받는 각종 서비스는 수혜자들이 당연한 권리로 인식하는 경향이 있다. 그러나 교회에서 제공하는 여러 가지 도움은 자원적이므로 받는 사람들이 감사하게 된다.

그렇다면 이렇게 정부 차원에서 복지가 이루어지고 있는 상황에서 소외된 이웃을 향한 교회의 사명은 무엇이며 지역 사회를 어떻게 이해해야 하고 교회의 지역 사회 복지의 대상과 구체적인 방법 및 역사를 간단히 살펴보고자 한다. 나아가 독일 교회의 디아코니 사역을 하나의 모델로 들어 앞으로 한국 교회에 이러한 복지 사역 네트워킹이 필요함을 강조하고자 한다.

1. 교회의 세 가지 본질적 사명

교회는 세 가지 본질적 사명을 가지고 있다. 첫째는 말씀 전파이다. "케리그마"라고 불리는 이 사역은 설교(프리칭)를 통해 하나님 나라의 복음을 증거하여 잃어버린 영혼을 구원하는 가장 중요한 사역이라고 할 수 있다. 둘째는 성도의 교제이다. "코이노니아"라고 불리는 이 사역은 성도 간의 교제를 통해 서로 돌아보며 함께 성장해 나가는 중요한 사역이다. 마지막으로는 봉사, 즉 "디아코니아"라고 불리는 사역은 교회 내외적으로 어려운 이웃들을 돌아보고 섬기는 복지 사역이라고 할 수 있다.

2. 지역 사회와 교회

지역 사회란 일정한 지역 내에 거주하는 사람들이 다양한 이해 관계를 맺고 상호 교제하면서 서로의 안전과 행복을 위해 상부 상조하는 공동체를 의미한다. 즉 지리적, 사회적 공동체로서 공동의 관심과 역할을 함께 하는 집단이다. 그러나 지역 사회에서 주민들과 교회는 입장이 다르다. 주민들에게 있어서 지역 사회는 구체적 삶의 현장이자 생활의 터전이라 할 수 있지만 교회는 그 지역의 성도들이 모여 예배드리는 신앙 공동체인 동시에 복음을 전하는 사명 공동체이며 나아가 주님의 사랑을 이웃과 나누는 봉사 공동체이기도 하다.

3. 교회의 지역 사회 복지 사역

그러므로 지역 사회를 위한 교회의 복지 사역은 교회가 동원 가능한 인적·물적 자원을 활용하여 성경적 사랑을 실천함으로써 지역 사회 구성원들이 인간으로서의 가치와 존엄성을 유지하도록 도와주면서 하나님 나라를 실현하는 지역 공동체를 이루려는 실천적 노력이라고 할 수 있다. 특히 빈곤하고 소외된 이웃들의 고통을 완화하고 문제의 원인을 보다 근본적으로 해결하려고 노력하면서 사랑이 넘치는 공동체를 형성해 나아가야 할 것이다. 또한 교회의 지역 사회 복지 사역은 예수 그리스도를 본받는 자세로 실천해야 하는데 이는 일반 사회 복지 사업의 실천 방법과는 구별된다. 즉 예수님께서 자비롭고 은혜로우셨던 것처럼 성도들 또한 섬김의 자세로 받은 은사를 따라 복지 사역을 실천해야 한다.

4. 지역 사회 복지 사역의 대상

교회의 사회 복지 사역의 주 대상은 그 지역의 가장 소외된 자들이다. 성경적인 용어로 표현하면 고아·과부·객·갇힌 자들이다. 현대적으로 보면 이들 뿐만 아니라 장애인, 불우 청소년들, 미혼모, 독거 노인들 또한 각기 처한 상황은 다르지만 다양한 결핍 상태에 놓여 있다. 인간으로서 품위를 유지하기도 힘들고 의·식·주 등의 생활자원뿐만 아니라 영적자원도 부족하다. 또한 빈곤 상황에서 탈피하는 데 어려움을 겪고 있어 다른 이웃들과 온전한 관계를 형성할 수 없다. 그러므로 지역 교회는 이들에게 마땅히 관심과 사랑을 베풀어야 할 책임을 가지고 있다.

5. 한국 교회의 지역 사회 복지 사역의 역사

19세기 말에 한국에 기독교가 들어온 후 한국 교회는 수많은 학교, 병원, 사회복지기관들을 설립함으로 한국 사회와 문화를 개혁하며 민족 정신과 자립의 힘을 키우는 등 한국 사회의 봉사 분야에 큰 공헌을 했다. 그럼에도 불구하고 1970년대 이후 급속한 경제 성장으로 한국 교회가 물량주의적 성장을 거듭해 오면서 교회 밖의 소외된 이웃이나 지역 사회의 요구에 외면해 왔다는 비판을 받았다. 이러한 비판에 대해 겸허히 반성하면서 한국 교회는 지역 사회에서 봉사적 기능을 회복하기 위해 복지 사역에 대한 관심이 새롭게 일어나고 있다. 가령, 최근에 중·대형화된 교회들이 복지관을 설립하면서 지역 사회에 대한 다양한 복지 사역을 활발하게 전개하고 있다.

6. 한국 교회의 지역 사회 복지 사역 : 가능한 실례들

복지 사역은 단지 교회의 한 프로그램이 아니라 필수적 요소이다. 우선 기부, 모금, 금식 헌금을 통해 고통을 당한 여러 이웃들을 도울 수 있다. 또한 가족 서비스는 입양 사업, 미혼부/모 상담, 입양아 양육 등 여러 문제에 처한 가족의 상담과 치료를 제공한다. 또 다른 프로그램으로 교회의 한 창고에 도움이 필요한 이들에게 나눠 줄 음식과 비누, 옷 등과 같은 생필품을 보관하다가 어려운 상황에 처한 사람이 있으면 즉시 도움을 제공할 수 있다.

또한 청소년 복지 사업도 중요하다. 손실 가정에서 자라난 청소년들이나 비행 청소년들을 위한 프로그램을 개발하여 그들이 건전한 문화 환경에서 자라도록 도와주어야 한다. 나아가 취업 프로그램을 개발하여 일자리를 찾고 마케팅 기술을 배우고자 하는 청년들을 도울 수 있다. 장학 기금 프로그램도 가능한데 이 프로그램을 통하여 학자금을 지원할 수 있으며, 공부가 끝난 후 다시 상환하면 되고 누구나 이 기금에 기부할 수 있다.

인도주의적 서비스 또한 중요한데 이것은 재난과 가난에 의해서 도움이 필요한 이들을 지원하는 것이다. 이 프로그램을 통해 음식, 물, 백신, 의류, 교육 자재를 지원한다. 이들을 돕기 위한 의료 키트, 교육 키트, 육아 키트와 같은 키트를 만들어서 도울 수도 있다. 이러한 도구들은 재난 발생 시 바로 지원될 수 있도록 준비되어야 한다. 이 기금에 대한 기부도 가능할 것이다.

장애인 및 노인 복지 사역 또한 매우 중요하다. 지역 사회 내의 장애인들이 교회 시설을 이용하여 다양한 프로그램을 개발함으로 그들을 섬길 수 있다. 동시에 노령 인구가 급속히 증가하고 있으므로 노인 복지 사역 또한 교회가 포기할 수 없는 중요한 사역이다. 경로 학교, 일일 관광, 양로원 등 필요에 따라 효과적인 프로그램을 개발해 나가야 할 것이다.

7. 교회의 지역 복지 사역 과정

우선 교회에서 사회 봉사 내지 복지에 대한 교육을 실시해 교인들에게 지역 사회에 대한 교회의 사회 봉사적 기능에 대해 계몽해야 한다. 나아가 교회 예산 중 지역 사회 복지 사역에 대한 예산을 책정하고 교회 시설 일부를 지역 주민들이 사용할 수 있도록 공개하여 열린 교회가 되도록 한다. 나아가 지역 사회 복지 사역을 전담할 사역자 내지 직원을 확보해야 할 것이다. 이를 위해 신학대학(원)도 사회 복지 관련 과목들을 개설해 21세기형 지역 사회 복지 사역을 효과적으로 수행할 수 있는 인재를 배양해야 할 것이다.

나아가 교회가 지역 사회에서 구체적인 복지 사역을 시작할 때 밟아야 할 구체적인 과정들을 다음과 같이 생각해 볼 수 있다.

우선 준비 과정이 필요하다. 이 단계에서는 우선 교회가 어떤 사역을 할 것인지 지역의 필요를 잘 파악하기 위해 구체적으로 조사하고 가능한 한 데이터 베이스화 한다. 둘째, 구체적인 사역이 결정되면 이와 함께 예산도 편성하고 운영 지침을 마련한다. 셋째, 교회 내에서 이 사역을 담당할 기구 및 사역자를 지정하여 기본 계획을 수립한다. 사역 담당자는 기본 조사 자료를 바탕으로 가능한 전문적 지식과 경험이 있으며 독실한 신앙과 지역 사회를 섬기려고 하는 동기를 가진 사람이어야 할 것이다. 넷째, 지역 사회 내 이웃들과의 만남을 통해 참여 의식을 불러 일으켜 사회적 연대감을 조성해야 한다. 나아가 지역 사회 인사와 기관 및 단체장들도 만나 여론을 수렴하고 공동 관심사를 나누어 협조적 분위기를 만들어야 할 것이다. 나아가 교회는 이웃을 사랑하고 지역 사회와 공존하는 하나의 종교적 봉사 단체임을 분명히 밝혀 지역 사회의 여러 기관 및 단체들과 협력하는 운영 방침을 세워 긍정적 유대 관계를 설립해야 한다. 마지막으로 사역을 담당할 지역 자원 봉사 위원 및 스텝을 구성하여 인적 체계를 갖춘 후 실현 가능한 사역부터 점진적으로 실행하고 일정 기간이 지난 후 재평가하여 개선해 나간다. 이렇게 함으로써 보다 발전적인 지역 사회 복지 사역을 수행해 나갈 수 있을 것이다.

8. 교회의 지역 사회 복지 네트워킹의 필요성

21세기 한국 사회는 점점 지방 자치제로 발전하고 있으나 사회 복지 서비스가 지역 사회의 특성과 요구를 충분히 반영하는 체계를 갖추지는 못하고 있다. 현재 한국의 지역 사회 복지 서비스 제공 체계는 민간 참여 형태가 대부분으로 사회 복지관, 장애인 복지관, 노인 복지관, 어린이 집 등이 있는데 이 기관들은 지역 사회 안에서 종합적인 지역 사회 복지 계획 수립 및 체계적 추진을 위한 전국적 연계 체계를 확립하지 못하고 있다. 필자가 볼 때 이 점이야말로 앞으로 해결해야 할 가장 중요한 과제라고 생각한다.

지역 사회의 조직체인 지역 교회는 개인이나 가족보다 훨씬 더 사회적 영향력이 있고 정부보다 어떤 면에서는 더욱 효과적으로 지역 사회의 필요를 채워줄 수 있다. 따라서 교회가 지역 사회의 복지를 위한 통로로 참여하도록 유도하는 일은 매우 중요하다. 나아가 개 교회와 지역 사회 복지 시설들이 보다 효과적으로 협력한다면 지역 사회의 복지 서비스를 활성화 시키는 시스템을 구축할 수도 있을 것이다.

그러므로 21세기 한국 교회는 낡은 가죽부대를 과감히 버리고 새로운 형태의 지역 사회 복지 사역을 통해 한국 사회 전체를 섬기는 공동체가 되야 한다. 그리하여 이 사역 전체를 전국적으로 네트워킹 함으로써 노하우를 공유하고 보다 효과적으로 프로그램을 개발할 수 있는 대안이 필요하다.

9. 카리타스 및 디아코니 : 독일의 모델

여기서 필자는 독일에서 7년 반 사역한 경험을 기초로 독일 교회의 두 모델을 예로 들고자 한다. 하나는 가톨릭에서 운영하는 카리타스(Charitas)이며 다른 하나는 개신교에서 운영하는 디아코니(Diakonie) 사역이다.

카리타스는 가톨릭 교회가 전세계적으로 운영하는 사회 복지 사역을 총칭한다. 그래서 한국 내에도 한국 카리타스가 다양하게 활동하고 있다. 가톨릭 교회는 제도적으로 하나인 교회이므로 이러한 복지 사역이 매우 체계화되어 있으며 따라서 효과적이고 일관성이 있다. 반면에 한국의 개신교회는 이러한 전국적인 사회 복지 사역의 시스템을 갖추고 있지 못하다.

그러나 독일 개신교회(EKD : Evangelische Kirche in Deutschland)는 "디아코니"라는 이름으로 전국적인 네트워킹을 갖추어 카리타스와 필적할 만한 봉사를 펼치고 있다. 독일의 종교개혁자 마틴 루터는 그의 저서 『독일 크리스천 귀족에게 보내는 글』 안에서 민중의 생활고에 대해 말하면서 가난한 자를 돌보는 일을 강조하였다. 제네바의 요한 칼빈 역시 모든 공동체에 디아코니를 세워 어떤 곳에서든지 아무도 돌봐 주지 않은 채 가난에 처해 있지 않도록 해야 함을 역설했다.

1848년 9월, 루터가 95개조 반박문을 게시했던 비텐베르크의 성채교회에서 개최된 독일 교회의 날 행사에 당시 저명한 신학자요 교육자였던 요한 힌리히 비허른(Johann Hinrich Wichern : 1808-1881) 목사가 국내 선교(Innere Mission) 비전을 제시하면서 "사랑은 교회에 있어 신앙에 속한다."라는 즉석 연설을 하게 되었다. 이 연설을 계기로 독일 전역에서 디아코니아를 회복하려는 노력이 대대적으로 펼쳐져 현재 독일 개신교회의 디아코니 사역은 40만 명의 정식직원과 150만 명의 명예 직원을 둔, 독일 최대의 사회봉사 단체가 된 것이다.

가령, 독일의 반 오이언하우젠(Bad Oeynhausen)에 있는 한 디아코니 마을 비테킨츠호프(Wittekindshof)를 소개한다. 겉으로 보면 다른 마을들과 거의 차이가 없지만 이곳이 특별한 이유는 바로 장애인들을 위한 전문적인 사역 때문이다. 이곳 사람들은 장애인들을 도와주면서 섬김을 즐겁게 실천하고 있다. 주일 아침이 되면 전동 휠체어를 타고 올라오는 노부부도 있고, 허공에 대고 혼잣말을 하는 사람들도, 해맑게 웃는 장애 아이들 등 다양한 장애인들과 비장애인들이 함께 모여 예배를 드린다. 나아가 이러한 모습은 교회 밖, 마을의 작업장, 학교, 기타 다양한 행사들이 이루어지는 어느 곳에 가도 쉽게 볼 수 있다.

섬김을 행하는 대부분의 사람들은 그리스도인들이다. 병든 자들을 돌아보고, 헐벗은 자에게 옷을 주고 배고픈 사람들에게는 먹을 것을 주라는 주님의 말씀(마 25장)을 자신들의 사역으로 받아들인다. 이들은 예수님의 십자가를 자신의 중심에 두고, 가난하거나 장애로 도움이 필요한 사람들을 섬기는 낮은 자리에 자신을 둠으로써 오히려 영광의 면류관을 받는 분들이다. 그런 의미에서 십자가와 면류관을 합친 모습이 독일 디아코니의 로고이다.

디아코니는 독일 전역에 퍼져 있으며, 독일 개신교회의 사회 봉사 기관으로 예수 그리스도에 대한 믿음과 실제적인 이웃 사랑을 함께 실천하고 있다. 다양한 도움이 필요한 사람들을 돕고 있는데 독일 개신교회 산하 22개 주의 개신교회와 더불어 여기에 속하지 않은 9개의 자유 교회 교단 그리고 81개의 다양한 봉사기관이 함께하고 있으며 전국의 약 18,000개 교회가 참여하고 있다.

디아코니의 구조를 살펴보면 최고 상위 기관으로 디아코니 총회(die Diakonische Konferenz)가 있고 디아코니 위원회(Der Diakonische Rat)가 각 지역의 업무를 감독한다. 디아코니가 하고 있는 사역들을 살펴 보면 먼저 장애인 사역의 경우 독일에는 약 670만 명이 있는데 그중 약

··· 독일 디아코니의 로고

14만 2,500명의 장애인들을 유치원, 학교, 앰뷸런스 서비스, 탁아소, 요양소, 재활원, 작업장 등지에서 돌보고 있다. 어린이들과 청소년들을 위한 프로그램으로는 유치원, 탁아소, 모자 휴양소, 청소년 사회 지도 등이 있다. 독신자들이나 가족들에게도 다양한 필요를 채워 주기 위해 상담소 운영, 휴양지 안내 등의 서비스를 제공하고 있다. 또한 노인들을 위해서도 다양한 사역을 펼치고 있다. 가령, 여행, 취미 교실 등을 통해 새로운 관심을 불러 일으키고 있다. 환자들을 위해서는 여러 곳에 병원을 운영하고 있으며 각종 질병들을 치료하기 위해 노력하고 있다. 그리고 80세가 넘은 노인들을 위해서는 다양한 간호 및 호스피스 서비스도 제공한다. 기타 여러 필요가 있는 사람들에게 다양한 도움과 지원을 제공하고 있다. 가령, 실업, 경제적으로 신용 불량 상태, 개인적으로 위기 상황이 되어 더 이상 탈출구가 없다고 느껴지는 사람들을 섬기기 위해 노력하고 있으며 기타 독일에 온 외국인들이나 난민들이 잘 정착할 수 있도록 도와주는 각종 프로그램도 실시하고 있다.

여기서 중요한 것은 이러한 디아코니가 각 지역의 필요에 따라 사역들을 개발하기도 하지만 이와 동시에 전국적인 네트워크가 확보되어 있어 상호 정보 교환 및 협력이 가능하다는 점이다. 이렇게 할 때 각 지역 교회에서 독자적으로 하는 것보다 훨씬 더 효과적인 사역이 이루어질 수 있다는 것이다. 물론 이렇게 하기 위해서는 여러 가지 전제가 필요하다. 일단 그러한 조직을 갖추는 것이 한국적인 상황에서 쉽지 않고 그러한 조직이 갖추어진다 하더라도 그것을 운영하는 데 필요한 행정 및 재정 지원 확보가 그리 쉽지만은 않을 것이다.

그럼에도 불구하고 필자는 이러한 노력이 오히려 한국 교회의 분열을 회복하는 데 중요한 공헌을 할 수 있다고 본다. 가령, 한국기독교총연합회와 한국기독교교회협의회에서 이러한 사역을 위해 협력할 수 있다면 이것은 동시에 한국 교회의 일치를 이루는 데 크게 기여할 것이며 한국 교회의 그러한 모습과 지역 사회를 섬기는 모습을 보면서 더 많은 영혼들이 주님께 돌아오게 될 것이다.